German Glück

Sabine Eichhorst

GERMAN
Glück

Reise durch ein
unerwartet glückliches Land

LUDWIG

In einigen Kapiteln wurden Namen beteiligter Personen und Details
zu Krankengeschichten aus Gründen des Persönlichkeitsschutzes anonymisiert.

Sollte diese Publikation Links auf Webseiten Dritter enthalten,
so übernehmen wir für deren Inhalte keine Haftung,
da wir uns diese nicht zu eigen machen, sondern lediglich auf deren Stand
zum Zeitpunkt der Erstveröffentlichung verweisen.

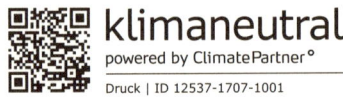

Verlagsgruppe Random House FSC® N001967

Copyright © 2017
by Ludwig Verlag, München, in der Verlagsgruppe Random House GmbH
Neumarkter Straße 28, 81673 München
http://www.ludwig-verlag.de
Redaktion: Andrea Kunstmann, München
Umschlaggestaltung und Innenlayout: Eisele Grafik-Design, München
Umschlagillustration und Innenbilder: Isabel Klett, Barcelona
Satz: Satzwerk Huber, Germering
Druck und Bindung: CPI Books GmbH, Leck
Printed in Germany

ISBN 978-3-453-28089-2

Inhalt

GLÜCK ... 9

HAMBURG · Ruth Frobeen (Übersetzerin, 37)
Das Glück der Möglichkeiten ... 13

GRABOW · Antje Ritter (Gestalttherapeutin, 50)
Das Glück der kleinen Schritte ... 25

HANNOVER · Jakob Kampermann (Pastor, 38)
Gott will mich so – zum Glück! ... 35

HERRSCHING AM AMMERSEE · Annette Jarosch
(Werbetexterin, 51)
Eheglück ... 45

MÜNCHEN · Magnus Bauch (Metzger, 61)
Das Glück, den richtigen Beruf zu haben ... 57

Inhalt

DUISBURG · Elsa Cremers (Apothekenhelferin, 75)
Das Glück im Verschwinden 69

MÜNCHEN · Anne Koark (Unternehmerin, 53)
Glücklich gescheitert 81

REGENSBURG · Nora Albers (ehemalige Eremitin, 38)
Das Glück im Alleinsein 95

WEISSENFELS · Michael Heinemann (Unternehmer, 68)
Das Glück der Wende. 107

KAISERSLAUTERN
Carsten Heinisch (Physiker & Lektor, 55)
Vom Glück, plötzlich reich und berühmt zu sein. 121

WÜRZBURG · Judith Aßländer (Betriebswirtin, 39)
Das Glück zu helfen. 137

HEIDELBERG · Ernst Fritz-Schubert
(Oberstudiendirektor, 68)
Schulfach Glück. 151

KIEL · Britta Janzen (Inhaberin eines Wollgeschäfts, 44)
Das Glück ist ein Muskel, den man trainieren kann 161

KARBEN/TAUNUS · Hannelore Neumann
(Unternehmerin, 74)
Das Glück der Resilienz. 173

IRGENDWO IN NORDRHEIN-WESTFALEN
Elias & Mari Alkhory (Angestellter & Hausfrau, 48 & 40)
Das Glück der zweiten Heimat 187

LEIPZIG · Johanna Wargenau (Schülerin, 9)
Kinderglück 207

HAMBURG · Daniel LeBel (Chiropraktor, 48)
Vom Glück des guten Sterbens 215

IRGENDWO IN DEUTSCHLAND · Sebastian Seidel
(Musiker, 28)
Das Glück des zweiten Lebens 227

HAMBURG · Sabine Eichhorst (Autorin, 54)
Das Glück des Schreibens 241

Danke 247

Literatur 249

Bildnachweis 255

Glück ...

Der Duft von Basilikum macht glücklich. Und Walzer tanzen. Sand unter den Füßen, eine Umarmung und Mozarts Flötenkonzert in D-Dur. Der Geruch von Sonnencreme, ein Segeltörn auf der Ostsee, ein Spaziergang durch München, ein Abend im Biergarten. Liebe macht glücklich, Zärtlichkeit, mutig sein. Die Geburt eines Kindes. Milchreis mit Zimt und Zucker wie in Kindertagen. Heiraten. Mit Freunden zusammen sein. Ein Schmalzbrot mit Gurken. Im Chor singen – eintauchen in reinen Klang, die eigene Stimme mittendrin. Fahrradfahren am ersten Urlaubstag, wenn der Wind sämtliche Gedanken an den Job wegweht und das Gefühl großer Freiheit beginnt. Die sieben Minuten am Morgen, wenn die Kinder ins Bett kommen und alle kuscheln und der Alltag noch nicht begonnen hat. Wale im Pazifik entdecken und der kollektive Seufzer auf dem Schiff, wenn sie wieder abtauchen. Beim Marathon ins Ziel laufen. Versöhnliche Worte der Mutter, vom Vater, dem Bruder, der Schwester. Take Five von Dave Brubeck auf dem Saxofon spielen können oder ein berührendes Buch nicht mehr aus der Hand legen wollen und es dann doch tun, damit man noch länger etwas davon hat. Teil eines Ganzen sein. Zeit zum Lesen. Das Baby der Freundin zum ersten

Mal sehen. Weißwürste mit süßem Senf. Ein Kuss. Etwas zum allerersten Mal machen und herausfinden, wie es geht. Für andere kochen und allen schmeckt's oder überraschend einen Zettel mit einer Liebesbekundung in der Jackentasche finden. Der Duft von Rosen. Zeit vertrödeln. Ein Lächeln, eine Berührung mit Worten. In einen Sonnenaufgang hineinlaufen. Der Geruch eines neuen Buchs. Frühlingsluft. Warme Suppe und Kinderlachen im Nachbarzimmer. Unbeschwert mit Freundinnen quatschen. Ein Schaumbad. Verstanden werden, vertrauen können. In einen kühlen See tauchen, das Rascheln der Blätter im Herbst, der Geruch von frisch gemähtem Heu. Frischer Schnee, der die Landschaft zudeckt, und es ist Nacht und so still, dass man das Fallen der Flocken hört. Intellekt. Hoffnung. Verliebtsein. Eine leidenschaftliche Diskussion, Toleranz und Tapferkeit. Einen Berg erklimmen. Eine Düne hinauflaufen und das Meer sehen. Mit den Händen in der Erde wühlen, Blumen pflanzen. Ein Kind adoptieren dürfen. Klatschmohn und Vergissmeinnicht und der Duft von frisch gebackenem Brot oder frisch gebrühtem Kaffee und das erste zarte Grün nach einem langen Winter. Eine Katze streicheln. In die Arbeit eintauchen und alles um sich herum vergessen. Ein Lob. Den handgeschriebenen Brief eines alten Freundes aus dem Postkasten fischen. Die erste Nacht im eigenen Bett nach einer langen Reise. Weihnachten in der Kirchenbank sitzen. Sich überwunden und etwas geschafft haben. An einem sonnigen Tag auf Langlaufskiern durch den Wald gleiten, an eine Lichtung kommen, die einen weiten Blick auf Berge und Hügel öffnet, und dieses Glück mit anderen teilen, die dort ebenso fasziniert anhalten.

So vieles macht glücklich und doch gelten die Deutschen als notorische Nörgler. Sie finden noch in der leckersten Suppe ein Haar, rangieren in internationalen Glücksstatistiken nie vorn, manchmal sogar abgeschlagen hinter Ländern wie Oman, Venezuela oder Tadschikistan.

German Angst?

Global gesehen geht es uns gut: Pro-Kopf-Einkommen und Beschäftigungsquote sind überdurchschnittlich hoch, die Lebenserwartung ist gut, auch bei Bildung, Umwelt, sozialen Beziehungen, Wohnen und Sicherheit liegen die Messgrößen über dem internationalen Durchschnitt. Nein, Krisen machen nicht an Landesgrenzen halt, und auch Deutschland muss Lösungen für soziale Konflikte und politische Herausforderungen finden – doch in einer Welt, in der Kriege geführt werden, Ungleichheit und Polarisierung rasant wachsen und Gesellschaften auseinanderdriften, leben wir in Frieden, in einer funktionierenden Demokratie, unsere Wirtschaft ist erstaunlich robust.

Und doch sind wir nur mäßig glücklich?

Glück ist flüchtig.

Glück ist Arbeit.

Und oft ist Glück eine Frage der Haltung. Dieses Buch erzählt von glücklichen Menschen zwischen Kiel und München, Duisburg und Leipzig. Manche kannte ich, viele lernte ich erst während der Reise kennen – sie sind jung, alt, weiblich, männlich, hetero- oder homosexuell, eingeboren oder zugewandert. Wie fanden sie das Glück?

Und wie fand es sie?

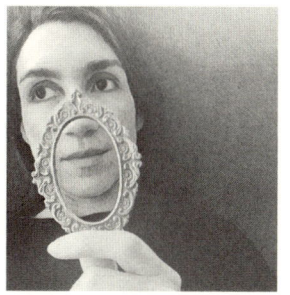

RUTH FROBEEN
Übersetzerin | 37

Das Glück der Möglichkeiten

Zum ersten Mal sah ich Ruth Frobeen bei einer Weihnachtsfeier. Sie trug ein rotes Kleid, ihr dunkles Haar war hochgesteckt und sie strahlte. Sie strahlte vor Glück, so unbedingt, dass ich, nachdem ich mich an den Tisch gesetzt hatte, immer wieder zu ihr hinübersah. Diese Frau, dachte ich, muss eine wundervolle Kindheit gehabt haben. Sie schien in sich zu tragen, was Kinder im besten Fall, wenn sie in Liebe und Geborgenheit aufwachsen, entwickeln: ein tiefes Zutrauen zu sich und der Welt. Ist das nicht eine unabdingbare Voraussetzung für Lebensglück? Wie sonst könnte ein Mensch so unbedingte Zufriedenheit verströmen?

An einem verhangenen Freitagmorgen im Juli 2016 treffe ich Ruth wieder – erste Station auf der Reise in Sachen Glück ist eine Geigenbauwerkstatt in Hamburg-Eimsbüttel. Überall stehen, hängen, liegen Geigen, Bratschen, Celli. Auf einer Werkbank ein Bogen, ein Stück Kolophonium, es riecht nach Holz und Leinöl, im Radio spielt leise Musik.

»Kaffee?«, fragt Ruth und deutet auf eine Espressomaschine.

»Tee?«, frage ich.

Sie lacht. Ja, Tee könne man mit der Maschine auch machen. Sie sieht zu ihrem Mann hinüber. Frank Frobeen legt die Geige beiseite, der er gerade neue Saiten aufzieht, steht auf und nimmt ein zierliches Porzellantässchen aus dem Schrank. Ich kümmere mich darum, sagt er. Leise und freundlich, fürsorglich.

Wir gehen in den hinteren Teil der Werkstatt. Ruth ist Übersetzerin, Texterin und Autorin, in ihrem Büro steht ein großer Schreibtisch, vor dem Fenster ein Stehpult, daneben ein erbsengrünes Sofa. An einer Wand drei großformatige Stillleben. Auf dem Fensterbrett Kakteen und eine goldene Kaffeekanne.

»Ruth, hattest du eine glückliche Kindheit?«

Sie denkt kurz nach. »Doch«, sagt sie, »meine Kindheit war gut. Keine schlimmen Sachen. Ich habe die Dinge genommen, wie sie waren.«

Ruth wuchs ohne Vater auf. Als junge Frau ging ihre Mutter auf Weltreise, in Spanien traf sie Jaime und blieb. Als sie schwanger wurde und nach Deutschland zurückkehrte, kam Ruths Vater mit. Er landete in einer fremden Stadt in einem kalten Land, verstand die Sprache nicht, die Menschen nicht und am Ende auch nicht die Frau an seiner Seite. Und verschwand. War über Nacht einfach fort und tauchte nicht wieder auf. Ruth störte das nie. Sie wuchs in einem Haus voller Kinder auf, viele Scheidungskinder, ohne Vater wie sie, gemeinsam streiften sie durch die Straßen, liefen zum Kanal, bauten Hütten, bildeten Banden, mitten in der Stadt war Eimsbüttel ein Dorf. Als sie zehn war, fuhr sie mit der U-Bahn zu ihrer Großmutter, stolz, so selbstständig zu sein, so autonom. »Das Einzige«, sagt sie, »was mich manchmal störte, war, dass wir wenig Geld hatten.« Zu Ostern bekam sie ein Springseil – ihre beste Freundin ein lebensgroßes Reh aus Plüsch. Zum Geburtstag ein Buch – ihre Freundin eine Barbiepuppe. Andere Kinder fuhren nach Frankreich – Ruth und ihre Mutter machten Urlaub am Plöner See. »Aber«, sagt sie, »das hat mich auch stark gemacht.«

Sie ist elf Jahre alt, als sie auf dem Flohmarkt Spielsachen und Comics verkauft. Sie ist zwölf, als sie für ihre Großmutter, eine Genealogin, kleine Aufträge erledigt: Listen abtippen, Unterlagen archivieren, Bücher sortieren. Mit vierzehn läuft sie die Osterstraße, die Haupteinkaufsstraße im Viertel, hinauf und hinunter, eine Stunde ist sie unterwegs, vielleicht zwei, und staunt: Die Bäckerei sucht eine Aushilfe, das Café eine Kellnerin, der Lebensmittelladen jemanden, der Ware auspackt – in zahllosen Schaufenstern hängen Zettel, auf denen Jobs angeboten werden. Vor jedem Fenster bleibt sie stehen, späht hinein und stellt sich vor, wie es wäre, dort zu arbeiten. Hochzufrieden kehrt sie nach Hause zurück.

Sie suchte keinen Job. Es gab nicht viele Dinge, die sie unbedingt haben wollte, sich aber nicht leisten konnte. Was sie suchte, waren Möglichkeiten. »Ich habe meinen Blick geschärft«, sagt sie. »Wie *könnte* ich Geld verdienen, wenn ich es wollte?«

Das Jonglieren mit Möglichkeiten, diese Exkursionen in der Fantasie – was wäre, wenn? – liebt sie heute noch. Es ist das Wissen um Möglichkeiten, das Weiten der eigenen Welt, das Menschen ein Gefühl von Selbstwirksamkeit gibt. Wer weiß, was er kann, fühlt sich nicht als Spielball fremder Mächte. Das hilft manchmal sogar, sich mit unbefriedigenden Situationen, die man im Moment nicht ändern kann, zu arrangieren.

»Absolut!« Ruth lacht, löst ihr Haar und wickelt es mit wenigen entschiedenen Handgriffen zu einem neuen Knoten. »Manchmal«, sagt sie, »wenn ich Leute über ihren Job jammern höre, denke ich: Überleg dir, was du willst, mach es in Teilzeit und in der restlichen Zeit verdienst du dein Geld. Dann räumst du von fünf bis neun irgendwo Regale ein und weißt beim Frühstück: Jetzt habe ich Zeit, mich um das zu kümmern, was ich gern machen möchte!«

»Regale einräumen?« Jetzt lache ich, denn ich höre schon die Chöre: Von fünf bis neun Uhr früh, spinnst du?

»Es kann auch ein anderer Job sein.«

»Du bist also bereit, einen Preis zu zahlen für Veränderung und Glück?«

Sie überlegt einen Moment. Und sagt: »Ich finde, früh aufzustehen ist kein hoher Preis.«

Als Ruth achtzehn ist, fährt sie mit ihrer Mutter nach Spanien, in den Ort, aus dem ihr Vater stammt. Ein paar Einheimische erkennen die

Mutter wieder. Vom Vater keine Spur. Ich muss ihn auch nicht kennenlernen, denkt Ruth. Ich vermisse ihn nicht. Sie werde wirklich oft gefragt, sagt sie und seufzt, ob sie nicht neugierig auf ihn sei. Aber: Nein, ist sie nicht. Es sei alles so lange her, er sei irgendein Mann, der einmal eine Weile mit ihrer Mutter glücklich war, *that's it*. Sie klingt dabei nicht traurig, nicht trotzig, nur nüchtern. Ihre Wurzeln hat sie dennoch gepflegt. In der Schule lernte sie Spanisch, war ein Jahr als Austauschschülerin in Honduras, studierte Englisch und Spanisch. Sie hatte nun einmal diesen Vater und die Vorstellung, dass irgendwo Menschen lebten, mit denen sie verwandt sei, Halbgeschwister gar, die sie zwar nicht suche, mit denen sie aber, wenn sie sie träfe, nicht sprechen könnte, fand sie befremdlich.

Wieder ging es ihr um Möglichkeiten.

Dass ihre Töchter einen Vater haben, macht Ruth trotzdem froh. Frank lernte sie kennen, als sie auf der Suche nach einer Bratsche zu dem alten Geigenbaumeister ging, den sie schon lange kannte. Ein fremder junger Mann öffnete ihr. Schaute auf das dänische Buttergebäck in ihren Händen und sagte: »Das ist kein Kuchen.« Sie hatte dem alten Geigenbaumeister versprochen, Pflaumenkuchen mitzubringen, aber nirgendwo welchen gefunden. Was für ein frecher, gut aussehender, eingebildeter Fatzke!, dachte Ruth.

Als sie wenige Tage später wieder die Treppen zur Werkstatt hinaufläuft, diesmal mit Pflaumenkuchen (aber ohne Sahne, damit sie vielleicht, ganz vielleicht, einen Grund hat, am Tag darauf noch einmal zu kommen), ist der alte Geigenbaumeister nicht da. Ruth und Frank essen Kuchen und reden und reden und reden.

Dann fliegt Ruth nach England, zum Studium.

Die beiden schreiben sich Briefe. Sie telefonieren. Und eines Tages, sie kennen sich gerade drei Monate, steht Ruth wieder in einer roten Telefonzelle, draußen regnet es in Strömen und Frank erzählt von der Hochzeit eines Freundes. »Und wann heiraten wir?«, fragt sie.

Und denkt im nächsten Moment: Auweia, was habe ich gesagt? Ich habe ihm einen Heiratsantrag gemacht!

Wenn er Ja sagt, werde ich hysterisch.
Wenn er Nein sagt, todtraurig.
Wenn er Ja sagt, stellt es mein Leben auf den Kopf.
Wenn er Nein sagt, auch.
Beides ist schrecklich, irgendwie ...

Ruth hält den Atem an und Frank denkt nach, einen endlosen Augenblick lang. Dann sagt er: »Mach dein Studium zu Ende und anschließend zieh zu mir.« Er wohnt zu der Zeit in einer 30-Quadratmeter-Wohnung. »Sollten wir nach einem Jahr immer noch heiraten wollen, heiraten wir.«

»So«, sagt Ruth und muss laut lachen, »treffen wir bis heute alle wichtigen Entscheidungen.« Aus dieser Verbindung von Spontaneität und Klugheit heraus, wo nüchterne Überlegung auf Eingebungen trifft, sie beleuchtet, prüft, bescheidet. »Und es gibt nichts, was wir bereuen«, fügt sie hinzu, »cool, oder?« Ihre Wangen glänzen. Ihre großen dunklen Augen strahlen.

Woher nimmt sie den Mut?

»Man entscheidet sich eben.«

Man entscheidet sich eben? Als gäbe es da draußen nicht Scharen von Menschen, die ein Leben damit verbringen, nach dem besseren Mann, dem besseren Job, dem besseren Haus, dem besseren Leben zu suchen.

Ruth schüttelt den Kopf. »Man verliebt sich«, sagt sie, »aber dann entscheidet man sich auch füreinander. In schwierigen Zeiten weiß man: Man hat sich füreinander entschieden, man hat ein gemeinsames Ziel.« Allerdings müsse man im Dialog bleiben, sonst ginge es nicht. Frank und sie reden viel. Sie streiten auch viel, aber sie finden immer eine Lösung, weil sie miteinander reden.

»Ich glaube ...« Ruth legt den Kopf ein wenig auf die Seite und denkt nach. »Ich glaube, ich betone gern das Gute in den Dingen. Ich suche es, schäle es heraus oder versuche, Dinge zum Guten zu wenden. Es käme mir gar nicht in den Sinn, nach einem anderen Mann zu suchen, einem, der vielleicht noch etwas besser ist als der, den ich habe.« Dabei glaubt sie nicht einmal, dass es nur eine Liebe im Leben gibt. Frank sei durchaus ihre große Liebe – aber es hätte auch ein anderer sein können.

Glück braucht also Mut, weil Entscheidungen Mut brauchen?

»Unbedingt!«, sagt Ruth und nickt heftig. Und fügt nach einem kurzen Moment hinzu: »Aber ich glaube, allein das Mutigsein führt schon dazu, dass man zufrieden ist.«

Ja, das stimmt wohl. Nur wer sich Herausforderungen stellt, weiß, was er kann. Wer Herausforderungen scheut, erlebt weniger Höhen und Tiefen. Auch weniger Glückshöhen.

Inzwischen sind Ruth und Frank seit dreizehn Jahren verheiratet, haben zwei Töchter und ein gutes Leben. Zum Lebensglück kommt oft auch Zufallsglück: Beinahe auf Anhieb fanden sie eine Wohnung in einem sehr begehrten Stadtteil – liefen durch den Rohbau, dachten, perfekter wird's nicht, und unterschrieben. Sie fanden eine Werkstatt, in die Frank als selbstständiger Geigenbaumeister einziehen konnte – auf der gegenüberliegenden Straßenseite! Ruth gewinnt Preisausschreiben und Wettbewerbe, mal ein Kleid, mal ein interessantes Buch, mal eine Reise. »Ich glaube«, sagt sie, »ich suche nicht nur nach Möglichkeiten – ich habe auch ein Talent, Chancen zu erkennen.«

Sie lehnt sich zurück und lacht. Sie lacht gern und viel. Sie ist voller Enthusiasmus, Entschiedenheit, Klarheit, wenn sie spricht. Aufmerksam und konzentriert, wenn sie nachdenkt. Still, wenn sie zuhört. Sie ist lebhaft und agil und wirkt doch bei allem, was sie tut, sehr in sich ruhend. In einer Zeit, in der Glück für junge Frauen, junge Mütter oft disparat erscheint, weil sie alles wollen, alles richtig, alles perfekt machen wollen, sich mit hohen Ansprüchen unter Erfolgsdruck setzen, scheitern, ja, manchmal sogar das Gefühl haben, in ihrer Rolle gefangen zu sein, und sich wünschen, nie Mutter geworden zu sein – Stichwort *Regretting Motherhood* –, sitzt Ruth auf ihrem erbsengrünen Sofa und wirkt zutiefst zufrieden. Es baut ja auch alles aufeinander auf, erklärt sie: »Ich hatte das Glück, den richtigen Mann zu heiraten, ich habe das Glück, mit ihm die richtigen Entscheidungen zu treffen, und darum kann ich auch weiterhin glücklich sein.«

Dass der falsche Partner ein Rezept für garantiertes Unglück ist und eine gute Partnerschaft enorm glücksfördernd, bestätigen zahllose Studien. Der Partner sei sogar wichtiger als die Familie, so der Glücksforscher Jan Delhey, und am glücklichsten fühlten sich Menschen, die lange mit demselben Partner zusammen seien.

»Doch was tust du in schwierigen Momenten, Ruth? Es gibt, um mit dem Philosophen Karl Jaspers zu sprechen, Grenzsituationen menschlicher Existenz, die unvermeidlich sind: Leid, Schuld, Kampf und Tod. All das gehört zum Leben.«

»Der Tod«, sagt Ruth und schüttelt den Kopf, »der Tod macht mich nicht unglücklich, sondern traurig.«

Ihre Großmutter, zu der sie ein sehr inniges Verhältnis hatte, starb von einem Tag auf den anderen. Sie war nicht krank, noch nicht einmal alt, gerade siebenundsiebzig Jahre. Und ist einfach gestorben. Selbst jetzt, fast zehn Jahre später, klingt Fassungslosigkeit in Ruths Stimme durch, eine leise, ungebrochene Empörung. »Zwei Tage nach meinem Geburtstag, ich hatte mich nicht einmal für mein Geburtstagsgeschenk bedankt.« Ihr steigen Tränen in die Augen. »Es hat mich umgehauen ...«

Sie schluckt.

Und spricht weiter, langsamer, als suche sie nach den richtigen Worten. In ihrem Gesicht ist zu lesen, wie sie die Dinge abwägt. »Nein«, sagt sie schließlich, »der Tod erschüttert mich, aber wenn jemand stirbt, den ich liebe, macht mich das traurig, nicht unglücklich.«

»Was würde dich unglücklich machen? Eine Trennung? Wenn Frank sich morgen in eine andere Frau verliebte?«

Erneut wägt sie die Frage ab. Erneut schüttelt sie den Kopf. »Es wäre ein Schock und wahrscheinlich würde ich lange brauchen, um es zu verstehen – aber ich will ja weiterleben, also lebe ich weiter und mache alles, so gut ich eben kann.«

»Tod, Trennung, Krankheit, Leid machen dich nur traurig, nicht unglücklich?«

Ruth nickt.

»Wenn eine deiner Töchter einen Unfall hätte? Querschnittgelähmt im Rollstuhl säße?«

Wieder hängt sie ihren Gedanken nach. Es ist still im Raum. Draußen hat es angefangen zu regnen, ein leichter, feiner Sommerregen, das Licht ist trüb. Nach einer langen Weile räuspert sich Ruth. »Nein«, sagt sie, »auch in so einer Situation wäre ich schockiert und traurig, doch dann würde ich nach Wegen suchen, wie wir weiterleben können, wie wir die Herausforderung gemeinsam bewältigen.«

»Du suchst ...«

»... ja«, sagt sie, »ich suche und finde Möglichkeiten.«

Die Erfahrung, dass sich fast immer irgendwo eine Tür öffnen lässt, die eben noch verschlossen war, scheint Ruth eine tiefe, unbeugsame Kraft zu geben. Oder findet sie Möglichkeiten, weil sie stark ist? Der kanadische Psychologe Albert Bandura entwickelte in den 1970er-Jahren das Konzept der Selbstwirksamkeitserwartung und benannte vier Faktoren, die Selbstwirksamkeit fördern: die Erfahrung, dass man Probleme erfolgreich lösen kann; Vorbilder, an denen man sich orientieren kann; Menschen, die einen ermutigen; und die Fähigkeit, Stress zu regulieren. Positive Erfahrungen stärken das Vertrauen in die eigenen Fähigkeiten – und ein ausgeprägtes Bewusstsein für die eigenen Möglichkeiten wiederum bewirkt positive Erfahrungen.

»Gibt es überhaupt etwas, was du fürchtest, Ruth?«

»Autofahren!« Die Antwort schießt ihr aus dem Mund. Ihr Schwager, starb bei einem Unfall. Auf der Autobahn, auf dem Heimweg, kurz vor der Abfahrt, enthauptet von einem vorbeirasenden Lkw. Die Erinnerung an den Schock und die Zeit danach spüre sie noch immer in ihrem Körper, sagt Ruth. Seither wisse sie, dass alles jederzeit vorbei sein kann. Daran denke sie nicht ständig, wer würde das aushalten? Sie wolle der Furcht auch gar nicht so viel Raum geben, wolle lieber dem Leben Raum geben. Doch lange Zeit traute sie sich nicht, Auto zu fahren. Nur langsam überwand sie die Angst. »Letztlich«, sie zuckt mit den Schultern, »letztlich liegt nichts in deiner Macht, wenn ein Lkw kommt ...«

Dann richtet sie sich auf, streicht eine Strähne hinters Ohr. Ihr Schwager hinterließ Frau und kleine Kinder. »Unsere Kinder sind schon größer«, sagt sie, »trotzdem wäre es dramatisch. Und ich will mir auch gar nicht vorstellen, dass das Schöne, das wir haben, morgen zu Ende sein könnte. Ich wehre mich dagegen. Aber wenn es so käme, müsste ich einen Weg finden, damit umzugehen, mit den Kindern, für die Kinder.« Sie hält inne, sieht mich an, ein klarer, unverwandter Blick. Und sagt: »Und das könnte ich auch.«

»Würdest du dich fragen: Warum ich?«

Ein entschiedenes Kopfschütteln. Ihr sei im Leben auch so viel Gutes widerfahren, da verbiete sich so eine Frage. Sie würde wohl irgendwann sehr wütend werden. Doch vor allem, sagt sie, würde sie Wege suchen, den Schmerz zu verarbeiten.

Im Frühjahr 2015 war Ruth erschöpft, am Ende ihrer physischen Kräfte. Sie blieb im Bett und ließ sich fallen, schlief sechzehn Stunden am Tag. Hatte plötzlich Zeit, sammelte ihre Gedanken und Sinne. Und machte jeden Tag ein Foto. »Wenn ich am Ende meiner Kräfte bin«, sagt sie, »sehe ich bis auf den Grund meiner Seele.«

Entstanden ist eine Serie über ihr Gefühl des Gestrandetseins. Helle, verwischte, wie mit Kreide gemalte Bilder, in denen sie sich inszenierte, im Wasser, zart und ungeschützt. Jeden Tag wählte sie eine andere Farbigkeit und jedes Mal war sie nach der Arbeit wie beflügelt. Sie begann, sich auf das tägliche Fotografieren zu freuen. Aufstehen zu müssen, Requisiten zusammenzusuchen, Kamera und Objektiv einzurichten gab allem eine Struktur, und aus der schöpferischen Leidenschaft, mit der sie vorging, zog sie neue Energie. Als würde ich etwas in mich *hinein*schöpfen, beschreibt sie es. Auch im Rückblick ist sie froh über die Bilder – sie zeigen keine Entwicklung, sind alle ähnlich in der Stimmung, doch sie erinnern sie daran, dass sie in der Kunst ihre Kraft wiederfand. Kunst – fotografieren, schreiben, Geige spielen – hilft ihr immer wieder, sich mit der Welt auseinanderzusetzen, Dinge zu verstehen. »Nun weiß ich«, sagt sie, »dass ich sogar, wenn ich vollkommen erschöpft bin, noch schöpferisch tätig sein und mich aus einem tiefen Tal wieder herausholen kann.« Sie nickt, ruhig und bestimmt. Da ist sie wieder, die unerschütterliche Zuversicht, der Glaube an die Welt und die eigene Kraft ...

Ruth greift nach ihrer Kaffeetasse, leert sie, stellt sie auf den Tisch. Beugt sich ein wenig vor und sagt: »Wirklich Angst habe ich nur davor, dass meine Kinder nicht glücklich sein könnten.«

»Sind sie es nicht?«

Wieder tastet sie sich zwischen den Wörtern entlang, sucht die richtigen. Die Mädchen, eines sieben, eines zehn Jahre alt, seien sehr unterschiedlich. Die Jüngere sonnig und zuversichtlich, die Ältere vorsichtiger, manchmal zweifelnd. »Bei ihr«, sagt Ruth, »ist das berühmte Wasserglas eher halb leer.«

Aber woher wissen wir, dass ein Mensch, dessen Glas halb leer ist, unglücklich ist? Wir meinen, er müsse es sein, weil es doch besser wäre zu denken, das Glas sei halb voll ...

»Es ist meine Vorstellung«, sagt Ruth und wirkt einen Moment ratlos. Und fügt, etwas leiser, hinzu: »Aber ich sehe auch, wie die Kleine kämpft. Wie sie kämpft, wenn sie beispielsweise Geige spielt, unzufrieden ist, aufstampft, sich gegen sich selbst wendet. Ich kenne diesen Kampf auch und weiß, dass sie das Problem mit etwas Geduld lösen könnte. Ich rede viel mit ihr. Doch sie zieht sich zurück. Neulich haben wir ein Bild gemalt: Wie ist es gerade bei uns in der Familie? Es zeigte eine hohe, stachelige Mauer. Auf der einen Seite standen ihre Schwester, Frank und ich – auf der anderen sie, ganz allein. Plötzlich brach sie in Tränen aus. Genau so fühle sie sich ... Und sie möge sich nicht ... Ich habe sie getröstet und gesagt, wir werden diese Mauer jetzt gemeinsam wieder abbauen.

Wie denn?, fragte sie.

Du bekommst eine Aufgabe, sagte ich.

Hä?

Ja, du musst jetzt jeden Tag mindestens zwei Mal richtig nett zu dir sein. Denn das Wichtigste im Leben ist, dass du dich magst. Wenn du dich nicht magst, fällt es anderen auch schwer, dich zu mögen, denn dann lässt du dich gar nicht mögen.

Verwundert sah sie mich an, zog die Nase hoch und fragte: Und wie kann ich nett zu mir sein?

Sei gut zu dir, mach dir öfter eine Freude. Wenn du zum Beispiel auf dem Nachhauseweg am Obstladen vorbeikommst und Appetit auf ein Stück Melone hast: Kauf es, ich gebe dir das Geld. Oder wenn du mit deiner Freundin ins Schwimmbad gehen möchtest: Ruf sie an, geht schwimmen.

Alleine?

Du bist zehn Jahre alt, deine Freundin ist auch zehn Jahre, zusammen seid ihr zwanzig, das schafft ihr!

Seither frage ich jeden Tag: Und, warst du heute schon nett zu dir? Inzwischen hat sie verstanden, was ich ihr sagen wollte. Neulich war sie sogar sehr nett zu sich und kam mit einer Schale Himbeeren nach Hause, die man mit Gold aufwiegen konnte, so teuer waren die. Und sie war auch nett zu mir, denn sie brachte mir eine Schale Couscous und Oliven mit, weil sie weiß, dass ich beides gern esse. Ich war zu Tränen gerührt.« Ruth lehnt sich zurück. »Ich glaube, wir sind auf einem guten Weg«, sagt sie.

Und ich merke, wie selbstverständlich ich davon ausgegangen bin, dass eine glückliche Frau glückliche Kinder hat. Wie naiv, was für eine Idealisierung. Jeder Mensch ist ein eigenes Wesen.

Als wolle sie es bestätigen, nickt Ruth und sagt: »Es ist faszinierend zu sehen, wie unterschiedlich die Mädchen sind. Dabei haben sie dieselben Eltern, die gleichen Gene …«

Doch Ruth tut, was sie kann, und zeigt ihren Töchtern Möglichkeiten auf, öffnet Türen. Sie gibt weiter, was sie gelernt hat und was sie stark und zufrieden macht.

ANTJE RITTER
Gestalttherapeutin | 50

Das Glück der kleinen Schritte

Hoher Himmel. Flüsse und Seen. Dichte Wälder, hier und da ein Storch und nur selten ein Mensch. Mecklenburg-Vorpommern ist das am dünnsten besiedelte Bundesland: 1,6 Millionen Menschen, weniger als in ganz Hamburg, leben auf einer Fläche von 23.000 Quadratkilometern. Und laut *Glücksatlas 2016* gibt es nirgendwo weniger glückliche Menschen.

In dem kleinen Ort Grabow südlich von Ludwigslust merkt man davon erst einmal nichts. Rote Backsteinhäuser neben altem Fachwerk, schmucke Gassen und auf dem Kirchturm glänzt ein goldener Wetterhahn. Ein alter Mann klappert mit seinem Fahrrad über das Kopfsteinpflaster, eine Frau schiebt einen Kinderwagen. Die Zeit scheint langsamer zu vergehen hier, eine freundliche Gemächlichkeit liegt über allem.

»Ich brauche die Ruhe, um bei mir zu bleiben«, sagt Antje Ritter. Seit 2011 lebt sie mit ihrem Mann in der Weißen Villa, einem Gründerzeithaus, in dem einst die Verwaltung der angrenzenden Lederfabrik untergebracht war, zu DDR-Zeiten das Büro eines Rechtsanwalts, nach der Wende ein Bordell. Sie geht voran, hinaus in den Garten, wo sie den Tisch gedeckt hat. Sie ist groß, schlank, blond, trägt ein schlichtes grünes Kleid und Stoffturnschuhe, kaum Make-up. Antje Ritter wurde in Hamburg geboren, wuchs in einem Dorf zwischen Stade und Cuxhaven und später in Madrid auf, studierte Romanistik und Ethnologie, wurde mit Anfang zwanzig Mutter, arbeitete viele Jahre als Übersetzerin, Lektorin und Texterin. Als ihr Sohn erwachsen war, fragte sie sich: Und jetzt?

Ein Jahr gab sie sich Zeit zur Neuorientierung und wusste doch bald, dass sie Psychotherapeutin werden wollte. Der Beruf hatte sie schon immer interessiert. Sie schrieb sich an der Universität Hamburg ein, ging zu Psychologievorlesungen und -seminaren und entschied sich dann, eine Ausbildung zur Gestalttherapeutin zu machen. Die Gestalttherapie ist eine Form der Psychotherapie, die sich hauptsächlich aus der Psychoanalyse sowie der Kritik an ihr, aus der Gestaltpsychologie und dem Existenzialismus entwickelt hat. Fünf Jahre lang besuchte sie Wochenendseminare und Peergroups, Selbsterfahrungs- und Supervisionsgruppen.

»Es war anstrengend. Es war teuer. Und es war das Beste, was ich tun konnte«, sagt sie, »denn Kontakt zu Menschen macht mich einfach glücklich.« Ein kurzes Zögern. »*Wirklicher* Kontakt – diese Begegnungen, bei denen für einen Moment alle Masken fallen und die Seelen einander berühren. In der Gestalttherapie ist der Kontakt zwischen Therapeuten und Klienten, die Interaktion zwischen beiden, von zentraler Bedeutung und das mag ich sehr.« Sie lächelt. Dann entschuldigt sie sich für das Pathos.

Doch es klingt nicht pathetisch. Wenn Antje Ritter über ihren Beruf als Therapeutin spricht, klingt es nach Erfüllung, nach Glück.

2014 eröffnet sie in der Weißen Villa ihre Praxis. Zum ersten Mal im Leben hat sie das Gefühl, zu tun, was ihr zutiefst entspricht. »Es kommt mir gar nicht wie Arbeit vor«, sagt sie. »Ich freue mich, wenn Klienten zu mir kommen, ich freue mich jedes Mal. Ich empfinde es als so sinnvoll, Menschen zu helfen, sich zu entwickeln – sich kennenzulernen und zu verstehen, sich von alten Mustern zu lösen und Neues zu wagen, das eigene Potenzial und die eigenen Ressourcen zu entdecken.«

Hinter ihr, hinter der Gartenmauer holpert ein einzelnes Auto übers Pflaster. Eine schwarze Katze – Frollein Ritter – rekelt sich in der Sonne und die Backsteinfassaden der ehemaligen Lederfabrik leuchten rot, in ihren hohen Fenstern bricht sich das Licht. Anfang des Jahres haben hier syrische Jugendliche mit Jugendlichen aus dem Ort ein Theaterstück geprobt, das von den teils traumatischen Erlebnissen ihrer Flucht erzählte. Die Premiere war ausverkauft, neue und alte Grabower saßen nebeneinander, kamen ins Gespräch. In Hamburg, wo ich wohne, wäre dafür kein Platz, dort würden Immobilienunternehmer und Makler wie Heuschrecken über das Gebäude herfallen, würden entkernen, sanieren und schicke Lofts an coole Kreative vermieten, an Internetagenturen, Start-ups, Visionäre und so, Nettomiete 2.000, 4.000, 6.000 Euro. Was für ein Kontrast zur Gemächlichkeit dieses Ortes, seiner Unaufgeregtheit. Zu dieser Idylle.

Dabei ist jeder fünfte Bürger in Mecklenburg-Vorpommern arm. Die Jugendarbeitslosigkeit ist hoch, die Attraktivität rechter Populisten und Extremisten auch.

»Wie wichtig ist der äußere Rahmen fürs innere Glück?«

»Er ist wichtig«, sagt Antje Ritter. »Doch innere Umstände sind wichtiger als äußere. Wenn ich Dinge mit mir herumtrage, die mich unglücklich machen, können mich ein schönes Haus, ein toller Beruf, ein gutes Einkommen auch nicht dauerhaft glücklich machen.« Inzwischen kenne sie erschütternde Wendegeschichten – wenn plötzlich nichts mehr ist, wie es war, wenn das bisherige Leben, alle Werte, das eigene Ich infrage stünden, sei das eine prägende Erfahrung, die sich tief eingrabe.

Und genau diese Erschütterungen, Einschnitte, Prägungen, Störungen, in Ost- wie in Westbiografien, faszinieren sie. Warum?

Sie lacht, hell und amüsiert. »Weil Menschen spannend sind! Die Sprache der Seele ist spannend, sich selbst kennenzulernen ist spannend.« Sie lehnt sich zurück. Ihre Hände ruhen in ihrem Schoß und etwas Freundliches, Offenes, Wohlwollendes geht von ihr aus. Man fühlt sich wohl in ihrer Gegenwart. »Wir haben alle unsere Muster«, fährt sie fort. »Auch wer eine schöne Kindheit hatte, hat Situationen erlebt, in denen er oder sie sich falsch fühlte, nicht akzeptiert, nicht geliebt. Vor diesem Schmerz, dieser tiefen Angst, beschämt, zurückgewiesen oder verlassen zu werden, schützt sich die Seele durch bestimmte Verhaltensmuster. Wenn Eltern beispielsweise mit ihrem Kind schimpfen, sobald es weint, ihm immer wieder sagen: Dein Geheule nervt, guck mal, wie hässlich du bist, dann wird das Kind irgendwann nicht mehr weinen. Es lernt, Traurigkeit und Schmerz nicht zu zeigen. Doch als Erwachsener seine Gefühle nicht zeigen zu können kann zum Problem werden.« Sie beugt sich vor, greift nach der Kanne und schenkt Tee ein. »Ein anderes Beispiel«, sagt sie, »sind Mädchen, die lernen, sie seien schön, aber nicht klug. Ganze Generationen von Frauen lächeln lieber, wenn sie etwas gefragt werden, weil sie bewusst oder unbewusst denken, sie hätten nichts Kluges zu sagen. Sich die eigenen Muster bewusst zu machen hilft jedoch, mit ihnen umzugehen.« Neben ihr hebt Frollein Ritter den Kopf und spitzt die schwarzen Ohren.

Dass es neben unserer eigenen andere Normalitäten gibt, merken wir oft erst als Erwachsene. Unbewusste Muster wirken über viele Jahre, manchmal ein Leben lang, und erst wenn es allzu wehtut, sind wir vielleicht bereit, uns mit ihnen zu beschäftigen. Die meisten Menschen gehen in Therapie, wenn sie in Not sind.

»Als Therapeutin siehst du also viel Unglück, Antje, viel Leid? Du schaust auch in Abgründe?«

»Ja?«

»Nicht?«

Antje Ritter legt die Stirn in Falten. »Nein, so dramatisch ist es nicht. Nicht alle Menschen, die zu mir kommen, stehen an einem Abgrund, manche befinden sich nur in einer momentanen Krise. Es kommt auch niemand zu mir und fragt: Was muss ich tun, um glücklich zu sein? Aber manchmal spüre ich die unterschwellige Frage einzelner Klienten: Was muss ich tun, um nicht mehr unglücklich zu sein? Als Therapeutin kann ich Menschen aber nur helfen, sich Dinge bewusst zu machen, sich besser zu verstehen, ihre Selbstwirksamkeit zurückzugewinnen. Ändern müssen sie ihr Leben selbst. Wenn sie jedoch spüren, dass sie Umstände, mit denen sie unglücklich sind, verändern können, tun sie das meist auch.«

Der Mensch kann sich ändern. Kann er also auch lernen, glücklich zu sein? Unser Glücksempfinden wird stark von unseren Kindheitserfahrungen bestimmt, sagen Psychologen, doch: Eine unglückliche Kindheit, auch traumatische Erlebnisse lassen sich aufarbeiten, Wunden können heilen. Unser Glücksempfinden wird stark von unseren Genen bestimmt, sagen Neurowissenschaftler, doch: Das Gehirn lernt bis ins hohe Alter dazu, neue Erfahrungen und Gefühle hinterlassen Spuren, Synapsen verstärken sich, neue Nervenbahnen werden gebildet, bestehende gestärkt, sodass sie Signale schneller weiterleiten.

Eine Amsel fliegt über unsere Köpfe hinweg, ihr Ruf ist hell und klar. »Nicht jeder Mensch mit einer psychischen Störung«, fährt Antje Ritter fort, »ist zwingend unglücklich: Menschen mit narzisstischer Persönlichkeitsstörung beispielsweise sind oft sehr erfolgreiche und schillernde Persönlichkeiten mit starker Ausstrahlung. Ein Geschäftsmann, der eine profitable Firma aufgebaut hat, reich, angesehen und mächtig ist, wird wohl nicht unglücklich sein. Geht die Firma allerdings in Konkurs, kann seine Existenz nicht nur im ökonomischen, sondern auch im psychischen Sinn gefährdet sein. Unbewusst hat er sich als Persönlichkeit nämlich über den beruflichen Erfolg definiert, und auch wenn Scheitern zum Leben gehört, ist es für jemanden mit narzisstischer Störung seelisch schwer auszuhalten. In der Therapie braucht es viel Zeit und Vertrauen, bis er merkt: Er ist als Unternehmer gescheitert, aber trotzdem ein liebenswerter, wertvoller Mensch. In solchen Momenten bin ich tatsächlich mit großem Unglück konfrontiert und das geht mir auch nahe. Aber Menschen brauchen Krisen, um sich weiterzuentwickeln, und darum kann ich gar nicht anders, als eine Krise als Chance für persönliches Wachstum zu begreifen.«

Ruhig sitzt sie in ihrem Stuhl, die Hände im Schoß, doch ihre Stimme klingt mit jedem Satz leidenschaftlicher: »Ja, wachsen kann wehtun. Doch wir gehen fast immer gestärkt aus Krisen hervor. Wenn sich Menschen in solchen Momenten öffnen, mir vertrauen, empfinde ich das als großes Glück.« Sie greift nach ihrer Tasse – hält dann mitten in der Bewegung inne, überlegt einen Moment. »Ich begegne meinen Klienten, als würde ich ein völlig unbekanntes Land betreten«, sagt sie. »Ein Land, das mich interessiert und das ich gerne kennenlernen möchte.«

Ist nicht allein das schon heilsam? Nach langen Mühen einfach einmal sein zu können, wie man ist ...

Akzeptiert ...

Nicht kritisiert ...

Doch Entdeckungsreisen, auf die sich Therapeuten und Klienten begeben, sind oft langwierig und mühsam ...

»Ja?«

»Nicht?«

»Nein, in einer Therapie wird auch viel gelacht, es gibt spannende, lustvolle, freudige Momente«, sagt Antje Ritter. Wieder denkt sie nach. »Manche Klienten haben vielleicht schreckliche Dinge erlebt«, sagt sie schließlich, »doch auch sie kommen zu mir, weil sie etwas verändern wollen. Da die gesetzlichen Krankenkassen nur tiefenpsychologisch fundierte Psychotherapie, Psychoanalyse und Verhaltenstherapie anerkennen, habe ich als Gestalttherapeutin keine Kassenzulassung, meine Klienten bezahlen ihre Therapie also selbst, und das motiviert zusätzlich. Dennoch braucht Heilung Geduld und jeder Mensch braucht seine Zeit. Doch selbst kleine Schritte sind große Erfolge, weil sie für die jeweilige Person viel verändern. Das mitzuerleben ist immer wieder herzerwärmend, für beide Seiten.«

Das Glück der kleinen Schritte ...

»Vor einer Weile«, erzählt Antje Ritter, »hatte ich eine Klientin, eine junge Frau, die mit Anfang dreißig noch bei ihren Eltern lebte und überzeugt war, dass beide es nicht überleben würden, wenn sie auszöge. Sie selbst hatte keinen Partner, auch keine Kinder, ihre biologische Uhr tickte. Über Monate haben wir an Themen gearbeitet, die erst einmal gar nichts mit einem Auszug zu tun hatten: an ihren Wünschen, ihrem Selbstbewusstsein, an ihrer Neigung, stets darauf zu achten, es anderen recht zu machen. Anfangs fiel es ihr schwer, ihre eigenen Wünsche überhaupt wahrzunehmen. Nach etwa einem Jahr kam sie dann eines Tages in die Praxis und erklärte: Ich habe meinen Eltern gesagt, dass ich ausziehe. Bitte? Zu dem Zeitpunkt hatte ich nicht damit gerechnet. Ja, antwortete sie, ich habe meinen Eltern gesagt, dass ich mir eine Wohnung suchen werde. Und es war gut. Meine Mutter ist beleidigt, aber mein Vater unterstützt mich.«

Antje Ritter lehnt sich zurück – und strahlt. »Es ist wunderbar zu erleben«, sagt sie, »wie Menschen mutig werden, sich berühren lassen, sich lieben lernen. Wie sie wachsen und ihr Leben in die eigenen Hände nehmen. Als meine Klientin ihren Eltern sagte, sie würde ausziehen, war sie glücklich, weil sie spürte, dass etwas möglich ist, was sie nie für möglich gehalten hatte.«

Psychotherapie – ein Raum, in dem alles sein darf. Alle Gefühle, alle Gedanken, aller Schmerz finden ihren Platz, alle Wünsche und Sehnsüchte nach einem anderen Morgen, einem anderen Selbst.

Ein Ort der Freiheit.

Ein Raum, in dem das Schwere abfallen kann.

Erleichtert.

Glück ist auch Leichtigkeit ...

»Die Voraussetzung für Glück«, sagt Antje Ritter, »ist Liebe.« Lieben zu können, sich und andere, Liebe geben zu können – auch zahllose Forscher sehen darin einen Schlüssel zum Glück. George Vaillant, Leiter der weltweit aufwendigsten und ausführlichsten Studie zum Thema Glück – in der Forscher der Harvard University seit über siebzig Jahren das Leben vom 268 Absolventen der Jahrgänge 1939 bis 1945 verfolgen – bilanziert: Eine lieblose Kindheit verdammt uns nicht für immer. Was uns ein Leben lang prägt, sind Beziehungen zu geliebten Menschen, und die müssen nicht zwingend Teil der eigenen Herkunftsfamilie sein. Glück, so der Psychiater und Harvard-Professor, ist Liebe, Punkt.

»Für meine Klienten«, sagt Antje Ritter, »fühle ich eine Art Liebe, eine Menschenliebe. Auch darum erlebe ich meine Arbeit als so erfüllend. Nach einer gelungenen Sitzung bin ich wirklich glücklich.«

Der Mensch, erklärt sie, brauche Menschen, wir können nicht für uns alleine glücklich sein. Wir können alleine Glücksmomente erleben, aber tiefes Glück, Lebensglück, hat viel mit funktionierenden Beziehungen zu tun. Darum pflege sie ihre eigenen Beziehungen auch sehr intensiv, die langjährigen Freundschaften, den Kontakt zu ihren Schwestern, die Verbindung zu ihrem Sohn. »Seine Geburt war einer der glücklichsten Momente meines Lebens«, sagt sie, »in den Stunden danach, den ersten Tagen, bin ich in dem Gefühl versunken, nichts könne mich aus der Ruhe bringen. Selbst wenn draußen die Welt explodierte, hier, bei ihm und mir, war alles gut.«

Ein anderer außerordentlich glücklicher Moment war ihre Hochzeit, Jahre später, nachdem sie sich vom Vater ihres Sohnes getrennt hatte. Ihr heutiger Mann ist Facharzt für Neurologie und arbeitet in der psychiatrischen Abteilung eines Krankenhauses. Gemeinsam machen sie eine Paartherapeutenausbildung, um in Zukunft auch zusammen zu arbeiten. »Fachlich kommen wir aus unterschiedlichen Richtungen«, räumt Antje Ritter ein, »und auch als Menschen sind wir unterschiedlich, doch wir ergänzen uns gut. Er arbeitet mit schwer kranken Patienten auf einer geschlossenen Station, oft in Akutsituationen – ich kann mich im Setting meiner Therapiestunden individueller und intensiver auf meine Klienten einlassen.« Sie lehnt sich zurück, streicht ein paar Brötchenkrümel von ihrem Kleid. »Anfangs«, räumt sie ein, »gab es auch Konkurrenzgefühle. Einmal erzählte ich von einer Patientin, die mein Mann aus der Klinik kannte und die nach ihrer Entlassung zu mir in ambulante Behandlung kam. Ich schilderte ihm eine Sitzung, die sehr gut gelaufen war. Die wickelt dich um den Finger, antwortete er, du wirst schon sehen. Ich war wie vor den Kopf geschlagen. Wie kannst du das sagen?, fragte ich. Gerade habe ich erzählt, wie gut die Sitzung gelaufen ist. Ich muss doch meinem Gefühl trauen können. Wir haben uns gestritten. Später haben wir den Konflikt innerhalb unserer Ausbildung mit anderen Paartherapeuten besprochen und ich merkte, dass hinter meiner Empörung meine alte, tief verwurzelte Angst steckte, zurückgewiesen oder beschämt zu werden, weil ich nicht gut, nicht klug genug bin. Ich dachte, mein Mann denkt, ich kann seine ehemalige Patientin nicht angemessen behandeln, und fühlte mich nicht ernst genommen. Er wiederum verstand, warum ich so verletzt war. Wir konnten wieder aufeinander zugehen.« Sie neigt den Kopf. Ein feines Lächeln umspielt ihre Lippen; auch die Art, wie sie sich konzentriert, zuhört, ihre Worte wählt, hat etwas Feines, eine stille Eleganz, die nicht distanziert wirkt. Antje Ritter weilt gänzlich im Moment, in der Hinwendung zu ihrem Gegenüber.

»Vielleicht«, sagt sie, »ist das sogar das Beste an unserer Paartherapeutenausbildung: dass mein Mann und ich auch so viel über uns selbst lernen und uns immer noch näher kommen. Es ist schön, an einem Menschen, den man liebt, etwas zu entdecken, was man noch nicht kannte, und ihn besser zu verstehen. Das sind wunderbare Momente der Tiefe...« Ein Lächeln. Ein Schulterzucken. »Ja, es ist mir sehr wichtig, eine wirklich tiefe Beziehung zu meinem Mann zu haben.«

Was hatte sie eingangs, beinahe peinlich berührt wegen möglichen Pathosverdachts, gesagt: Momente, in denen Masken fallen und Seelen einander berühren...

Sie hat ihren Weg gefunden.

Neben uns streckt sich Frollein Ritter, spreizt die Pfoten, erhebt sich. Streckt sich noch einmal und streicht gemächlich, beinahe träge, durch Phlox und Sonnenblumen, Lupinen und Rittersporn. Vor einer Rose bleibt sie stehen, legt den Kopf schräg, betrachtet eine Hummel. Vögel zwitschern und von irgendwo weht eine einzelne Männerstimme herüber. Die Sonne steht hoch. Es ist, als dehnten sich Zeit und Raum.

Auf dem Rückweg durch den Ort läuft ein Mann mit seinen Kindern über den Marktplatz. Auf dem Kirchturm glänzt der Wetterhahn und eine alte Frau steigt auf ihr Fahrrad und winkt, und eine freundliche Gemächlichkeit liegt über allem.

JAKOB KAMPERMANN
Pastor | 38

Gott will mich so – zum Glück!

»Bitte, nehmen Sie Platz«, sagt Jakob Kampermann und deutet auf die beiden Sessel in seinem Amtszimmer.

Ich setze mich, sehe wie automatisch hinüber zum zweiten Sessel – und zucke. Solche Irritationen erlebt der Pastor der Kirchengemeinde St. Nikolai in Hannover-Limmer vermutlich häufiger. Er lächelt und rangiert seinen Rollstuhl an den Tisch.

Jakob Kampermann war einundzwanzig Jahre alt, als er erfuhr, dass er an Multipler Sklerose leidet, einer unheilbaren Erkrankung des zentralen Nervensystems. Mit sechzehn war seine rechte Gesichtshälfte kurzzeitig wie gelähmt gewesen. Mit neunzehn, nach einer Hepatitis-B-Impfung, fühlte sich sein Körper von der Brust abwärts plötzlich an, als läge eine Wachsschicht auf seiner Haut, alle Reize drangen nur noch gedämpft hindurch. Mit einundzwanzig konnte er dann seinen rechten Fuß kaum noch heben, stolperte, fiel, verletzte sich. Es folgten neurologische Untersuchungen, eine Magnetresonanztomografie, eine Nervenwasseranalyse. Als die Ärztin ihm die Diagnose mitteilte, war er nicht überrascht. Zwischenzeitlich hatte er seinen Zivildienst absolviert, in einem Wohnheim für MS-Patienten, kannte sich aus mit Krankheitsbild, Symptomen, Verläufen. »Die Menschen dort«, sagt Jakob Kampermann, »haben mir gezeigt, dass man mit MS leben kann. Die Diagnose war also keine Katastrophe, mein Leben brach nicht zusammen.«

Er beugt sich vor, verändert seine Sitzposition. »Eine Patientin hat sich das Leben genommen«, sagt er dann. »Wenn ihre Peristaltik versage, wenn sie ihre Darmmuskulatur nicht mehr kontrollieren könne, wolle sie nicht mehr leben, hatte sie entschieden. Bis dahin war sie sehr umtriebig, hat gearbeitet und kurz vor dem Suizid flog sie mit ihrem Mann nach New York, weil sie die Stadt einmal gesehen haben wollte. Auch sie hat mir gezeigt, wie man mit der Krankheit umgehen kann.« Kampermann lächelt, freundlich und ruhig.

Seine Ärztin riet ihm ebenfalls, sein Leben nicht von der Multiplen Sklerose bestimmen zu lassen. »Glück«, sagt Jakob Kampermann und schüttelt den Kopf, »ist etwas so Zufälliges. Der Grund, warum ich ausgerechnet zu dieser Ärztin gegangen bin, war, dass ich das Telefonbuch aufschlug und ihre Praxis in der Fichtestraße lag – meine Eltern wohnten auch in der Fichtestraße, in einer anderen Stadt. Später habe ich oft darüber nachgedacht, was Fügung eigentlich ist.« Er lächelt beinahe entschuldigend. »Aber ich habe keine Antwort darauf.«

Draußen im Garten des Pfarrhauses wirft der Gemeindegärtner den Rasenmäher an. In Kampermanns Amtszimmer stehen Regale voller theologischer Bücher, auf dem Schreibtisch stapeln sich Papiere, Zettel, CDs, mittendrin ein Laptop. Was ihm neben Vorbildern und Motivation am meisten geholfen hat, sagt er, war sein privates Umfeld: Menschen, die ihm wichtig waren, hielten zu ihm, er selbst hat sich weder verkrochen noch ein Geheimnis aus seiner Erkrankung gemacht. Damals studierte er bereits Theologie – aufgewachsen in einem Pastorenhaushalt hatte es Gott in seinem Leben immer schon gegeben, und als Pfarrer wollte er den Menschen in allen Situationen des Lebens beistehen, Geburt und Tod, Taufe und Trauung, in guten und in schlechten Tagen. Er wollte überall dabei sein.

Doch ein Pfarrer, der nicht laufen kann?

Jakob Kampermann sprach mit dem Landeskirchenamt. Zu seinen beruflichen Aussichten könne man nichts sagen, hieß es. Kampermann beugt sich ein wenig vor. Er trägt Jeans und ein kariertes Hemd, und in den weiten Hosen wirken seine Beine schmal. »Ich gebe zu«, sagt er, »ich hätte damals lieber gehört: Selbstverständlich werden Sie Pfarrer, wir freuen uns schon auf Sie! Aber der Dezernent hatte recht, es war völlig offen, wie sich meine Krankheit entwickeln würde.«

Multiple Sklerose ist eine chronisch-entzündliche Erkrankung des Zentralnervensystems, deren Symptome von Sehstörungen, Taubheit oder Krämpfen über Sprech-, Bewegungs- und Koordinationsstörungen bis zu Lähmungen reichen. Sie verläuft individuell sehr unterschiedlich, ist nicht heilbar, aber durchaus behandelbar und führt keineswegs immer zu schweren körperlichen Einschränkungen. Nach dem Vikariat kommt Jakob Kampermann als Pastor in die Kirchengemeinde St. Nikolai in Hannover. Kurze Zeit später beginnt er, Gehhilfen zu benutzen. Die Gemeinde ist verunsichert, einige sorgen sich, andere wissen nicht mit der eigenen Unsicherheit umzugehen. Wieder reagiert er offensiv, sucht das Gespräch, bittet um Hilfe, wo es nötig ist. »Ich bin nicht glücklich darüber, dass ich mir helfen lassen muss«, sagt Jakob Kampermann, neigt den Kopf ein wenig und schaut an mir vorbei. »Ich bin immer noch dabei, es zu lernen.« In seiner Stimme schwingt etwas mit, das die Überwindung, die es ihn kostet, ahnen lässt.

»Es ist ein ständiges Ringen, mit der Krankheit zu leben?«

»Ja, und es gab Momente, in denen ich sehr verzweifelt war und mir mein Leben behindert nicht vorstellen konnte. Bis heute kämpfe ich immer wieder damit, dass ich krank bin, die Einschränkungen zunehmen werden und mein Leben früher enden wird.«

»Hadern Sie in solchen Momenten mit Gott?«

Ein herzliches Lachen. »Die Frage musste ja kommen ... Ja, manchmal hadere ich auch mit Gott. Allerdings, ich heiße Jakob und im Alten Testament gibt es eine Geschichte, in der Jakob mit einer Gestalt – Gott – ringt und sagt: *Ich lasse dich nicht, du segnest mich denn.* Gott willigt ein und segnet Jakob. Doch er schlägt ihm auch auf die Hüfte, sodass er eine Gehbehinderung davonträgt. In meiner Vorstellung ist natürlich Jakobs rechtes Bein verletzt, weil es bei mir auch mit dem rechten Bein begann.« Kampermann lacht und fährt sich über seinen Dreitagebart. »Daran, dass Jakob fortan behindert ist, erkennt man jedoch, dass er gesegnet ist. Und jedes Mal, wenn er auf seine Behinderung angesprochen wird, muss er sagen: Ich habe mit Gott gerungen.«

Eine andere Lesart wäre, dass Jakob durch seine Behinderung gestraft ist. Nicht gehen zu können, im Rollstuhl zu sitzen ist für viele Menschen eine Vorstellung großen Unglücks ...

Kampermann nickt und sein Lachen wird zu einem Lächeln, still, wissend. »In der Bibel«, sagt er, »endet die Geschichte damit, dass Jakob gesegnet ist.«

Irgendwo im Haus scheppern Kochtöpfe und draußen vor dem Amtszimmer beginnt ein Mädchen zu singen, aus vollem Hals. »Das ist Glück«, sagt Jakob Kampermann und von einem Moment auf den anderen leuchtet sein Gesicht. Seine Frau und er lernten sich im Studium kennen, heute haben die beiden zwei Töchter. »Man muss erforschen, was die Krankheit für eine Beziehung bedeutet«, räumt er ein, »aber wenn ich manchmal höre, dass Verbindungen wegen einer MS-Diagnose zerbrechen ...« Er schüttelt den Kopf. »Das halte ich für dumm, denn die Diagnose sagt erst einmal nichts über den Verlauf der Krankheit.« Wieder singt das Mädchen, trällert fröhlich durch den Flur, und Kampermann lacht und deutet auf die Wand hinter mir, vis-à-vis von seinem Platz. Ich drehe mich um: Ein großes Foto eines blonden Mädchens auf einem Trampolin – es fliegt durch die Luft, selig vor Glück.

»Man sagt, es seien die kleinen Momente im Leben, die einen glücklich machen«, sagt Jakob Kampermann, »doch die Geburt eines Kindes ist ein großer, ein riesiger Moment. Dass meine Töchter auf der Welt sind und dass sie sind, wie sie sind, macht mich sehr glücklich, jeden Tag.«

Einen Moment ruht sein Blick noch auf dem Foto, dann sieht er mich wieder an. Betrachtet mich, still, genau, mit dieser aufmerksamen Ruhe, die von ihm ausgeht.

Und sagt: »Als meine Tochter anfing zu laufen, hörte ich auf.«
Einen Moment verschlägt es mir die Sprache. Der Kontrast zu dem fliegenden Mädchen ist ungeheuerlich. Jakob Kampermann sieht mich an, als lese er in meinem Gesicht – und ich betrachte seines. Etwas Offenes, beinahe Jungenhaftes liegt in seinen Zügen. Glück und Unglück liegen so oft dicht beieinander. Und Glück ist selten gerecht und nichts für Feiglinge, denn es will erkämpft werden. Kampermann beugt sich vor, verändert seine Sitzposition. »Ich habe diesen Schritt«, sagt er, »lange hinausgezögert. Ich habe mich geschämt. Ich wusste, wenn ich mich einmal in den Rollstuhl setze, käme ich nicht wieder heraus. Ich wusste, von dem Moment an würde ich stets zu allen Leuten aufschauen müssen.«

Als Pastor Kampermann zum ersten Mal einen Gottesdienst im Rollstuhl hält, rollt er den Hügel zu seiner Kirche hoch. Oben helfen ihm Gemeindemitglieder die Stufen hinauf, drinnen heben sie ihn vor den Altar. »Vorher habe ich bei Predigten auch auf einem Stuhl gesessen«, sagt er, »doch im Rollstuhl saß ich tiefer. Als ich, um die Stufen am Altar zu meiden, den Gottesdienst einmal davor hielt, saß ich sogar so tief, dass mich manche Gemeindemitglieder nicht sehen konnten.« Fortan lässt er sich Sonntag für Sonntag von zwei Männern aus der Gemeinde die Stufen hinaufheben.

Auch Hausbesuche kann der Pastor nicht mehr machen – Limmer, lange ein Dorf am Rande Hannovers, heute Stadtbezirk, ist voller Fachwerkhäuser, Altbauten, denkmalgeschützter Gebäude, und ohne Fahrstuhl kommt er mit dem Rollstuhl nicht in den dritten Stock. Nun kommen die Leute zu ihm.

Das Taufbecken ist zwar transportabel, doch hängt es so hoch, dass er es im Sitzen nicht erreicht. Nun halten bei Taufen die Paten die Schale mit dem Taufwasser – und freuen sich, dass sie in die Zeremonie eingebunden werden.

Bei Beerdigungen, vor allem bei Urnenbeisetzungen, kann Kampermann oft nicht ans Grab heranfahren. Im Friedwald muss er sich durchs Unterholz ziehen lassen. »Ja, das sieht doof aus. Es würde anders aussehen, wenn ich aufrecht gehen würde.«

Einen Moment herrscht Stille.

»Ein Frage der Würde?«

Er zuckt mit den Schultern. Und sagt mit fester Stimme: »Es sehen ja alle, dass nicht ich das Problem bin – das Problem ist der Wald.«

Eine Respektsperson, die sich helfen lassen muss, konfrontiert uns mit unserer eigenen Verletzlichkeit. Das kann auch eine fruchtbare Irritation sein. Und natürlich hängen die Würde eines Amtes und der Respekt gegenüber einem Menschen nicht ernsthaft davon ab, ob dieser sitzt oder steht. Und doch macht es einen Unterschied, ob man seinem Gegenüber auf Augenhöhe begegnet oder nicht.

»Ja«, sagt Jakob Kampermann, »das ist ein stetes, ein grundsätzliches Problem: Um mit mir wirklich in Kontakt zu sein, muss man sich auf meine Augenhöhe begeben.«

Wieder herrscht Stille.

»Ich kann mich aber nicht erinnern«, fügt er hinzu, »dass es deswegen einmal Schwierigkeiten in der Gemeinde gegeben hätte. Im Gegenteil, mir scheint, die Leute denken: Der junge Mann sitzt im Rollstuhl und ist trotzdem Pfarrer.«

»Sie sind ein Vorbild?«

»Das eher.« Er neigt den Kopf und lächelt wieder sein leises Lächeln. »Das wiederum wirkt auf den Respekt zurück«, sagt er.

Doch er wirkt nicht glücklich über diese Rolle.

»Nein«, sagt Jakob Kampermann und schüttelt entschieden den Kopf, »nein, denn diese Rolle lässt mich mein Problem spüren.« Er faltet die Hände im Schoß. »Natürlich freue ich mich, dass viele Menschen mich sehen, merken, dass ich Unterstützung brauche und mir helfen – zugleich ärgert es mich, dass nicht jeder Bus eine hydraulische Rampe hat, öffentliche Gebäude nicht selbstverständlich barrierefrei sind und bei Empfängen immer alle Gäste stehen. In solchen Situationen werde ich ausgeschlossen, weil ich nicht autonom bin. Das wäre ich aber gern.«

Zwei Stränge, die permanent parallel laufen: Autonomie und Abhängigkeit, Aufbegehren und Akzeptanz, Zufriedenheit und Widerstreben.

Glück, schreibt der Philosoph Wilhelm Schmid, erwachse aus der Fähigkeit, die Polarität des Lebens zu akzeptieren, nicht in jeder ihrer Erscheinungsformen, aber in ihrer Grundstruktur, und die Frage, wie man mit dem Negativen an sich selbst und in seinem Leben zurechtkomme, nicht auszuklammern. Für Jakob Kampermann eine tägliche Herausforderung.

Trotzdem übernimmt er 2013 die Leitung der Kirchengemeinde St. Nikolai. Die Gemeindemitglieder schätzen ihn, wollen ihn unbedingt halten. Nun wird auch umgebaut: Rampen werden installiert, Zugänge barrierefrei und Toiletten behindertengerecht gestaltet. Kampermann seufzt. »Eigentlich steht es jeder Kirchengemeinde gut an, barrierefrei zu sein«, sagt er. »Eigentlich kann es gar nicht sein, dass nicht alle Kirchen für alle Menschen zugänglich sind.«

Sich um Kranke zu kümmern gehört zum Selbstverständnis der meisten Religionen, nicht nur der christlichen. Jakob Kampermann wurde von seiner Landeskirche jedoch nicht verbeamtet, sondern angestellt. Er werde wohl auch nie Beamter werden, sagt er, seine Krankheit sei in den Augen seines Arbeitgebers eben immer ein Risiko. Wie viele PfarrerInnen mit einer Körperbehinderung überhaupt in der evangelischen und der katholischen Kirche in Deutschland arbeiten, ist schwer auszumachen, es gibt kaum Zahlen, keine belastbaren Schätzungen, nur so viel ist offensichtlich: Geistliche mit Handicap sind eine kleine Minderheit.

»Herr Kampermann, im Neuen Testament handeln viele der Geschichten immer wieder auch von Wunderheilungen. Wie lesen Sie die?«

Ein stilles, beinahe nach innen gerichtetes Lächeln. Draußen stellt der Gärtner den Rasenmäher aus und Kampermanns Blick wandert langsam über das Bücherregal neben dem Fenster. »In der Bibel«, sagt er schließlich, »sieht das immer sehr einfach aus: Eine Begegnung mit Jesus, der Kranke wird geheilt und alle gehen fröhlich ihrer Wege. Manchmal wünsche ich mir das auch, mein Leben wäre einfacher, wenn ich gesund wäre. Doch es wird nicht passieren. Was ich mich oft frage, ist, warum

Gesundheit und Krankheit immer ein Gegensatz sein müssen. Als wären Behinderte ein Fehler im System Himmelreich. An diesem Punkt hätte ich mir mehr Innovation von Jesus gewünscht. Ich wünschte mir Erzählungen, in denen Menschen eingeschränkt und doch glücklich sind. Geschichten, in denen sie es schaffen, mit ihrer Krankheit zu leben. Geschichten, in denen Jesus jemanden krank zurücklässt – und obwohl dieser Mensch krank bleibt, ist er glücklich, seinen Herrn und Heiland getroffen zu haben. Das ist nämlich meine Situation.« Er hebt eine Augenbraue. »So, wie es im Neuen Testament ist, ist es zu einfach, da fehlt etwas.«

Wieder schaut er an mir vorbei. Betrachtet das Bild seiner Tochter, lächelt und sagt schließlich: »Trotzdem glaube ich, dass Gott mich so will, wie ich bin. Dass er mich so gedacht hat, mit dieser Krankheit. Meine Aufgabe ist es nun, mich zu lieben und zu wollen, wie ich bin. Gott hat damit keine Schwierigkeiten, er sagt: Dieser Mann, Jakob Kampermann, gehört in meine gute Schöpfung.«

»Und – Sie sind einverstanden?«

»Damit bin ich nicht einverstanden. Gott hätte auch eine andere Idee von mir als Mensch haben können. Doch so denken auch Menschen mit anderen Handicaps, es ist ein grundsätzliches Problem menschlicher Existenz, dass wir mit uns selbst zurechtkommen müssen – mit all unseren Möglichkeiten und Unmöglichkeiten.«

Nicht gegen sich selbst anzuleben ist ohne Zweifel eine sehr gute Voraussetzung für ein zufriedenes Leben. Dinge zu ändern, die man ändern kann, und Dinge zu akzeptieren, die man nicht ändern kann …

Jakob Kampermann nickt. Und lächelt.

»Sind Sie ein fröhlicher Mensch, Herr Kampermann, dass Sie so oft lachen oder lächeln, wenn ich etwas sage oder frage?«

Das Lächeln wächst. »Ich lächle so oft, weil Ihre Fragen Fragen sind, die ich mir selbst auch oft stelle. Ertappt ist nicht das richtige Wort, aber ich fühle mich wiedererkannt. Und ein wenig … ein wenig ist das Lachen auch ein Ventil für eine gewisse Bewegtheit. Es sind ja sehr intime Fragen.«

»Ja, da haben Sie recht. Darf ich Ihnen trotzdem noch eine weitere, eine letzte stellen?«

»Ja.«

»Was wünschen Sie sich für Ihr weiteres Leben?«

Jakob Kampermann denkt nach. Reibt über seinen Bart, betrachtet das Foto seiner Tochter. »Ich würde nicht sagen, dass ich Glück habe«, antwortet er schließlich, »aber ich bin durchaus ein glücklicher Mensch, denn ich habe eine Familie, Freunde und einen Beruf. Es gibt Dinge im Leben, die sind wichtiger, als laufen zu können …« Er macht eine Pause, sieht mich an. »Was ich mir aber wünsche, ist, möglichst lange zu leben und meine Kinder zu begleiten – denn sie sind so unendlich beglückend.«

ANNETTE JAROSCH
Werbetexterin | 51

Eheglück

Als Annette und Andi sich zum ersten Mal begegnen, beginnt eine neue Zeit.

Nicht abrupt, allmählich eher. Zunächst einmal beginnt nur ein neues Jahrtausend, in das Annette am 31. Dezember 1999 mit Freunden hineinfeiert. Andi, der Einzige in der Runde, den sie nicht kennt, sitzt ihr gegenüber, die beiden unterhalten sich, finden immer wieder neue Themen, lachen und amüsieren sich, und als sie sich am Neujahrsmorgen mit Fondue im Bauch und Sekt im Blut voneinander verabschieden, gibt sie ihm ihre Telefonnummer. »Ich habe es dem Schicksal überlassen, ob er anruft oder nicht«, sagt Annette Jarosch heute, sechzehn Jahre später.

Die Tage vergehen.

Das Telefon bleibt stumm.

Dann, an einem Freitagabend kurz vor Mitternacht, als Annette gerade schlafen gehen will, klingelt es: »Hier ist der Andi ...« Sie telefonieren die ganze Nacht. Am nächsten Tag wieder. Am Tag darauf lädt er sie zum Essen ein. Überpünktlich steht sie vor seiner Haustür, und weil ihr diese Überpünktlichkeit peinlich ist, wartet sie in der Kälte. Punkt

20 Uhr klingelt sie dann, steigt die Treppen hinauf bis unters Dach – und kommt in eine Wohnung, in der sie sich vom ersten Moment an wie zu Hause fühlt. »Das war wirklich toll«, sagt sie heute, längst zum zweiten Mal verheiratet.

Bei Steaks und Wein lachten und redeten Annette und Andi, fanden immer wieder neue Themen und amüsierten sich, es bitzelte und knisterte. Mitte Februar nahm sich Andis bester Freund das Leben. »Über Nacht«, sagt Annette Jarosch, »wich alle zarte Verliebtheit dem Gefühl, Verantwortung übernehmen zu müssen. Ich hatte Angst um Andi, er und sein Freund kannten sich seit Kindertagen, sie waren wie Brüder gewesen.« In den kommenden Wochen fuhr sie nur nach Hause, um frische Wäsche zu holen und den Postkasten zu leeren. Vereint in der Intensität der Trauer und des Schmerzes wuchsen Andi und sie zusammen. Drei Monate später zog sie zu ihm.

Am 27. Dezember 2001 heirateten Annette und Andi.

»Wenn ich zurückblicke«, sagt Annette Jarosch und fährt sich mit der Hand durchs blond gesträhnte Haar, »hatten wir eine gute Zeit. Wir hatten das Gefühl, wir gehören zusammen. Wir haben uns gut verstanden und viele tolle Sachen gemacht. Wir sind durch Ecuador gereist, durch Vietnam, durch Südafrika, mit dem Mietwagen, damals noch ohne Navi, nur mit einer Karte in der Hand. Wir haben ein Haus gekauft, es wieder verkauft, ein anderes gekauft, und bis wir einziehen konnten, wohnten wir einen eisigen Winter lang in einer Hütte oben am Berg, nur mit einer Ofenheizung. Wir waren ein tolles Team – aber immer weniger ein tolles Paar. Wir haben uns in Projekte gestürzt und uns von uns selbst abgelenkt. Wir haben unsere Liebe nicht gehegt, damit sie wächst und bleibt.«

So begann unter den Annehmlichkeiten ihres guten Lebens – Reisen, Haus, gutes Einkommen, gemeinsame Altersvorsorge – eine latente Unzufriedenheit zu schwelen.

Sie versuchten, ihr zu begegnen, krempelten manches um, verkauften beispielsweise an einem Wochenende alle Möbel und richteten sich vollkommen neu ein. Andi nahm zwölf Kilo ab. Irgendwann allerdings versuchte er, nicht nur seinen Körper zu kontrollieren und zu perfektionieren, sondern das Leben an sich. Immer öfter stritten sie. Schließlich gingen sie zur Paarberatung bei einem Beziehungscoach. »Das hat's nur schlimmer gemacht«, sagt Annette Jarosch und seufzt und lacht zugleich. »Andi war fasziniert von diesem Coach und wollte fortan alles genauso machen wie der, er hat seine Rhetorik übernommen und verlangte auch von mir, dass ich bestimmte Wörter nicht mehr benutze und Formulierungen durch andere ersetze. Und das mir, deren Beruf Sprache ist!«

Im Juni 2009 starb ihr bester Freund bei einem Flugzeugabsturz. »Schlagartig wurde mir bewusst, dass ich keine Zeit zu verlieren habe«, sagt sie. »Man muss nur einmal ins falsche Flugzeug steigen – und schon ist alles vorbei. Ich beschloss, mein Leben zu ändern, und zwar sofort.«

Annette sagte zu Andi: So geht's nicht weiter.

Sie rutscht ein wenig auf ihrem Stuhl, wirkt plötzlich etwas verlegen. »Es ist ein bisschen peinlich, aber anfangs hatten wir die etwas krude Idee, wir könnten zusammenbleiben und uns das, was uns jeweils fehlt, außerhalb unserer Ehe suchen, in einer Affäre.«

»Warum ist das peinlich?«

»Na, es entspricht nicht dem üblichen Verständnis von Ehe.«

»Es mag euch etwas gefehlt haben, aber ihr hattet auch etwas zu verlieren.«

»Ja ... Ja, wir hatten dieses eigentlich schöne Leben, hatten uns ein Zuhause geschaffen, Werte.« Sie denkt einen Moment nach, dann zuckt sie mit den Schultern. »Jedenfalls dachten wir damals: warum nicht? Und ich bildete mir ein, ich könnte das auch. Also fing ich an, mich umzuschauen.«

Als Annette und Kerstin sich zum ersten Mal begegnen, beginnt wieder eine neue Zeit.

Nicht abrupt, allmählich eher. Denn als Annette im Internet durch *Er sucht sie-* und *Sie sucht ihn*-Portale scrollte, Anzeigen las, deren Gleichförmigkeit sie schnell langweilte, und schließlich zu einer *Sie sucht sie*-Seite wechselte (sie hatte sich schon immer in Männer und Frauen verliebt), stieß sie auf einen Text, der sie mit jedem Wort, jedem Satz elektrisierte. Doch an seinem Ende stand: *Bitte schreib mir nur, wenn du wirklich frei bist.* »Das war wirklich schade«, sagt Annette Jarosch heute, sieben Jahre später, satt vor Liebesglück. »Weil mich der Text so berührt hat, habe ich aber trotzdem eine kurze Mail geschrieben und der Schreiberin gratuliert und ihr gewünscht, sie möge bald ihre Mrs. Right finden.«

Am Tag darauf bekommt sie Post. Warum bist du auf dem Portal, fragt die Unbekannte, wenn du nicht frei bist?

Berechtigte Frage, antwortet Annette und erzählt ihre Geschichte. Schnell folgt eine Mail der anderen und vier Tage später stehen sich Annette und Kerstin gegenüber. »Aber es hat nicht peng gemacht!« Annette Jarosch grinst. »Es war keineswegs Liebe auf den ersten Blick.«

Es ist eher so, dass die beiden Frauen sich interessant finden.

Dass sie sich zueinander hingezogen fühlen.

Doch Kerstin will keine Affäre.

Und Annette ist nicht frei.

Annette Jarosch lehnt sich zurück. Spätsommersonne flutet durch den Raum, ab und zu weht eine Stimme von draußen durch die offene Balkontür, Wortfetzen, ein kurzes Lachen, Vogelgezwitscher. Im Haus selbst ist es still. Nirgendwo Schritte, kein Rauschen in irgendwelchen Rohren, nichts. »Es war ein Riesenglück, dass Kerstin mir trotzdem eine Chance gab. Dass sie nicht dachte: An der verbrenne ich mir bloß die Finger. Dass wir uns weiter geschrieben und getroffen haben.« Sie legt die Hände auf den Tisch, verschränkt die Finger ineinander. Lächelt verschmitzt – nein, geradezu vergnügt. »Und dann«, sagt sie, »habe ich mich Hals über Kopf verliebt. Womit sämtliche Überlegungen zu Ehe und Affäre hinfällig waren.«

Am 23. Juli 2011 heiraten Annette und Kerstin.

Fünf Jahre später sitzt Annette Jarosch in einer hellen, aufgeräumten Wohnung in der Nähe des Ammersees. Viel Weiß, moderne Möbel, über den Türen steht Wellnessoase (Bad), Erlebniscenter (Schlafzimmer),

Feinschmeckerei (Küche). Vieles in der Wohnung hat eine Geschichte und einen Namen: Senta (ein Sessel), Viktor (der Staubsauger), Hans (ein Glücksbaum, der üppig wächst). Ein Partnerritual, sagt sie. Etwas, das nur zwei verstehen.

Wenn Annette vom Beginn ihrer Liebe zu Kerstin erzählt, erinnert manches an die erste Zeit mit Andi: die Nähe, die schnell entstand; das Gefühl, beieinander zu Hause zu sein. Und doch sei etwas anders: In ihrer zweiten Ehe erlebe sie ein ungekanntes Glück. »Kerstin und mich verbinden ein tiefes Vertrauen und eine innige Liebe. Wir wollen gemeinsam alt werden, am liebsten miteinander sterben. Und nichts kann dieses Gefühl erschüttern. Ist das nicht wunderbar?«

»In deiner Ehe mit Andi war das nicht so?«

Sie lehnt sich zurück, schüttelt den Kopf. »Nein, da gab es mit der Zeit immer mehr unterschwellige Zweifel – bei uns beiden, wie ich heute weiß. Kerstin und ich dagegen … wir sind zweifellos.« Sie lacht über das Wortspiel, wird im nächsten Moment aber wieder ernst. »Weißt du«, sagt sie, »irgendwann während meiner ersten Ehe habe ich das Buch *Die Brücken am Fluss* gelesen. Es wurde auch verfilmt, mit Meryl Streep und Clint Eastwood. Als ich es gelesen hatte, wusste ich plötzlich, was Liebe sein kann – und ich wusste, dass das, was Andi und mich verband, nicht die große Liebe war.« Sie wirkt ruhig und sehr entspannt, während sie von dieser Einsicht erzählt. »Im Rückblick weiß ich, dass meine Ehe mit Andi eine Sechzig-Prozent-Lösung war. Doch ich möchte mich nicht mit halben Sachen zufriedengeben – ich habe nur dieses eine Leben! Natürlich ist absolutes Glück unmöglich, in Beziehungen muss man immer Kompromisse machen, doch in meiner Partnerschaft möchte ich zu mindestens neunzig Prozent das Gefühl haben, mit dem richtigen Menschen zusammen zu sein.«

»Ein hoher Anspruch …«

»So habe ich das Maß für Glück für mich definiert.«

»Das heißt, du würdest lieber allein als mit jemandem leben, mit dem du zu viele Kompromisse machen musst? Du hast also keine Angst vorm Alleinsein?«

»Ich bin generell kein ängstlicher Mensch. Ich nehme mein Leben in die Hand, ich bin für mich verantwortlich. Und ich finde, ich bin auf der Welt, um glücklich zu sein.«

Ein Gedanke, der mit dem Streben nach Glückseligkeit, *the pursuit of happiness*, korrespondiert, das in der US-amerikanischen Unabhängigkeitserklärung gar als Recht des Einzelnen festgeschrieben ist. Er korrespondiert mit Aristoteles, von dem die älteste überlieferte Glücksformel stammt: Glück ist, was der Mensch um seiner selbst willen anstrebt. Seit der Mensch existiert und denkt, sehnt er sich nach Glück. Immerhin, im Laufe der Zeit hat er verstanden, dass er für sein (Lebens-)Glück etwas tun muss.

Nachdem Annette sich Hals über Kopf verliebt hat und sich entscheiden muss, sagt sie also zu Andi: »Ich habe mich verliebt.«

Andi will wissen, wer die fremde Frau ist. Sie laden Kerstin ein, zum Grillen. Als die schließlich wieder auf ihr Motorrad steigt, um nach Hause zu fahren, sagt Andi zu Annette: »Sie passt viel besser zu dir als ich.«

»Dabei«, gibt Annette Jarosch heute unumwunden zu, »war es mit uns nicht immer einfach.«

Zwar liebt Kerstin auch Annette – aber mindestens genauso liebt sie ihre Freiheit. Die Vorstellung, sie aufzugeben für etwas Neues, Gemeinsames, führt anfangs zu nächtelangen Diskussionen. Irgendwann allerdings ist es Kerstin, die Annette einen Heiratsantrag macht. Woraufhin diese zum Weinglas greift und Ja! ruft – und am nächsten Morgen etwas leiser hinzufügt: »Weißt du, ich muss noch einmal gründlich über alles nachdenken ...«

»Keine Ahnung, warum ich das gemacht und Kerstin so verletzt habe«, räumt Annette Jarosch heute ein, durchaus beschämt. »Ich war mir plötzlich nicht sicher, ob ich wirklich noch einmal heiraten wollte.«

Später ist es Kerstin, die zweifelt. Sie packt ihre Sachen und fährt nach Frankreich, in ein Schweigekloster, fliegt nach Ägypten, besucht eine Freundin. Und zum ersten Mal in ihrem Leben bekommt Annette Angst, sie könnte einen geliebten Menschen verlieren. »Das kannte ich nicht«, sagt sie und ihre Stimme klingt immer noch ein wenig erstaunt.

»Ich kannte keine Verlustangst. In all meinen Beziehungen war ich diejenige gewesen, die ging. Und plötzlich saß ich da und fürchtete, Kerstin könne mich verlassen … Da dachte ich, das wird sie wohl sein, die große Liebe.«

Annette ist klug genug, Kerstin ziehen zu lassen – damit sie zurückkommt. Was dann auch geschieht.

»Du nimmst dein Glück also tunlichst in die eigenen Hände, Annette?«

»Unbedingt!«

»Woher rührt diese Haltung?«

Sie lacht und sieht an sich herunter. »Nun, ich bin 1,54 Meter groß. Ich war schon immer überall die Kleinste – da wird man kreativ und lernt, sich Dinge zu holen, die andere von allein bekommen.«

»Du hast früh begonnen, für dich einzutreten?«

»Ich bin in einer Kleinstadt in Schwaben aufgewachsen, in gutbürgerlichen Verhältnissen, gegen die ich früh rebelliert habe. Mit neunzehn habe ich meine Sachen gepackt und bin nach München gezogen. Ich hatte keine Wohnung, keinen Job – und keine Angst zu scheitern. Ehrlich gesagt, habe ich nicht einmal daran gedacht, dass ich scheitern könnte. Ich erinnere mich noch, wie mein Vater am Tag des Umzugs hinter mir herrief: In einem halben Jahr bist du eh wieder da! Ein geradezu schicksalhafter Satz, denn er hat mich motiviert, ihm das Gegenteil zu beweisen. Heute bin ich die Einzige in der Familie, die selbstständig arbeitet und eine eigene Firma führt. Dabei bin ich im Laufe meines Lebens natürlich auch gescheitert, auch ich habe schlechte Erfahrungen gemacht. Aber das hat mich nie gebremst.«

»Bist du mutig?«

»Vielleicht.« Sie grinst. »Vielleicht bin ich manchmal auch etwas gutgläubig.«

Dann beugt sie sich vor und deutet auf die gegenüberliegende Wand. Dort steht, weiß auf grau: *Die Dinge sind nie so, wie sie sind. Sie sind immer das, was man aus ihnen macht. – Jean Anouilh*

»Dieser Satz«, sagt Annette Jarosch, »beflügelt mich, immer wieder, immer noch. Es kommt im Leben immer darauf an, was man selbst aus den Dingen macht. Ich finde, der Sinn des Lebens liegt darin, das eigene Leben so gut wie möglich zu leben. Das meine ich nicht im egoistischen Sinne – andere Menschen zu achten und Schwächeren zu helfen gehört unbedingt zu einem guten Leben und macht, nebenbei, auch glücklich. Ich engagiere mich in der Flüchtlingshilfe, in meinem Berufsverband, im Tierschutz, ich spende immer wieder Geld an Hilfsorganisationen. Aber ich *helfe* – ich übernehme nicht die Verantwortung für das Glück der anderen. Diese Verantwortung trage ich nur für mich und mein Leben, was bedeutet, dass ich versuche, meinen Job gut zu machen, meine Beziehung und meine Freundschaften zu pflegen und gut zu mir selbst zu sein.«

Diese Philosophie der Eigenständigkeit des Einzelnen prägt heute auch ihre zweite Ehe. Kerstin und sie haben beide einen Beruf, ein eigenes Einkommen, keine ist von der anderen abhängig. »Wir könnten auch ohne einander leben«, sagt Annette Jarosch, »aber wir wollen es nicht und das ist das Schöne.«

Dass das Geheimnis einer glücklichen Beziehung in der gelungenen Balance zwischen Freiheit und Bindung liegt, ist beinahe eine Binsenweisheit, jeder Paartherapeut wird es bestätigen. Aber wie oft im Leben ist es eine Kunst, Wissen in Handlung umzusetzen …

»Was, Annette, braucht eine beglückende Beziehung?«

Sie überlegt einen Moment. »Liebe«, antwortet sie, »und Kommunikation. Kerstin und ich haben von Anfang an viel miteinander geredet, vor allem bei Meinungsverschiedenheiten haben wir nichts unausgesprochen gelassen, und wenn die Diskussion bis morgens um vier gedauert hat.« Sie schiebt ihren Stuhl zurück, steht auf, nimmt unsere Gläser und geht die wenigen Schritte hinüber in die offene Küche (Feinschmeckerei). Im Sitzen fällt nicht auf, dass sie klein ist – jetzt, wo sie frisches Wasser nachfüllt, bin ich einen Augenblick überrascht. Als wäre Format eine Frage der Größe. Als sie die gefüllten Gläser auf den Tisch stellt, rinnen Wassertropfen herab, schillern im Licht.

Sie setzt sich wieder und fährt fort: »Heute müssen wir nicht mehr alles ausdiskutieren, wir kennen uns. Aber dass wir keine Diskussion gescheut haben, hat auch dazu geführt, dass wir uns inzwischen uneingeschränkt vertrauen. Das ist ein sehr schönes Gefühl …« Ihre Züge sind weich und etwas Zartes, beinahe Zärtliches liegt in ihrem Gesicht. »Ich glaube, wegen dieses Vertrauens gehen wir auch so liebevoll miteinander um. Auch das war in meiner ersten Ehe anders.«

»Ist Eheglück mit einem Mann anders als mit einer Frau?«

Sie lacht. »Das werde ich oft gefragt. Ja, ich finde, es gibt einen Unterschied und sollte Kerstin morgen nicht mehr sein, ich würde wieder mit einer Frau leben wollen. Diese Innigkeit, die habe ich mit einem Mann nie erlebt. Es gibt ja die Theorie, nach der sich Gegensätze anziehen – ich halte nicht viel davon. Für eine gelingende Beziehung finde ich es wichtiger, dass zwei Menschen viele Gemeinsamkeiten teilen. Kerstin war vor mir auch mit Männern zusammen und manchmal sagt sie: Mit einem Mann kann ich die Nacht verbringen, aber am nächsten Morgen weiß ich nichts mit ihm anzufangen. Diese enge Freundschaft, die unsere Beziehung auch ausmacht, kennen wir beide nur unter Frauen. Bei einem Mann …« Sie überlegt einen Moment, sucht nach Worten. »Natürlich kann es auch zwischen Männern und Frauen Seelenverwandtschaft geben, und letztlich verliebt man sich immer in einen Menschen, nicht in sein Geschlecht. Doch bei einem Mann, finde ich, bleibt immer etwas Fremdes.«

Der Jurist und ehemalige US-Senator Harris Wofford schrieb vor Kurzem in der *New York Times*, er sei beinahe fünfzig Jahre mit seiner Frau Clare verheiratet und nach ihrem Tod überzeugt gewesen, eine solche Liebe nie wieder zu erleben. Fünf Jahre später begegnete er Matthew Charlton. Seit fünfzehn Jahren sind die beiden inzwischen ein Paar, im Frühjahr 2016 heirateten sie. Er definiere sich nicht darüber, welches Geschlecht die Menschen haben, die er liebe, so Harris Wofford. Er sei einfach froh, ein zweites Mal das Glück gefunden zu haben.

Annette Jarosch stellt eine Schale Heidelbeeren auf den Tisch. »Ja«, sagt sie, »einen Menschen wirklich zu lieben und sein Leben mit ihm zu teilen ist ein großes Glück. Ich wünsche jedem, das einmal im Leben zu erfahren.«

Andi und Annette sind übrigens heute beste Freunde. »Ich bin nicht die Richtige für dich, aber ich helfe dir, sie zu finden«, sagte Annette bei der Trennung. Im Internet richtete sie ihm Seiten auf *Er sucht sie*-Portalen ein. Auf den Tag zehn Jahre nach jenem Silvesterabend, an dem sie sich zum ersten Mal begegnet waren, lernte Andi seine neue Frau kennen. Sie heirateten eine Woche nach Annette und Kerstin.

MAGNUS BAUCH
Metzger | 61

Das Glück,
den richtigen Beruf zu haben

Als Magnus Bauch vier Jahre alt war, fuhr er mit dem Spielzeugtrecker in der Wurstküche vor, lud eine Fuhre Kohlen vorm Wurstkessel ab und erklärte: »I werd amoi Metzder.«

Er konnte noch kein g sprechen, doch das störte seinen Vater nicht. Bauch senior war hocherfreut.

Heute, fast sechzig Jahre später, sitzt Magnus Bauch in seinem Büro im Münchner Schlachthofviertel und freut sich. Er ist, scheint's, ein guter Geschichtenerzähler und die Geschichte, wie er Metzger wurde, erfolgreich und glücklich, ist eine schöne Geschichte: Als Bub, in einem Alter, in dem andere Eltern aufpassen, dass ihre Kinder nicht einmal in die Nähe scharfer Messer geraten, kurvte er mit seinem Trecker durch Wurstküche und Lager und schaute Vater und Mutter bei der Arbeit zu. 1953 hatten die Bauchs in der Murnauer Straße eine kleine Metzgerei eröffnet – in der Auslage glänzten pralle Würste, es duftete und der kleine Magnus dachte nicht im Traum daran, dass er auch Eisenbahner werden könnte oder Fußballer wie andere Buben.

Metzder.

Das war immer klar.

Magnus Bauch war fünf, als sein Vater ihn in der Fleischerschule in Augsburg anmeldete. Die Großen ihres Fachs lehrten dort, allen voran Georg Wieland, ein Mann, ach was: ein Gott, der aus Feinem Feinstes schuf, und wer sein Assistent werden wollte, wartete zehn Jahre oder länger auf eine Stelle. Vater Bauch war also ein vorausschauender Mann, und als sein Sohn schließlich alt genug war, riet er ihm auch, nicht nur eine Metzgerlehre zu machen, sondern zusätzlich die Hotelfachschule zu besuchen.

»Was soll ich auf der Hotelfachschule?«, fragte der Junior.

»Wenn du später Wirten und Hoteliers deine Würste verkaufen willst«, antwortete der Senior, »aber nicht weißt, wie die denken, dann tust du dich schwer.« (Weder Vater noch Sohn ahnten, dass die Hotelfachschule eines Tages noch in anderer Hinsicht von Nutzen sein sollte.)

Magnus Bauch ist vierzehn Jahre alt, als er 1969 bei seinen Eltern in die Lehre geht. Die haben inzwischen eine größere Metzgerei in der Thalkirchner Straße eröffnet, in der Nähe des Schlachthofs, und Willi Wiedl, der Betriebsleiter, und Josef Weichselbaumer, Chef der Zerlegung, machen aus dem Jungen einen Metzger. »Noch heute«, sagt Bauch, »bin ich dankbar für alles, was sie mich gelehrt haben, sie und meine Lehrmeister auf der Fleischerschule, allen voran der größte, Georg Wieland. Ich habe noch den Schweizer Schnitt gelernt, eine Schnittführung, mit der man besonders viele saftige und zarte Steaks aus Schweinen und Rindern schneidet.« Sein Gesicht leuchtet und in seiner Stimme schwingt Begeisterung, auch vierzig Jahre später, unverändert.

Als Wielands Assistent lernt Magnus Bauch an der Fleischerschule auch Metzger aus aller Welt kennen – aus Amerika, Japan, Indonesien kommen sie nach Bayern, um die hohe Kunst des Fleisch- und Wurstmachens zu lernen. »Weil ich Englisch sprach, habe ich übersetzt und alle luden mich ein, vor allem ein Indonesier war sehr hartnäckig: Komm nach Bali, sagte er, und mach uns echte deutsche Wurst! Er ließ einfach nicht locker. Schließlich habe ich gesagt: Wir gehen jetzt zu meinem Vater, und wenn der sagt, ich soll fahren, dann fahre ich. Und wenn er sagt, ich soll nicht fahren, dann lass mir meine Ruh!«

Es ist nicht schwer zu erraten, was Vater Bauch riet. »Bub«, sagte er, »fahr nach Bali, fahr nach Osaka, fahr nach New York!«

»Aber Herr Bauch, warum wollten Sie denn gar nicht hinaus in die Welt?«

Ein Schulterzucken. »Ach«, sagt er.

»Faulheit«, sagt er. »Bequemlichkeit, ein eingefahrener Trott …«

»Ein eingefahrener Trott? Sie waren siebzehn!«

Ein Schulterzucken. Und ein Lachen, ein entwaffnendes: »Ich hatte halt keine großen Ambitionen.«

So war es ein weiteres Mal der Weitsichtigkeit seines Vaters zu verdanken, dass eine zweite Glücksgeschichte im Leben des Magnus Bauch begann. Und die geht so:

Magnus ist achtzehn Jahre alt (und damit seinerzeit nicht einmal volljährig), als er 1973 ein Flugzeug besteigt. Erste Station der Weltreise in Sachen Wurstkultur: Bali. In Denpasar betritt er eine Hotellobby. An der Rezeption begrüßt ihn eine junge Frau mit mandelförmigen Augen. Die heiratest du!, denkt er.

Liebe auf den ersten Blick.

Aber nicht ohne Hindernisse.

Zwar verliebt sich Parwathi auch in ihn, und Magnus, schwer verliebt und ohne Furcht, sagt: »Wir heiraten und gehen nach München und übernehmen die Metzgerei meiner Eltern.« Zwar ist Parwathi einverstanden, doch sie ist ein Mädchen aus gutem Haus, ihre Familie verkehrt in besten Kreisen, ihr Vater ist Militärpriester im Rang eines Leutnants. Niemals würde er zulassen, dass seine Tochter eine Langnase heiratet und nach Europa zieht.

»Ich gehe zu ihm«, sagt Magnus, »ich bitte ihn um deine Hand.«

»Auf keinen Fall!«

»Doch!«

»Ich werde nicht dabei sein.«

Während Parwathi sich also im Haus eines Verwandten versteckt, fährt Magnus – in Begleitung eines Dolmetschers, den er in der balinesischen Wurstfabrik angeheuert hat – zu ihrer Familie. Nach stundenlangem Parlieren ziehen sich die Männer zu einem Gespräch unter vier – beziehungsweise sechs – Augen zurück. Als Magnus, ohne Furcht und schwer verliebt, schließlich das eigentliche Anliegen seines Besuchs hervorbringt, lehnt Ida Bagus Lilir rigoros ab: Keinen Augenblick werde er über eine Heirat seiner Tochter mit einer Langnase nachdenken. Magnus sei ja nicht einmal Hindu.

Tief enttäuscht verlässt dieser das Haus, nicht mehr ganz ohne Furcht, aber immer noch schwer verliebt. Und beschließt, die Braut zu entführen ...

Es folgen: ein Komplott, eine Flucht, ein Unfall, eine Nacht im Krankenhaus, eine erneute Flucht, ein geheimes Versteck. Und schließlich ein Anruf daheim in München: Magnus wünscht sich den Segen seiner Eltern, wenigstens den.

»Heiraten? Da schau her«, ruft der Vater. »Bub, jetzt kauf dir erst mal eine Flasche Whiskey. Die zahl ich dir.«

Bald darauf ruft er zurück: »Bub, ich schicke dir Geld für ein zweites Flugticket.«

An dieser Stelle kürzen wir ab: Am Ende gibt Parwathis Vater nach, das junge Paar sucht einen Hindupriester auf, der weigert sich jedoch, sie zu trauen, als er erfährt, dass der Brautvater ein hochrangiger Militär ist. Auch ein katholischer Priester weigert sich, schließlich hätten die beiden Verliebten keine Papiere, doch er spendet den Ehesegen und Magnus und Parwathi küssen sich zum ersten Mal. Gemeinsam fliegen sie nach Hongkong, Osaka, New York – ja, Magnus Bauch ist eigentlich in Sachen deutsche Wurst unterwegs –, wo er Leberwurst aus Reis kreiert, Schinken für den japanischen Markt entwickelt und amerikanisches Prime Beef entdeckt. Doch das Heimweh wird immer größer und schließlich bucht er kurzerhand ihren Heimflug um. (Und sieht daheim in den Nachrichten, dass das ursprünglich gebuchte Flugzeug abstürzte – die dritte Glücksgeschichte im Leben des Magnus Bauch.)

So unerwartet kreuzt das junge Paar daheim in der Thalkirchner Straße auf, dass Mutter Bauch die Aufschnittplatte fallen lässt. Doch die Freude der Eltern ist riesengroß und ein befreundeter Kapuzinermönch traut Magnus und Parwathi schließlich. Parwathi Bauch lernt Deutsch, steigt in den Betrieb ein und 1993 übernimmt das Paar die Metzgerei.

»Herr Bauch, das klingt nach einem Märchen. Sind Sie ein Sonntagskind?«

Er lacht. »Ich bin an einem Donnerstag geboren, aber der Herrgott hatte wohl einen guten Tag.« Eines der Handys vor ihm auf dem Tisch klingelt. »Entschuldigung«, sagt er, steht auf und geht ins Nebenzimmer. »Griaß di ... Ah geh, du störst doch nie!« Sein weiches Münchnerisch klingt freundlich, verbindlich. »Das ist kein Problem, da kümmer ich mich drum ...«

Mein Blick geht durch den Raum. Gediegene Möbel, Teppiche, Kristallleuchter. Bierseidel und Buddha-Statuen, üppige Orchideen. Ein Bild von Parwathi Bauch als junger Frau, ein Porträt von Magnus Bauchs Vater. Bayern und Bali, in stiller Eintracht, ein Raum, der keine Gegensätze kennt, sondern sie vereint und friedliche Harmonie verströmt.

»Entschuldigung«, sagt Magnus Bauch und setzt sich wieder an den Tisch. »Wissens', in zehn Tagen beginnt die Wiesn.«

Ja, das Oktoberfest. Ich nicke.

Ein prüfender Blick auf die Fremde aus Norddeutschland. »Die Wiesn«, sagt er und seine Stimme klingt eine Spur eindringlicher, »die liebt man oder man hasst sie. Ich liebe sie, immer schon. Für mich ist sie ein Stück München und außerdem: Alle, die dort arbeiten, halten zusammen – kleine Standlbetreiber, Großwirte, Getränkehändler, Bäcker, Fleisch- und Wurstlieferanten. Wir sind alle aus dem selben Holz geschnitzt. Wir haben sehr viel Arbeit, aber wir lieben unsere Wiesn, und darum können mich die Wirte auch jederzeit erreichen. Das ist mir wichtig, vor allem, weil manche uns schon seit dreißig oder vierzig Jahren die Treue halten.«

»Haben Sie zu vielen Ihrer Kunden eine persönliche Verbindung?«

»Freilich.« Er schaut, als verstünde er nicht, wie man so etwas überhaupt fragen kann. Und fügt hinzu: »Hier im Betrieb gehe ich auch rum und frage: Wie schaut's aus? Und wenn es ein Problem gibt, reden wir drüber. Viele unserer Mitarbeiter sind seit Jahrzehnten bei uns. Die Älteste geht 2017 in den Ruhestand – nach 49 Jahren in der Metzgerei Bauch.«

»Kompliment. Ein guter Führungsstil.«

»Führungsstil? Mei, das sind so abgedroschene Managementausdrücke. Schon das Wort Management mag ich nicht.«

»Aber Sie führen. Sie sind der Chef.«

»Gute Führung ist für mich eine anständige patriarchale Führung. Das ist nicht modern und auch nicht amerikanisch, aber nicht alles, was modern und amerikanisch ist, ist auch gut.«

Zack. Sagt's, als schlage er einen Pfosten in den Boden – aber keineswegs rabiat. Eher wie einer, der weiß, dass er einen klaren Kurs und gute Partner braucht, um erfolgreich zu sein. Einer, der weiß, dass man Gemeinschaft pflegen muss.

Wieder klingelt das Handy. »Entschuldigung.« Magnus Bauch steht auf und geht hinüber ins Büro. »Servus, Sepp! ... Freilich, das passt ... Da werden wir uns schon einig ...«

Während er telefoniert, klopft ein junger Mann an – weiße Kappe auf schwarzem Haar, weißer Kittel, auf der Brusttasche ein rotes MB. Achtzig Angestellte aus zehn Nationen arbeiten heute für Magnus Bauch. Die Metzgerei, die einmal 29 Quadratmeter klein war, ist 1200 Quadratmeter groß und im Verkaufsraum hängen Dutzende Urkunden: der beste Delikatessbierschinken, der beste Bauernpresssack, der beste Prager Schinken, die besten Wiener Würstchen, die beste Münchner Weißwurst. Sein Jahresumsatz: »Nicht unerheblich«, sagt Bauch. Manchen gilt er als Weißwurstkönig. Er lacht nur.

»Herr Bauch, dass Sie stehen, wo Sie heute stehen – war das Glück?«

Er denkt nicht lange nach. »Nein«, antwortet er. Und lächelt, ein wenig verschmitzt. »Nur mit Glück geht nix, aber mit harter Arbeit ohne Glück geht auch nix.«

»Es gab Zeiten, in denen die Preise für Schweinefleisch so exorbitant stiegen, dass Sie mit jedem Kilo Weißwurst, das Sie verkauften, eine D-Mark Verlust machten. Sie mussten die Metzgerei immer wieder umbauen, um immer neue EU-Vorgaben zu erfüllen. 2003 brannte der Betrieb sogar aus. Was hat Ihnen in diesen Momenten Kraft gegeben?«

»Meine Frau.«

»Und Ihr Beruf?«

»Der ist mir immer leicht von der Hand gegangen, weil ich ihn liebe.«

»Was genau mögen Sie an Ihrem Beruf?«

»Den Umgang mit Menschen!« Magnus Bauch fährt sich mit der Hand durchs dichte weiße Haar und lehnt sich zurück. »Und ich liebe es, Würste zu machen«, sagt er, »immer wieder neue Sorten zu kreieren, mit Geschmacksrichtungen zu experimentieren. Für mich ist die Metzgerei eine Passion.« Seine Augen blitzen. Und dann erzählt er noch eine Geschichte:

»Auf Bali gibt es eine Wurst, die heißt Urutan. Einmal habe ich zugeschaut, wie ein Onkel meiner Frau sie zubereitet hat: Schweinefleisch, Chili, Knoblauch, viel Zwiebeln, ein bisschen Zitronengras. Weil Parwathi in München anfangs oft Heimweh hatte, habe ich also Urutan für sie gemacht. Unsere Kunden durften damals noch in die Wurstküche und eines Tages fragte ein Bekannter: Was ist das für eine Wurst?

Die ist nix für dich, habe ich gesagt, die ist gescheit scharf.

Das mag ich!, sagte er.

Gut, dann probier sie. Ich habe ihm also ein Kilo geschenkt und gab ihm noch den Rat, die Würste zu grillen.

Zwei Tage später stand der Mann wieder im Laden. Mei, sagte er, deine Würste waren dermaßen gut!

Hast du sie gegrillt?

Naa, meine Frau und ich haben sie gleich so gegessen, mit einer Semmel.«

Magnus Bauch lacht, voller Freude. »Seither«, sagt er, »hat die Bali-Wurst einen festen Platz in unserem Sortiment!«

Aber ist Bayern nicht ein eher traditionelles Fleischparadies: Schweinsbraten, Haxn, Leberkäs?

Das Lachen wird noch breiter. »Ja, eine Leberkässemmel ist für uns schon nah am Paradies und es gibt Menschen, die essen seit vierzig Jahren jeden Tag zur Brotzeit eine Leberkässemmel von Bauch.«

»Überfordern Sie Ihre Kunden da nicht mit exotischen Würsten mit Chili und Zitronengras?«

»Naa, gewiss nicht.« Magnus Bauch schüttelt den Kopf und beugt sich vor. »Schauns'«, sagt er und ein wenig klingt seine Stimme, als würde er ein Geheimnis verraten: »Ich möchte nicht jeden Tag Leberkäs essen. Aber natürlich esse ich jeden Tag Fleisch. Die Mischung macht's halt.« Er lehnt sich zurück und in seinem Gesicht liegt ein geradezu kindliches Vergnügen. Sechzehn Sorten Leberkäs verkauft er inzwischen: Leberkäs mit Majoran, mit Nelken, mit Salami, mit Zwiebeln, mit Chili, Pizzaleberkäs mit Käse, Salami und Kräutern ... An der Rezeptur seiner Weißwürstl hat er zwölf (!) Jahre getüftelt.

»Bei aller Liebe zum Wurstmachen, Herr Bauch, in der Fleischbranche jagt auch ein Skandal den nächsten: Gruselgeschichten aus Schlachthöfen, Massentierhaltung, Gammelfleisch, BSE. Der Pro-Kopf-Fleischkonsum sinkt ...«

Magnus Bauch rückt ein Stück vom Tisch ab, betrachtet mich, halb prüfend, halb fassungslos.

»Ihr Beruf erlebt einen fundamentalen Imagewandel.«

»NEIN!«

»Nein?«

»Einspruch! Vor ein paar Jahren ging der Trend zu Billigfleisch, ja, und das war nicht gut. Billige Wurst schmeckt bloß nach Fett und Salz. Inzwischen schauen die Menschen stärker auf gesunde Lebensmittel, und gutes Handwerk wird wieder geschätzt. Wir Metzger haben schließlich eine Standesehre ...«

»... die einige skrupellos verletzen.«

»In jeder Branche gibt's schwarze Schafe. Wir traditionellen Metzger tun nix in unsere Wurst, was wir nicht selber essen würden. Und wir wissen, woher die Schweine kommen, die wir verarbeiten: Unsere stammen von einem vertrauenswürdigen Züchter, einem Münchner Familienbetrieb. Von bio halte ich nichts, mit jedem Regenguss spült es doch Schadstoffe aus der Luft auf die Äcker, echtes bio gibt es meiner Meinung nach gar nicht. Aber wir achten darauf, dass die Schweine, die wir verarbeiten, anständig gehalten werden und Futter bekommen, das in der Region angebaut wird, kein genverändertes Billigsoja aus Übersee.« Er wirft einen kurzen Blick auf seine Armbanduhr, auf die Handys, die still auf dem Tisch liegen. Ein Lächeln, ein versöhnlicher Blick. »Haben Sie gewusst«, fragt er, »dass die Deutschen gerade einmal zehn Prozent ihres Einkommens für Essen und Trinken ausgeben, die Franzosen dagegen dreißig Prozent? Uns Deutschen ist das Auto wichtig, das Haus, der Urlaub – da sieht jeder, was ich mir leisten kann. Was im Topf kocht, sieht keiner, das ist nicht so wichtig. Aber so leben wir am Glück vorbei.«

Ein Klopfen an der Tür. Eine Mitarbeiterin, unterm Arm eine Mappe. »Entschuldigung«, sagt Magnus Bauch und steht auf.

Kaum sitzt er wieder, kommt seine Frau. Ein Küsschen, eine kurze Berührung. »Kommst du nachher mit zum Mittagessen in die Wirtschaft?«

»Freilich«, antwortet Parwathi Bauch in weichem Münchnerisch, zieht Haarnetz und Kappe vom Kopf, löst die Knöpfe ihres Kittels (auf der Brusttasche ein rotes MB).

»Und der David?«

»Bin dabei«, ruft der junge Mann, der vorhin schon einmal da war, aus dem angrenzenden Büro.

Magnus Bauch war neunzehn Jahre, als er Vater einer Tochter wurde. Heute haben er und Parwathi drei Enkel. David, der älteste, studiert in Kufstein Internationale Wirtschaft und Management, gerade hat er Semesterferien. Die Familie pendelt zwischen Bayern und Bali und 1995 haben sich Magnus und Parwathi Bauch einen Traum erfüllt: Im Nordwesten der Insel eröffneten sie nach jahrelanger Suche nach einem geeigneten Grundstück und aufwendigen Bauarbeiten ein Fünf-Sterne-

Hotel. So ist dem Sohn die Hotelfachschule einmal mehr nützlich, doch das konnten weder er noch sein vorausschauender Vater ahnen. »Ich möchte weder München noch Bali missen«, sagt Magnus Bauch, »für mich ist beides Heimat.« Er lehnt sich zurück und lächelt. Und sieht sehr zufrieden aus.

»Herr Bauch, Sie haben einen Beruf, der Sie glücklich macht. Sie haben eine Frau, mit der Sie seit über vierzig Jahren glücklich verheiratet sind, eine Familie, die Sie lieben, Sie haben sich Träume erfüllt. Gab es je eine Zeit, in der Sie unglücklich waren?«

Das Lächeln verschwindet.

»Mein Vater«, sagt Magnus Bauch und seine Stimme klingt ein wenig rauer, »litt an einem Hirntumor.«

Einen Moment herrscht Schweigen.

»Es war die schlimmste Zeit meines Lebens. Und zugleich war es eine schöne Zeit. Ich hatte die Ärzte gebeten, ihm nichts zu sagen, denn er hatte keine Schmerzen, und ich wollte, dass er seine restliche Zeit genoss. Aus den angekündigten drei Monaten wurden schließlich zweieinhalb Jahre und ich werde meiner Frau immer dankbar sein, dass sie mir damals den Rücken freihielt, sodass ich viel Zeit mit meinem Vater verbringen konnte. Er war mein bester Freund und mein größter Lehrer.«

Schweigen.

Drei Wochen vor seinem Tod erfuhr Bauch senior, dass er sterben würde. Es war sein Sohn, der es ihm sagte.

»Auch das war Glück«, sagt Magnus Bauch. »Dass mein Vater schließlich in unseren Armen starb.«

Dann räuspert er sich, sagt: »Alles in allem ist mein Leben eine ganz runde Geschichte geworden.« Er zwinkert. »Und wenn ich eines Tages wiedergeboren werde, mache ich das Gleiche noch einmal.«

I werd amoi Metzder.

ELSA CREMERS
Apothekenhelferin | 75

Das Glück im Verschwinden

Duisburg ist grün. Verblüffend grün – wer die A 3 bei Wedau verlässt, fährt mitten im Ruhrgebiet durch Wälder und Alleen, vorbei an Seen. In einer Seitenstraße mit Ein- und Mehrfamilienhäusern, die meisten gepflegt, ein paar charmant-rumpelig, leben Elsa Cremers und ihr Mann Hans. Seit dreiundzwanzig Jahren sind sie verheiratet. Seit fünf Jahren wissen sie, dass Hans Cremers an Demenz leidet.

Elsa Cremers öffnet die Tür. Ein langer, gründlicher Blick aus braunen Augen – dann ein herzliches Lachen, ein fester Händedruck. »Kommen Sie rein«, sagt sie, »ich habe uns Kaffee gekocht.«

Es ist ein warmer Spätsommertag und wir setzen uns auf die Terrasse. Am Telefon hatte Elsa Cremers anfangs abgewehrt: Was soll *ich* Ihnen über Glück erzählen? Was soll ich überhaupt erzählen, ich bin nicht außergewöhnlich. Doch das Außergewöhnliche tarnt sich gern im Gewöhnlichen. Geht das Glück, fragte ich mich, wenn der Partner schwer und irreversibel erkrankt? Die Definition von Glück war zu allen Zeiten und in allen Kulturen unterschiedlich, in der Moderne verbinden wir es mit Wohlgefühl, Spaß, Lust – Krankheit, gilt als Unglück, als etwas, das es tunlichst zu vermeiden gilt. Als wäre das möglich.

»Die Diagnose«, sagt Elsa Cremers »war ein Schock. Ich hatte bereits meinen ersten Ehemann verloren und dachte damals: nicht noch einmal, das schaffe ich nicht.« Monatelang hatte sie sich die Haare gerauft, wenn Hans Cremers dieselben Dinge drei, vier, fünf Mal fragte, im Hochsommer die Heizung anstellte oder rief: Unser Auto wurde geklaut!, obwohl es in der Tiefgarage stand. Sie hatte sich gewundert, dass er ihr beim Essen immer öfter stumm gegenübersaß – ihr Hans, dieser höfliche, zuvorkommende und an der Welt interessierte Mensch. Sie verstand nicht, warum er nicht mehr las (er hatte immer gern gelesen), warum er kaum noch Musik hörte (er liebte Mozart und Schubert), warum er nicht einmal mehr zu Fußballspielen gehen mochte (er liebte Fußball). An manchen Tagen wirkte er geradezu depressiv. An anderen reagierte er plötzlich und ohne Grund aggressiv.

»Wir gehen zum Arzt«, sagte sie schließlich.

Als der Neurologe von Demenz spricht, weint Hans Cremers. Auch Elsa Cremers ist verzweifelt. »Am liebsten«, sagt sie, »hätte ich mich ins Auto gesetzt und wäre weggefahren, ganz weit weg. Damals habe ich alles infrage gestellt, das ganze Leben, ich wurde ernst, humorlos, verbissen.« Wer Elsa Cremers heute erlebt, die Herzlichkeit, mit der sie auf Fremde zugeht, ihre Offenheit, kann sich das schwer vorstellen.

»Doch, doch«, beteuert sie, »genauso war es.« Dann hält sie lange meinen Blick – und wie ein Echo aus vergangenen Tagen scheint der alte Schmerz für einen Moment wieder gegenwärtig.

Doch Elsa Cremers ist keine Frau, die in die Knie geht. Irgendwann begann sie, sich zu informieren: recherchierte, las, fragte. Sie lernte, dass Demenz ein Oberbegriff für zahlreiche Symptome ist, die langfristig dazu führen, dass ein Mensch seine kognitiven, emotionalen und sozialen Fähigkeiten verliert: Gedächtnis, Auffassungsgabe, Denkvermögen, die Fähigkeit, sich zu orientieren, zu urteilen, zu entscheiden, zu sprechen. Sie lernte, dass eine Demenz in sieben Stufen verläuft: Treten anfangs nur Gedächtnislücken auf, erkennen Patienten im Endstadium nicht einmal engste Verwandte. Sie lernte, dass rund zwei Drittel aller Fälle von Demenz Alzheimer-Erkrankungen sind, viel seltener treten vaskuläre, frontotemporale und Lewy-Körperchen-Demenz, Korsakow-Syndrom, Creutzfeldt-Jakob- und Parkinson-Krankheit auf. Sie lernte, dass die Ursache stets eine Schädigung von Gehirnzellen ist und es, je nachdem welche Hirnregion betroffen ist, zu unterschiedlichen Beeinträchtigungen kommt. Sie lernte, dass die meisten Demenzformen dauerhaft, irreversibel und nicht heilbar sind, dass Therapien jedoch Symptome zeitweilig mildern können. Sie las und las und tauchte immer tiefer ins Thema ein, und mit jeder Information, die sie ihrem Wissenspuzzle hinzufügte, tastete sie sich ein Stück weiter an das Ungeheuerliche heran: an die Einsicht, dass das Leben mit ihrem Mann nie wieder sein wird, wie es war.

Elsa Cremers räuspert sich, rückt ein Stück näher an den Tisch und faltet die Hände vor sich. »Egal, was mir im Leben widerfahren ist«, sagt sie, »irgendwann habe ich angefangen zu kämpfen. Irgendwann habe ich mir immer gesagt: Hör auf zu jammern und mach das Beste draus.«

Hans Cremers leidet, das haben die Untersuchungen ergeben, an einer leichten frontotemporalen Demenz: Dabei sterben Gehirnzellen vor allem im Stirn- und Schläfenbereich, dort, wo Gefühle und Sozialverhalten gesteuert werden, was zu Ruhelosigkeit, Reizbarkeit und Aggressivität führt, zu Lustlosigkeit, Teilnahmslosigkeit, Gleichgültigkeit. Erst später treten Gedächtnis- und Wortfindungsstörungen auf, das Mitteilungsbedürfnis sinkt, manche Menschen verstummen. »Die Ärzte sagten, der Krankheitsverlauf könne sich über viele Jahre ziehen«, erwidert Elsa Cremers und streicht mit einer kurzen, festen Handbewegung übers Tischtuch, als wische sie einen Zweifel fort oder einen Rest Traurigkeit. »Damals wusste ich, dass ich meinen Mann noch eine ganze Weile haben würde.«

Inzwischen haben die Cremers einen guten Umgang mit der Demenz gefunden. Ihr Alltag ist straff organisiert: Zwischen 8.00 und 9.00 Uhr aufstehen, Hans Cremers lüftet die Betten. Anschließend Frühstück, Hans Cremers wäscht ab. Später kocht Elsa Cremers, Hans Cremers schält Kartoffeln; wenn er Pudding zum Nachtisch essen möchte (was er oft möchte, er liebt Süßes, denn der süße Geschmackssinn ist der einzige, den die Krankheit ihm gelassen hat), stellt sie ihm Milch, Puddingpulver und Mixer bereit. 11.30 Uhr Mittagessen, anschließend Mittagsschlaf, danach Kaffeetrinken, Hans Cremers wäscht ab (das Geschirr, das er in der Küche sieht). »Mein Mann muss richtig arbeiten«, sagt Elsa Cremers und lacht; doch ihr Ton lässt ahnen, dass sie Regeln nicht nur verkündet, sondern auch durchsetzt.

Nachmittags spielen die beiden eine Runde Rommé, gehen zum Sport, zu Volkshochschulkursen, hören Vorträge, die Familie kommt zu Besuch, die Kinder, die Enkel. Sie essen zu Abend, wieder wäscht Hans Cremers ab (das Geschirr, das er in der Küche sieht – Teller, die noch im Esszimmer stehen, sind außerhalb seiner Welt), später fahren sie ins Konzert, ins Kino, zu Lesungen, besuchen Freunde oder bekommen Besuch. Gegen Mitternacht endet der Tag. »Wir sind ziemlich aktiv«, sagt Elsa Cremers. Es sind die vielen Aktivitäten, die dafür sorgen, dass seine Krankheit insgesamt langsam fortschreitet, es sind die Regeln und immer wiederkehrenden Abläufe, die Hans Cremers Struktur und Halt geben. Darum folgt auch die Woche einem klaren Plan: Montags Gymnastik, denn Bewegung regt das Gehirn an. Dienstags Offenes Atelier im Lehmbruck-Museum, denn Kunst, das zeigen Studien, hilft, das Fortschreiten einer Demenz zu verlangsamen. »Ich staune«, sagt Elsa Cremers, »wie gern mein Hans heute ins Museum geht.« Früher habe er sich nie für bildende Kunst interessiert. Manchmal habe sie ihn in eine Ausstellung mitgeschleppt, dann saß er auf einem Stuhl, fragte ab und zu: »Hängt das Bild da eigentlich richtig herum?« und wartete, bis sie fertig war. Doch die Führungen des Offenen Ateliers sind anders: Demenzpatienten und ihre Angehörigen sollen Kunst mit allen Sinnen erfahren, dürfen nicht nur gucken, sondern berühren, riechen, lauschen. Es gehe ihr zu Herzen, sagt Elsa Cremers, wie die Menschen mit einem Mal ganz wach seien, herausgerissen aus ihrer Zurückgezogenheit, aus ihren einsamen Zwischenwelten.

»Neulich«, erzählt sie und ein Lächeln zieht über ihr Gesicht, »neulich saßen wir mit einer Gruppe vor einer Skulptur von Auguste Rodin. Eine Frau rief: Die hat ja nix an!

Eine andere mutmaßte: Ich glaube, die schämt sich.

Ein Mann trat dicht heran: Nee, die hat ja Haare am Bauch! Unsere Kunstvermittlerin erklärte, dass Rodin ein Künstler war, der sich dem Schönen verweigerte und das Raue der Wirklichkeit zeigen wollte. Ein älterer Herr, den ich in seinem Rollstuhl durch die Ausstellung schob, murmelte: Also mir wäre die ja zu dünn.

Wie sah denn Ihre Frau aus?, fragte ich.

Wohlproportioniert, sonst hätte ich sie nicht genommen.

Ein Mann, der in der Türkei aufwuchs und seit Langem in Deutschland lebt, fragte: Ihr Deutschen wollt, dass türkische Frauen sich nicht verhüllen – findet ihr es besser, wenn sich Frauen vollkommen entblößen? Eine Frau tastete über die steinernen Beine der Statue und seufzte: Wenn ich den ganzen Tag nackt hier rumsitzen müsste, also nee …

Wollen wir sie verhüllen?, fragte die Kunstvermittlerin.

Nee, hömma, rief ein anderer Mann, dat is' ja'n Kunstwerk! Dat hat der so gewollt, dieser Rodeng.« Elsa Cremers lacht. »Also Hans und ich, wir haben viel Spaß im Offenen Atelier!«

Mittwochs fahren die beiden dann zum Rehasport (Hans trainiert, Elsa geht zum Angehörigen-Coaching), donnerstags zum Gedächtnistraining (regelmäßige spielerische Übungen beleben Erinnerungen), freitags ist Hans Cremers in einer Tagespflegeeinrichtung (und Elsa Cremers atmet durch und erledigt, was sie unter der Woche nicht geschafft hat: Mails beantworten, bei Facebook vorbeischauen, gucken, was in der Welt passiert). Unermüdlich und energisch hat sie ein Netz gesponnen, das sie und ihren Mann auffängt – hat, statt zu jammern, das Beste aus ihrer Situation gemacht. Die frühere FDP-Politikerin Hildegard Hamm-Brücher wurde in einem Interview einmal gefragt, ob sie unter dem frühen Tod ihrer Eltern – sie war zehn, als ihr Vater, elf, als ihre Mutter starb – zusammengebrochen sei. Überhaupt nicht, antwortete sie, als Älteste von fünf Geschwistern musste ich funktionieren. Die Frage, ob sich die Lücke, die der Tod ihres Mannes gerissen habe, allmählich schließe, parierte sie mit den Worten: Sie schließt sich nie, aber das ist kein Verhängnis, das kann man schon ertragen. Diese Haltung des Annehmens und Zupackens scheint typisch für viele Frauen, deren Leben der Zweite Weltkrieg prägte. Wobei Elsa Cremers 1941 geboren wurde, zwanzig Jahre nach Hildegard Hamm-Brücher. Mehr als an den Krieg erinnert sie sich an die Nachkriegszeit: Wie sie als Kinder in Bombentrichtern spielten; wie ein Nachbarsjunge auf eine Mine trat und, so beschreibt sie es, als Gehacktes vom Himmel fiel. Nachmittags nach der Schule setzte sie Kartoffeln, lieferte mit dem Fahrrad Eier aus, half, wo die Eltern Hilfe brauchten. »Ich kann richtig hart arbeiten«, sagt sie, hörbar stolz. »Trotzdem hatte ich eine sehr schöne Kindheit. Mein Leben war immer prall und bunt.«

Ihre Eltern hatten sich Mitte der 1920er-Jahre in der Deutschen Friedensgesellschaft kennengelernt: Klara Uhrmann hielt eine flammende Rede – Karl August Höhne war schwer beeindruckt. Beide waren in der DKP aktiv und gingen während des Nationalsozialismus in den Untergrund. Schon früh lernte Elsa Cremers, dass man für sich und seine Überzeugungen eintritt, auch gegen Widerstände (und das würde auch immer so bleiben, selbst mit Mitte siebzig marschiert sie noch bei Protestmärschen gegen Pegida mit). Als sie vierzehn war, schrieb ihr eine Freundin ins Poesiealbum: *Das Leben ist ein Kampf – siege!* Ein Satz, der ihr zum Prinzip wurde. »In meinem ersten Leben«, sagt sie, »brachte man mir bei, dass eine Frau ihren Mann stehen, eine politische Meinung haben und Kinder großziehen, wunderbar backen und hart arbeiten kann, wenn es sein muss, auch alles zugleich.«

Damit war sie gut gerüstet für ihr zweites Leben.

Sie ist keine achtzehn, als sie Federico – eigentlich Friedrich – kennenlernt. Er sieht gut aus, ist charmant, kann aus dem *Faust* zitieren und spricht vier Sprachen, unter anderem Italienisch, weshalb sie ihn anfangs für einen Italiener hält. 1960 heiraten sie, sechs Wochen später wird ihre Tochter geboren. Hochschwanger schließt sie noch ihre Ausbildung ab, nach der Geburt arbeitet sie weiter als Apothekenhelferin, bis ihr zweites Kind zur Welt kommt. Sie wünscht sich eine große Familie, bekommt ein drittes Kind, ein viertes. Nur langsam realisiert sie dabei, dass sie mit einem Alkoholiker verheiratet ist.

»Friedrich war ein toller Mann und ein wunderbarer Vater«, sagt Elsa Cremers, »doch ich war zu jung, um zu begreifen, was Sucht ist.« Wobei sie auch damals nach Lösungen suchte: Sie geht zu Al-Anon, schickt ihren Mann zu den Anonymen Alkoholikern – doch der kommt von den Treffen meist betrunken nach Hause. Droht ihm Entzug, versucht er, sich das Leben zu nehmen. 1974, kurz vor der Einlieferung in eine Klinik, stirbt Friedrich Berthold. Elsa Berthold ist dreiunddreißig und Witwe, als ihr drittes Leben beginnt, und wieder erinnert sie sich an den Satz: *Das Leben ist ein Kampf – siege!* Sie sucht sich einen Job. Sie spricht mit den Lehrern ihrer Kinder: Sollte eines krank werden, würde ein anderes ebenfalls zu Hause bleiben – sie müsste arbeiten. So ernährt sie ihre Familie, zieht vier Kinder groß und findet immer auch Gelegenheit, ins Konzert zu gehen, in eine Ausstellung, zum Sport, zu politischen Veranstaltungen und Diskussionen. »Alles eine Frage der Disziplin«, sagt sie in ihrer schnörkellosen Art.

Sie ist fünfzig und die Kinder sind aus dem Haus, als sie eine Bekanntschaftsannonce aufgibt und aus vierunddreißig Zuschriften Hans Cremers herausfischt. Ihr viertes Leben beginnt. Und zwanzig Jahre später, an einem Tag im Herbst 2011 in einer Arztpraxis, beginnt ihr fünftes Leben.

»Frau Cremers, wie verändert sich eine Ehe, wenn ein Partner beginnt, langsam zu verschwinden?«

Ein langer wortloser Blick.

Ein Seufzer.

»Man darf keine Ansprüche mehr stellen. Vieles geht verloren, die Empathie, die Kommunikation, die Sexualität, die Gefühle ...«

Ohne ein Ende hängt der Satz in der Luft.

»Sie meinen, die Krankheit frisst die Liebe?«

Elsa Cremers zögert. »Ja ... ja, so kann man es beschreiben. Obwohl ...« Sie denkt noch einen Moment nach, dann schüttelt sie den Kopf: »Nein, wir mögen uns immer noch. Wir nehmen uns immer noch in den Arm, auch wenn Zärtlichkeiten jetzt öfter von mir ausgehen. Es sind bloß immer wieder dieselben Sätze, die wir wechseln. Wenn mein

Mann freitags aus der Tagespflege kommt, frage ich: Was habt ihr gemacht? Er antwortet: Mittag gegessen, geschlafen, Kreuzworträtsel gelöst. Dann guckt er mich neckisch an und fragt: Lebensgemeinschaft mit drei Buchstaben? So geht das jeden Freitag, seit einem Jahr. Er verliert auch immer mehr den Antrieb, von sich aus isst, trinkt und schläft er, doch bei allem anderen muss ich ihm sagen: Tu dies, mach das. Dabei darf ich auch nicht zu viel verlangen. Hans bringt unseren Lottoschein weg, doch wenn ich ihn bitte, auf dem Rückweg noch ein paar Briefmarken zu kaufen, überfordert ihn das.«

»Das klingt ein bisschen nach Mutter und Kind ...«

»Ja! Genauso ist es.« Sie nickt heftig und fährt sich durchs Haar. Und fügt, etwas leiser, hinzu: »Das sagt Hans auch.«

Einen Moment herrscht Stille.

Dann fliegt im Garten eine Amsel auf, ihr Gefieder glänzt in der Nachmittagssonne. Sie beginnt zu singen, das Licht ist weich und mild, der Himmel rosig gefärbt. Elsa Cremers lehnt sich zurück und lächelt. »Andererseits«, sagt sie, »lachen wir noch viel miteinander, Hans hat seinen Humor nicht verloren. Gut, früher haben wir nach einem Konzert auf den schönen Abend angestoßen und uns ausgetauscht: Der zweite Satz war ein bisschen laut, fandest du nicht? Und die Harfen, die Harfen waren einfach wunderbar, nicht wahr? Es war schön, all die Eindrücke zu teilen. Heute rede meist ich und er hört zu.« Sie zuckt mit den Schultern – eine Geste irgendwo zwischen Ergebenheit und Unverzagtheit.

»Nein«, sagt sie wieder, »es gibt noch viel Schönes, das uns verbindet, und das weiß ich auch zu schätzen. Gestern Abend zum Beispiel haben wir hier draußen noch ein Glas Wein getrunken, den Sternen zugesehen – fliegende Sterne nennt mein Mann die Flugzeuge auf dem Weg zum Flughafen Düsseldorf – und gemeinsam auf Franz und Franzi gewartet, zwei Igel, die jeden Abend ihre Runde drehen und sich das Obst holen, das wir ihnen hinlegen. Auch das sind gemeinsame Glücksmomente.«

Wieder Stille – doch sie unterscheidet sich von der vorangegangenen, wirkt leichter, hoffnungsvoller irgendwie.

Seit der Diagnose 2011 gab es nur vereinzelt Zeiten, in denen Hans Cremers' Fähigkeiten rapide nachließen. Bis heute wechseln sich kürzere schlimme und längere gute Phasen ab. »Unser Leben ist immer noch bunt«, sagt Elsa Cremers. »Es ist ein stetes Austarieren: Was ist möglich, was ist zu viel? Doch im Rahmen unserer Möglichkeiten genießen wir das Leben, unternehmen viel gemeinsam, und zugleich nimmt sich jeder auch Zeit für sich, mein Mann geht zum Stammtisch, ich gehe mit Freundinnen walken. Wir sind beide zufriedener als vor fünf Jahren, nur selten überkommt einen von uns die Trauer.« Wieder sieht sie mich an, mit ihrem festen, konzentrierten Blick. »Die Ärzte geben uns auf jeden Fall noch zwei gute Jahre.«

»Trotzdem ist der Verlust der Fähigkeiten nie reversibel.«

»Nein.«

Elsa Cremers schweigt.

Und schaut.

»Mein Mann schläft viel«, sagt sie nach einer Weile. »Meine größte Angst ist, dass er eines Tages nicht mehr aufsteht. Dass er allen Antrieb verliert und einfach nicht mehr am Leben teilhaben will.«

»Dann hätten Sie ihn verloren?«

Sie nickt.

Denkt wieder nach.

Und holt entschlossen Luft. »Andere Menschen verlieren auch Angehörige, wir sind keine Ausnahme.«

»Nein ...«

»Andere Menschen leiden an Parkinson, an Krebs, bekommen Schlaganfälle.«

Ein weiterer Hildegard-Hamm-Brücher-Moment.

Im selben Augenblick tritt ein kleiner Herr in grauen Hosen und hellem Hemd auf die Terrasse. Das Haar gescheitelt, die Brauen wild, der Blick neugierig und verschmitzt. Hans Cremers reicht mir die Hand.

»Was habt ihr heute gemacht?«, fragt seine Frau.

»Mittag gegessen, geschlafen, Kreuzworträtsel gelöst.« Er wirft ihr einen neckischen Blick zu. »Lebensgemeinschaft mit drei Buchstaben?«

Dann geht er wieder hinein, ins Wohnzimmer.

»Frau Cremers, Sie verlieren Ihren Mann an eine tückische Krankheit. Sind Sie unglücklich?«

»Nein, ich bin nicht unglücklich.« Sie schüttelt den Kopf. »Im Gegenteil, damit, wie ich unsere Situation meistere, bin ich sogar glücklich, ich fühle mich keineswegs als Opfer. Im Offenen Atelier im Lehmbruck-Museum betreue ich inzwischen als Kunstbegleiterin Menschen mit besonderen Bedürfnissen, mit einer der Kunsttherapeutinnen habe ich mich angefreundet – das wäre ohne Hans' Krankheit nicht passiert.«

»Sie haben durch ein Unglück auch neues Glück gefunden?«

»Ja, ich habe auch neues Glück gefunden. Zusätzlich zu dem, was mich ohnehin glücklich macht: meine Familie, gute Freunde, meinen vielen Interessen nachgehen zu können und immer wieder neuen Menschen zu begegnen.« Ein weiteres Mal mustert mich Elsa Cremers – und lacht im nächsten Moment herzlich los und greift nach meiner Hand. (Als wir noch Kaffee tranken, hatte sie erzählt, jemand habe sie einmal eine Menschenfängerin genannt, weil sie so einnehmend auf Menschen zugehe. Stimmt …)

»Frau Cremers, der Satz, jeder sei seines Glückes Schmied, vereinfacht sehr, doch oft hat ein erwachsener Mensch die Möglichkeit, sich zu entscheiden, auch für oder gegen das Glück, für oder gegen das Unglück. Ihnen scheint ein unerschütterlicher Glaube an das Gute im Leben und in den Menschen immer wieder Kraft zu geben.«

Sie neigt den Kopf ein wenig. »Ach, wissen Sie, manche Dinge im Leben muss man hinnehmen. Es hilft nichts, sich dagegen aufzulehnen. Ich war oft verzweifelt, aber mit Humor, Freunden und dem Wissen, dass auch aus Schlechtem Gutes erwachsen kann, kommt man durch viele Krisen. In meinem Leben ist es jedenfalls so gewesen.«

»Sie sind heute fünfundsiebzig Jahre. Hat sich Ihr Blick auf Glück und Unglück im Laufe der Zeit verändert?«

Sie denkt kurz nach. »Ich konnte mich schon immer auch an kleinen Dingen freuen – durch die Natur laufen, einem Sonnenaufgang oder den Wildgänsen an unseren Seen hier in Wedau zusehen. Vielleicht ist das mit den Jahren etwas intensiver geworden ...« Sie schaut sich um. Das späte Licht malt Reflexe auf die Scheibe des Wohnzimmerfensters, dahinter, im Inneren der Wohnung, ist es dunkel. »Ansonsten«, fährt Elsa Cremers mit fester Stimme fort, »freue ich mich einfach über das, was Hans und ich noch haben.«

»Glück ist nicht mehr etwas Großes, Allumfassendes?«

»Nein, es ist anspruchsloser geworden. Kleiner – und dadurch zugleich so viel intensiver.«

ANNE KOARK
Unternehmerin | 53

Glücklich gescheitert

Anne Koark war zwei Jahre alt, als sie an Asthma erkrankte, so schwer, dass sie später nie länger als zwei Wochen am Stück zur Schule gehen würde. Sie war elf, als sie von einem Auto angefahren wurde, mit solcher Wucht, dass es ihr den Unterschenkel zertrümmerte und sie an Krücken laufen musste, ausrutschte und sich den Arm brach. Sie war neunzehn, als sie erneut einen Unfall hatte, diesmal wurde sie lebensgefährlich verletzt. Anne Koark scheint vom Pech verfolgt.

»Aber nein«, sagt sie und lächelt milde, »keineswegs.«

In England geboren, studierte Anne Koark dort Germanistik, schloss ihr Studium – trotz des erneuten Unfalls – mit Auszeichnung ab und zog nach Deutschland. In den kommenden vierzehn Jahren arbeitete sie für verschiedene Unternehmen, bis sie 1999 mit einer Partnerin *Trust in Business* gründet, um ausländische Firmen bei ihrer Niederlassung in Deutschland zu unterstützen. Eine gute Idee zur richtigen Zeit: Koark gewinnt einen Existenzgründerpreis, zählt bald Biotech-Start-ups, IT-Unternehmen, einen großen US-Verlag und Regierungen zu ihren Kunden, beschäftigt fünfzehn Mitarbeiter und macht erst sechs-, dann siebenstellige Umsätze. Eine Erfolgsgeschichte.

Bis am 11. September 2001 zwei Flugzeuge ins World Trade Center fliegen.

Abrupt gehen die Investitionen ausländischer Unternehmen in Deutschland zurück. Es wird schwierig für Koark, die die Firma inzwischen allein führt, Neukunden zu gewinnen. Einige ihrer Bestandskunden geraten in Zahlungsschwierigkeiten. 2003 muss sie selbst Insolvenz anmelden. »Ich habe Fehler gemacht«, räumt sie unumwunden ein. »Ich hätte mich vor der Gründung mit der Möglichkeit des Scheiterns auseinandersetzen müssen. Und ich hätte nie einen so langfristigen, teuren Mietvertrag unterschreiben dürfen – das war vielleicht mein größter Fehler.«

Über Nacht werden ihre geschäftlichen und privaten Konten eingefroren. Ihre Ersparnisse und ihre private Altersvorsorge werden aufgelöst, ihre Eigentumswohnung und das Auto veräußert. Nicht einmal Handyvertrag und EC-Karte bleiben ihr. Sie verliert fast alles, was über Jahre selbstverständlich Teil ihres Lebens war.

»Frau Koark, war der Moment, in dem Sie wussten, es geht nicht weiter, der schwärzeste Ihres Lebens?«

Anne Koark holt tief Luft. »Die Insolvenz war ein Schock«, sagt sie und rückt ihre randlose Brille zurecht. »Ich fiel in ein tiefes Loch. In meinem ganzen Leben hatte ich nie einen einzigen Cent Schulden gehabt. Im Gegenteil, weil ich ein Mensch mit großem Sicherheitsbedürfnis bin, habe ich immer gespart und mich darüber hinaus gegen alles versichert, wogegen man sich im Leben überhaupt versichern kann. Nun waren meine Ersparnisse weg, die Versicherungen konnte ich nicht mehr bezahlen und der Verlust meiner Wohnung war einfach fürchterlich: *My home is my castle* sagen die Engländer – den Ort, an dem ich mich geborgen gefühlt, an dem ich in Deutschland neue Wurzeln geschlagen hatte, gab es nicht mehr. Es gab überhaupt keine Sicherheit mehr. Ich war wie gelähmt vor Angst.«

Über eineinhalb Jahre lang hatte Koark versucht, ihre Firma zu retten. Und sich zugleich gefragt, was sie tun sollte, wenn sie es nicht schaffte. Ein nervenaufreibendes, kräftezehrendes Hin und Her zwischen zwei hypothetischen Welten. Sie nickt und seufzt. »Mein Muster in solchen Momenten ist, immer mehr und noch mehr zu arbeiten, weil ich denke, wenn ich wirklich fleißig bin, muss ich es doch schaffen.«

So arbeitete Anne Koark bis zur Erschöpfung. Und fragte sich, zum ersten Mal in ihrem Leben, was ihr so wichtig war, dass sie es unbedingt behalten wollte, auch wenn sie alles verlieren würde. Sie musste nicht lange überlegen: ihre Werte. Ihre Ehre. Was immer die Welt nach einem Bankrott über sie denken würde, *sie* wollte sich auch künftig ins Gesicht sehen können. Darum nahm sie allen Mut zusammen und erklärte ihren Geschäftspartnern, sie sei in einer Schieflage, möglicherweise könne sie ihre Rechnungen nicht mehr bezahlen; viel mehr durfte sie ihnen nicht sagen, denn zur selben Zeit prüfte ein potenzieller Investor ihre Firma und Koark hatte eine Geheimhaltungsvereinbarung unterschrieben. »Es fiel mir unendlich schwer, doch ich fand, so viel Ehrlichkeit und Respekt war ich den anderen und mir selbst schuldig.«

Die Reaktionen waren überraschend positiv: So etwas komme vor. So etwas könne passieren. Ein Berater, der sie eingeladen hatte, bei einer Veranstaltung ein Impulsreferat zu halten, sagte sogar, ein Absturz sei das Beste, was ihr passieren könne. Dreizehn Jahre später, in ihrer Wohnung in München, schüttelt Anne Koark noch immer den Kopf und gibt freimütig zu: »Ich habe damals überhaupt nicht verstanden, was dieser Mann mir sagen wollte.«

Vier Wochen später, im April 2003, war *Trust in Business* zahlungsunfähig. Und weil Anne Koark weder eine GmbH noch eine AG gegründet hatte, haftete sie mit ihrem Privatvermögen, die Pleite ihrer Firma war zugleich eine private Insolvenz.

»Frau Koark, als Sie in Konkurs gingen, waren Sie fast vierzig und alleinerziehende Mutter zweier Kinder. Was haben Sie getan?«

Ein kurzes Zögern, ein Lachen, ein wenig rau. »Meine Kinder waren damals sieben und neun Jahre alt, sie verstanden, was eine Insolvenz ist und hatten Angst, dass wir vielleicht nicht zusammenbleiben könnten«, sagt Anne Koark. »Es war schrecklich, dass sie unter Fehlern, die ich gemacht hatte, leiden sollten. Es fiel mir schwer zu akzeptieren, dass ein paar Fehler überhaupt so weitreichende Konsequenzen haben konnten: dass ich vielleicht nicht mehr für uns sorgen könnte, dass wir vielleicht bald auf der Straße stünden. Ich hatte zu der Zeit ja nicht einmal mehr Zugriff auf Kindergeld und Unterhalt, weil meine Konten gesperrt waren.« Sie schüttelt den Kopf, wie um das Unangenehme zu verscheuchen.

Damals begann sie, sich Stück für Stück aus dem Zustand der Lähmung herauszukämpfen. Sie schrieb Bewerbungen, Dutzende, über sechzig Stück. Sie bekam nur Absagen. Sie sei selbstständig gewesen, hieß es, das qualifiziere sie nicht für einen Angestelltenjob; sie sei pleite, das qualifiziere sie generell nicht; ihr Gehalt werde gepfändet, da würde sie wohl kaum Überstunden machen wollen. Auch beim Arbeitsamt schickte man sie fort – sie müsse ja dem Insolvenzverwalter zur Verfügung stehen, da habe sie gar keine Zeit zu arbeiten. Koark überlegte, als freie Übersetzerin und selbstständige Unternehmensberaterin zu arbeiten; ein Bankberater lachte sie aus – sie habe doch bewiesen, dass sie als Unternehmerin nicht tauge.

Es waren ihre Freunde, die ihr halfen, in den ersten Monaten zu überleben. Und ein paar ihrer Gläubiger, die Tüten voller Lebensmittel brachten.

Sie habe Glück gehabt, sagt sie.

Glück auch, weil bald ein vorläufiger Insolvenzverwalter eingesetzt wurde, sodass das vorläufige Insolvenzverfahren zügig eröffnet werden konnte. Koark stellte Stapel von Unterlagen und Kopien von Unterlagen zusammen. Sie füllte Formulare aus (manche 25 Seiten stark und auch unter freundlicheren Lebensbedingungen eine Herausforderung). Sie listete Verbindlichkeiten auf, legte ihr gesamtes Leben offen, kooperierte über das gesetzlich vorgeschriebene Maß hinaus (und wurde vom Gericht belehrt, dass Haftbefehl erlassen würde, sollten ihre Auskünfte nicht fristgerecht eingehen). Als das Hauptverfahren eröffnet wurde, sprach Anne Koark mit ihren Geschäftspartnern, die nun ihre Gläubiger waren. »Ich habe erklärt, dass ich zahlen wolle, es aber nicht könne«, sagt sie und ihre Stimme bekommt etwas Eindringliches. »Es war mir unendlich peinlich, meine Rechnungen nicht bezahlen zu können – doch es besteht ein Unterschied zwischen Zahlungs*unwilligkeit* und Zahlungs*unfähigkeit*. Natürlich legen manche Menschen kriminelle Energie an den Tag, aber erst einmal bedeutet eine Insolvenz nur Zahlungsunfähigkeit.«

Ein Getränkelieferant steht, zwei Stunden nachdem sie ihm geschrieben hat, vor der Tür. Stürmt herein, läuft durchs Büro, schimpft, er werde mitnehmen, was ihm gehöre, er werde sie verklagen. Andere Gläubiger reagieren erneut positiv. Man kennt sich seit Jahren, zeigt Verständnis. Einige sagen: Jemand wie Sie kommt sicher schnell wieder auf die Beine.

Anne Koark verspricht, ihr Bestes zu geben.

Im Büro arbeitet sie letzte offene Aufträge ab (und putzt, bevor Kunden kommen, selbst das Klo). Sie spricht mit ihrem Au-pair-Mädchen (und hofft inständig, dass es bleibt, wie sollte sie sonst arbeiten?). Sie sieht zu, wie der Gutachter ihre Wohnung schätzt, Wertsachen taxiert, Möbel begutachtet (und fragt sich, ob er auch ihre Topfpflanzen versteigern wird?). Sie sucht eine neue Wohnung (was schwer ist in München, mit einem negativen Schufa-Eintrag unmöglich, ein Freund unterschreibt schließlich gemeinsam mit ihr einen Mietvertrag). Sie versucht, ihren Kindern eine gute Mutter zu sein, liegt nachts wach und grübelt und versucht, trotz allem die Nerven zu behalten. Sie hat Geburtstag, wird vierzig Jahre alt, eine Frau auf dem Höhepunkt ihres Lebens, eigentlich. Sie zieht Bilanz: Ich habe es geschafft, nichts zu besitzen. Ich habe es geschafft, nichts für meine Kinder aufzubauen.

Irgendwann jedoch, als sie sich an ihre Kindheit erinnert, denkt Anne Koark: Aber ich habe, immerhin, auch gelernt, zu überleben.

Da steht sie auf. Und packt an.

Und sagt ein weiteres Mal, sie habe Glück gehabt. Denn im Moment ihrer größten Niederlage, als sie und ihre Kinder vom Existenzminimum leben, ihr vorgegeben wird, wie viel von ihrem Einkommen sie behalten, wie viel sie ausgeben darf, was sie zu tun, was zu lassen hat, macht Anne Koark eine neue Erfahrung. Sie entdeckt, was Freundschaft *wirklich* bedeutet.

Da ist Anja, die am ersten Weihnachtsfest im neuen Leben mit einem Tannenbaum vor der Tür steht: »Schenke ich dir!«

»Das hat mich umgehauen«, sagt Anne Koark, heute noch gerührt. »Man schenkt Menschen, die kein Geld haben, oft etwas, das sie sich selbst nicht leisten können, Parfum zum Beispiel. Ich will nicht undankbar klingen, doch Parfum ist nichts, was man wirklich braucht, wenn man am Existenzminimum lebt. Der Weihnachtsbaum dagegen war wichtig, für die Kinder und für mich, denn in unserer Familie ist es Tradition, Weihnachten mit geschmücktem Tannenbaum zu feiern.«

Da ist Steffi, die sagt: »Komm, wir kaufen Hosen und Pullover für die Kinder.«

Da ist Doris, die sagt: »Komm, wir gehen in den Supermarkt und kaufen ein.«

»Das kann ich nicht annehmen«, erwidert Anne Koark.

»Warum so überheblich?«

»Was ist überheblich daran, deine Großzügigkeit nicht auszunutzen?«

»Du warst all die Jahre immer für deine Freunde da und hast wie selbstverständlich erwartet, dass wir deine Hilfe annehmen. Und jetzt weigerst du dich, unsere Hilfe anzunehmen? Bist du etwas Besseres?«

Anne Koark lacht und streicht sich eine rotblonde Haarsträhne aus dem Gesicht. »Das werde ich mein Leben lang nicht vergessen«, sagt sie. »Denn es stimmt, ich erhebe mich über andere, wenn ich helfe, aber selbst Hilfe ablehne. Das war eine gute, eine im besten Sinne verwirrende Erfahrung.«

Und dann ist da noch Ina, die sagt: »Erinnerst du dich, dass ich dich bei der Gründung gefragt habe, was du machst, wenn es mit der Firma schiefgeht?«

»Ja«, antwortet Anne Koark leicht betreten, »und ich habe bloß gegrinst und gesagt, dann würde ich eben singen gehen. Okay, vielleicht muss ich jetzt singen gehen …«

»Untersteh dich, nicht bei deiner Stimme! Verkauf lieber deinen Körper.«

»Okay, dann verkaufe ich eben meinen Körper ...«

»Untersteh dich, du bist vierzig! Dann geh lieber singen.«

Anne Koark schüttelt sich vor Lachen. »Das hat mir damals so gutgetan«, sagt sie. »Es hat unendlich gutgetan, dass jemand mit mir gelacht hat, trotz der ganzen Misere. Dass mich nicht alle mit ihrem Mitleid noch tiefer heruntergezogen haben«, sagt sie, in ihrem exzellenten Deutsch, das sich charmant mit einem leisen englischen Akzent mischt, und reibt sich Tränen aus den Augen.

Warum zerbrechen manche Menschen an Krisen – während andere an ihnen wachsen?

Die fürs Glück so unerlässliche Selbstwirksamkeit – jene subjektive Gewissheit, Situationen im Leben erfolgreich bewältigen zu können – korrespondiert eng mit der Resilienz. Ursprünglich galten Kinder, die trotz schwieriger Lebensbedingungen wie Armut, Flucht oder Traumatisierung psychisch gesund blieben, als resilient. Inzwischen wird der Begriff weiter gefasst, beschreibt gemeinhin psychische Widerstandsfähigkeit. Resiliente Menschen haben gelernt, dass sie ihr Leben in die Hand nehmen und Dinge beeinflussen können. Sie sind optimistisch, diszipliniert, empathisch, wissen, was sie können, und sind in der Lage, ihre Gefühle zu steuern. Sie handeln, statt zu warten. Sie ergreifen Chancen, die sich bieten. Sie geben nicht auf. Sie meistern Krisen. Auch Anne Koark scheint über eine solide Resilienz zu verfügen. Wobei, so der Neurowissenschaftler Raffael Kalisch, der am Deutschen Resilienzzentrum in Mainz Grundlagenforschung betreibt, es keine generelle Resilienz gebe, die für alle in jeder Krise gleich gültig sei. Auch haben Wissenschaftler bis heute kein Persönlichkeitsprofil identifiziert, das Prognosen bezüglich der individuellen Widerstandskraft erlaube. Vielmehr sei Resilienz ein dynamischer Prozess, eine Fähigkeit, die erst mit der Herausforderung entstehe – einer existenzbedrohenden Situation, einer Katastrophe, einer Traumatisierung, dem Tod eines geliebten Menschen oder eben einem wirtschaftlichen Bankrott.

Anne Koark kommt aus der Küche zurück. Setzt sich, schenkt heißen Tee ein, Dampf steigt aus den Bechern auf. Auf dem Schreibtisch vor dem Fenster und in den Regalen stapeln sich Wörterbücher – *The New Shorter Oxford English Dictionary Vol. 1 & 2, Collins English Dictionary, Duden/Oxford Großwörterbuch Englisch*. Ein paar Bilder an den Wänden, Kinderfotos, ein goldener Buddha, der vergnügt lächelt. Ein Homeoffice, so angenehm unprätentiös wie die Frau, die hier arbeitet.

»Frau Koark, haben Sie sich, als Sie pleitegingen, wie eine Versagerin gefühlt?«

Sie überlegt kurz. Und schüttelt den Kopf. »Nein«, erwidert sie. »Ich bin gescheitert. Eine Versagerin wäre ich, wenn ich nicht wieder aufgestanden wäre.« Sie greift nach ihrem Teebecher, trinkt einen Schluck – und dann erzählt sie von ihrer Familie in England: Ihre Mutter wurde im Krieg geboren. Sie und ihre Geschwister lernten früh, wieder aufzustehen, wenn sie hinfielen. Einer von Anne Koarks Onkeln erkrankte als Erwachsener an Tuberkulose. Nach ein paar Tagen reiste ihr Großvater in den Norden Englands und las seinem Sohn die Leviten: Du hast fünf Kinder, du kannst es dir nicht leisten, hier herumzuliegen. Später brannte der Hof desselben Onkels ab. Diesmal reiste niemand an, der Onkel kam gar nicht auf die Idee, sich zu bemitleiden. Stattdessen tat er etwas sehr Kluges: Als die Versicherung ihm Schadensersatz zahlte, beschloss er, wenn er noch einmal bei null anfangen müsse, künftig etwas zu tun, was ihm wirklich Spaß machte. Er baute Gewächshäuser und begann, Chrysanthemen zu züchten. Heute ist er einer der größten Chrysanthemenlieferanten Großbritanniens. Anne Koark lacht und sieht mich an – und in ihrem Blick liegt etwas Amüsiertes und zugleich Herausforderndes. »Auf der anderen Seite der Familie ist mein Vater. Er kam aus sehr einfachen Verhältnissen. Als er sechs Jahre alt war, starb sein Vater. Er selbst war immer ein guter Schüler gewesen, doch als er ein Stipendium für eines der angesehensten Londoner Gymnasien bekam, lehnte er ab, denn er musste arbeiten und seine Mutter unterstützen. Trotzdem stieg mein Vater später bis ins Management der British Telecom auf.«

»Sie meinen, bei solchen Genen blieb auch Ihnen gar nichts anderes übrig, als zügig wieder aufzustehen?«

Anne Koark zuckt mit den Schultern. »In England lernt jedes Kind: Wenn es beim ersten Mal nicht klappt, versuch es ein zweites Mal. Als ich meiner Mutter von meiner Insolvenz erzählte, sagte sie bloß: Das kann passieren, wenn man eine Firma gründet.«

Und so war es nur konsequent, dass Koark ihren Konkurs nach dem ersten Schrecken wie ein berufliches Projekt anging: entschlossen, es zu einem erfolgreichen Abschluss zu bringen. Sie arbeitete tagsüber, abends, am Wochenende, übernahm Bürojobs, Mini-Jobs, sie übersetzte. Sie erhöhte die Insolvenzmasse und hielt zugleich ihr Selbstbild von der zupackenden Unternehmerin aufrecht. »Und immer wieder hatte ich auch Glück«, sagt sie. Beispielsweise, als sie dem Bund der Selbständigen ihre Kündigung schickte, weil sie sich den Jahresbeitrag nicht mehr leisten konnte. Der Präsident bat sie daraufhin zum Gespräch. Frau Koark, sagte er, ich kenne Sie als pfiffige Unternehmerin. Was haben Sie jetzt vor? Wie können wir Sie unterstützen? »Das war«, sagt Anne Koark heute noch gerührt, »als habe sich im freien Fall ein Fallschirm geöffnet. In so einer Situation ist Networking wichtiger denn je.« Zugleich spornten die Worte sie an – wenn Menschen so viel Vertrauen in sie setzten, durfte sie sie auf keinen Fall enttäuschen.

Und dann kam der Tag, der Anne Koarks Geschichte eine neue, entscheidende Wendung gab. Noch so ein Glück – obwohl sie selbst sagt, ihr sei bloß der Kragen geplatzt. Immer wieder hatte sie sich über das deutsche Insolvenzrecht gewundert: Warum dauerte alles so lange? Warum war alles so bürokratisch? Warum suchten alle einen Schuldigen, statt auf die Lernfähigkeit der Gescheiterten zu setzen? Warum wurden Schuldner stigmatisiert? Der negative Schufa-Eintrag behinderte sie bei erneuter Selbstständigkeit (obwohl belegt war, dass Zweitgründungen nicht gefährlicher waren als Erstgründungen). Er behinderte sie bei der Jobsuche (denn Arbeitgeber stellten ungern jemanden ein, dessen Gehalt gepfändet wurde). So wurde es den Menschen unnötig schwer gemacht, sich eine neue Existenz aufzubauen. Was wiederum den Gläubigern schadete und den Staat zudem Sozialleistungen kostete. Lag es nicht im Interesse aller Beteiligten, ja der Gesellschaft an sich, dass die Gescheiterten schnell wieder auf die Beine kamen? Und, vor allem, warum war das Thema Insolvenz in Deutschland überhaupt so ein schreckliches Tabu?

Frustriert schrieb Anne Koark sich ihren Ärger von der Seele und schickte den Artikel an Hunderte Journalisten, deren Adressen sie im Internet recherchiert hatte. Das Börsenportal *wallstreet:online* veröffentlichte ihn – und trat eine Welle los. Koark bekam über tausend Zuschriften: von Menschen, die selbst in einer Insolvenz steckten, von verzweifelten Angehörigen, von Hinterbliebenen. Ein Mann schrieb, er würde sich in seinem Gartenhäuschen verbrennen, um seiner Frau die Schande der Pleite zu ersparen. »Als ich das las, war ich fassungslos. Menschen brachten sich um wegen Geld?« In Anne Koarks Augen blitzt Empörung. »Die häufigsten Gründe für Verschuldung sind Arbeitslosigkeit, Krankheit und Scheidung – das kann jedem passieren!« Damals entdeckte sie, wie viele Pleitiers sich schämten und versteckten, wie zermürbt sie waren vom Gefühl der Niederlage, der finanziellen und moralischen Schuld. Dabei gehörte Scheitern doch zum Leben. »Es ist normal, Fehler zu machen, auch in der Arbeitswelt, auch unter Unternehmern. Wir sollten nicht so tun, als seien Unternehmer fehlerlos, sondern lieber aus unseren Fehlern lernen.« Jeder verdiente eine zweite Chance und darum beschloss Anne Koark, das Thema Insolvenz gesellschaftsfähig zu machen: Die gebürtige Britin wollte ein deutsches Tabu brechen und einen Kulturwandel herbeiführen, einen konstruktiveren Umgang mit dem Scheitern.

Sie begann, Vorträge zu halten. Sie gründete einen Verein, der Gescheiterte beim zweiten Start unterstützte. Doch sie wollte auch die erreichen, die etwas verändern konnten: die Öffentlichkeit, die Medien, die Politik. Darum schrieb sie ein Buch. »Ich hatte noch nie ein Buch geschrieben und wusste nicht, ob ich das konnte. Aber es musste kein literarisches Meisterwerk werden, ich wollte nur ein Problem ins Bewusstsein der Allgemeinheit rücken. Darum schrieb ich einfach meine

Geschichte auf und gab dem abstrakten Tabu ein konkretes Gesicht.« Sollte später irgendjemand sagen: So eine Loserin, erst fährt sie ihre Firma gegen die Wand, und dann schreibt sie noch ein Buch darüber! – was soll's. »Dass ich bereits alles verloren hatte, gab mir eine gewisse Freiheit.« Anne Koark lacht – und es klingt nicht wie ein Lachen, das über Peinlichkeit oder Scham hinweghelfen soll. Es klingt wie das Lachen von jemandem, der auch schwierigen Situationen komische Momente abgewinnen kann.

2003 erscheint *Insolvent und trotzdem erfolgreich* – und schafft es bis in die Bestsellerliste. Anne Koark gibt Interviews, sitzt in Talkshows und schildert dezidiert und reflektiert ihre Erfahrungen, führt dem Land einen Widersinn vor Augen, wie ihn wohl am deutlichsten jemand sieht, der von außen kommt – jemand wie sie, mit englischer Prägung und deutschen Erfahrungen.

Von nun an wird das Scheitern zum neuen Geschäftsmodell. Man lädt Koark als Expertin ein, sie diskutiert mit Größen aus Wirtschaft und Politik, anfangs ehrenamtlich, dann gegen Honorar (das sei sie ihren Kindern schuldig, findet sie, schließlich habe sie ihre gesamte Altersvorsorge durch die Insolvenz verloren). Sie spricht vor der EU-Kommission in Brüssel, beim Global Summit of Women, vor Handelskammern, Wirtschaftsverbänden und Parteien. Gegenüber der damaligen Bundesjustizministerin Brigitte Zypries plädiert sie für eine Änderung des Insolvenzrechts (die Einladung ging übrigens auf das Networking des Präsidenten des Bundes der Selbständigen zurück, jenes Mannes, der sie nach ihrem Scheitern fragte: Wie können wir Ihnen helfen?). Koark steht im Rampenlicht und sie beginnt ihre Vorträge gern mit der Vorstellung: Mein Name ist Anne Koark und ich bin V.I.P – *Very Intensively Pleite*. Denn sie will sich und die Welt daran erinnern, dass sie nicht nur erfolgreiche Autorin und Rednerin ist, sondern vor allem eine Frau, die alles verloren hat (und sich für einen Talkshowauftritt den Hosenanzug einer Freundin leiht – Woraufhin übrigens ein Zuschauer schrieb: Wenn Sie Designerklamotten tragen, kann es Ihnen ja nicht so schlecht gehen …)

2013 tritt eine Reform des Insolvenzrechts in Kraft. Unter bestimmten Bedingungen wird die Entschuldungsphase künftig nicht mehr sechs, sondern nur noch drei Jahre dauern. Trotzdem, sagt Anne Koark, gebe es noch viel zu tun. Jedes Jahr würden Zehntausende Insolvenzen angemeldet, doch die Menschen scheiterten im Stillen. »Jeder, der pleitegeht, denkt, er sei der Einzige. Wir sollten endlich die Isolation aufbrechen. Denn wer scheitert, ist nicht verloren – Probleme kann man lösen.«

2009 endet Anne Koarks eigene sogenannte Wohlverhaltensperiode. Man bescheinigt ihr vorbildliche Kooperation, ihre Restschuld wird erlassen. Sie ist wieder ein freier Mensch.

»War dieser Augenblick ein Glücksmoment in Ihrem Leben?«

»Nein«, sagt Anne Koark und lächelt milde, »ich stürzte in eine Sinnkrise. Nachdem mein Leben jahrelang strikt reglementiert war, fühlte ich mich, als wäre ich aus dem Gefängnis entlassen worden. Ich musste mich erst wieder zurechtfinden.«

Nun erfuhr Koark, dass von den rund 185.000 Euro, die sie getilgt hatte, nur etwa 18.000 Euro bei ihren Gläubigern angekommen waren. Der Rest finanzierte Verfahrenskosten und Masseverbindlichkeiten. Ein weiteres Mal verzweifelte sie am deutschen Insolvenzrecht. Hatte sie ihren Gläubigern doch versprochen, ihr Bestes zu geben.

2014, elf Jahre nach Eröffnung des Insolvenzverfahrens, wird schließlich auch ihr Schufa-Eintrag gelöscht. Anne Koark ist wieder Mensch unter Menschen. Heute lebt sie mit ihren Kindern – ein drittes kam 2010 dazu, ihr »Postinsolvenzbaby« – im Münchner Norden. Sie arbeitet weiterhin als Übersetzerin und hat sich darüber hinaus ein zweites Mal selbstständig gemacht, als Unternehmensberaterin und Consultant unterstützt sie Selbstständige, auch bei einer Sanierung.

»Sind Sie eine starke Persönlichkeit, Frau Koark?«

Sie überlegt. »Nein«, sagt sie schließlich. »Ich weiß, dass manche mein Engagement bemerkenswert finden, doch mir war es einfach ein Bedürfnis zu handeln. Nichts halte ich schwerer aus als Stillstand. Doch das hat nichts mit Mut zu tun. Mutig sind Menschen, die sich überwinden und etwas tun, wovor sie sich fürchten. Ich bin mutig, wenn ich meinen Kindern ein Pflaster aufs blutende Knie klebe, denn ich kann kein Blut sehen. Mit der Bundesjustizministerin zu diskutieren ist dagegen ein Klacks.« Sie lacht, greift nach ihrem Becher und nimmt einen letzten, großen Schluck Tee.

Anne Koarks Geschichte ist die einer Frau, die ins Unglück stürzte und wieder glücklich wurde. Mit Willen und Zielstrebigkeit – wie damals, als sie mit ihrem gebrochenen Bein den Weg sah, der vor ihr lag und den sie nur unter großen Schmerzen bewältigen würde, erst dachte: Das schaffe ich nie!, dann lernte, sich immer nur auf den nächsten Schritt zu konzentrieren und schließlich schneller und schmerzloser zu Hause ankam, als sie es für möglich gehalten hätte. Geholfen haben ihr darüber hinaus auch ihre Nonchalance und ihr englischer Humor. Die Deutschen seien keineswegs unbegabter in Sachen Glück, findet Koark, auch wenn man ihnen das nachsage. Sie unterlägen aber einem höheren Perfektionsdrang und der erschwere das Glücklichsein manchmal. Sie selbst zieht aus ihrem Scheitern heute große Stärke. »Im Rückblick bin ich sogar froh über das Training und die Möglichkeit des Perspektivwechsels«, sagt Anne Koark, schiebt ihre Brille zurück und schaut mich an. »Denn ich habe die Angst vorm Verlieren verloren. Egal, was kommt, ich weiß, ich schaffe das.«

Ihr Großvater wäre, wenn er noch lebte, stolz auf sie.

GERMAN*Glück*

NORA ALBERS*
ehemalige Eremitin | 38

Das Glück im Alleinsein

Regensburg ist eine der ältesten Städte Deutschlands, am Rand des Bayerischen Waldes gelegen, von der Donau durchschlängelt. In der Altstadt gepflasterte Gassen, manche schmal wie ein Hemd, mittelalterliche Speicher neben Patrizierhäusern, windschiefe Fachwerkgebäude, die sich an Rokokobauten schmiegen, viel Pracht ohne Protz, und überall Plätze mit Cafés, Bäumen, Brunnen, gleich italienischen Piazze, und überall Kirchen, zahllose Kirchen, Kapellen, Klöster, Stifte, Türme, und mittendrin ein alles überragender Dom. 739 erhob der heilige Bonifatius die Stadt zum Bistum. Heute ist es eines der größten in Bayern, eines der ältesten in Deutschland. Es gibt ein paar Protestanten in Regensburg, einige Ungläubige auch, doch die katholische Kirche scheint das Leben, das geistliche Leben zu bestimmen. Nora Albers, eine Frau in ihren Dreißigern, blonde Haare, Brille, T-Shirt, Jeans, hat in Regensburg als Eremitin gelebt.
 Eine junge Frau als Eremitin?
 In der Stadt?

* Nora Albers ist ein Pseudonym. Sie möchte nicht erkannt werden.

Ja, aber der Reihe nach. 1978 in Regensburg geboren, wuchs Nora Albers als jüngstes von drei Kindern in einer bürgerlichen Familie auf, der Vater Elektriker, die Mutter Hausfrau, beide weder katholisch noch evangelisch, weder gläubig noch fromm. In dieser von der Kirche geprägten Stadt spielten Religion, Glaube, Gott in der Familie Albers keine große Rolle. Trotzdem trat Nora Albers mit acht Jahren in den Kinderkirchenchor ein – wegen der Musik, nicht wegen Gott. Mit dreizehn wechselte sie in den Erwachsenenchor, nach der Schule ließ sie sich zur staatlich geprüften Singschullehrerin ausbilden, unterrichtete, gab Konzerte, sang in Chören und Bands und immer wieder auch in Gottesdiensten, manchmal drei Messen an einem Tag.

Sie ist sechsundzwanzig, als eine Bekannte fragt, ob sie beim Gottesdienst einer franziskanischen Eremitengemeinschaft als Sängerin einspringen könne. Sie kommt und singt. Kommt wieder. Kommt häufiger. Die Gemeinschaft fasziniert sie, diese ungewöhnliche spirituelle Lebensform; plötzlich beginnt Nora Albers, sich für Gott zu interessieren. Als sie die Konstitutionen, die Ordensregeln, liest, erschrickt sie jedoch: Die Mitglieder verpflichten sich, sich ganz Kontemplation und Gebet hinzugeben, neben der Seelsorge kaum Kontakt zu anderen Menschen zu suchen, die Gemeinschaft überhaupt nur kurz und nach Rücksprache mit dem Spiritual zu verlassen, Reisen sind unerwünscht.

Nicht mit mir, denkt sie, das kann ich nicht.

Trotzdem nimmt sie weiter an ihren Gottesdiensten teil, lernt einzelne EremitInnen näher kennen, versteht sich gut mit deren Pfarrer. Sie ist neunundzwanzig, als sie die Konstitutionen erneut liest – und erkennt, wie sich ihr Leben in den vergangenen drei Jahren scheinbar unbemerkt verändert hat, dass feste Gebetszeiten, das Kontemplative und das Seelsorgerische Teil auch ihres Alltags geworden sind. Sie beschließt, der Gemeinschaft beizutreten. Ihre Familie nimmt es zur Kenntnis. Ihre Freunde fragen: »Bist du noch ganz dicht?«

»Durchaus«, antwortet sie.

»Überleg es dir gut!«

»Das habe ich.«

»Überleg es dir zwei Mal, drei Mal, zehn Mal.«
»Das habe ich.«
»Es kann schiefgehen.«
»Na und?«
»Du kannst scheitern.«
»Jeder kann scheitern.«
»Es gibt Leute, die sich einem Orden anschlossen und später wieder austraten.«
»Wer sagt, dass sie gescheitert sind?«
Im Herbst 2007 ruft sie den Pfarrer der Eremitengemeinschaft an und sagt: »Ich bin dabei.«
Bald darauf stirbt der Pfarrer. Die Gemeinschaft zerfällt.
»Ich stand wieder alleine da«, sagt Nora Albers.
Sie schaut sich Klöster an (und spürt schnell, dass das Klosterleben nicht ihre Berufung ist). Sie sucht nach Möglichkeiten, als Eremitin zu leben (und stößt überall in der katholischen Kirche auf Widerstand). Bei den Alt-Katholiken findet sie schließlich ein neues Zuhause. Die Alt-Katholiken sagten sich um 1870 von Rom und Dogmen wie der Unfehlbarkeit des Papstes los, sie lehnen den Pflichtzölibat ab, erlauben Priestern zu heiraten und Frauen, Priesterinnen zu werden, sie lassen Geschiedene zu den Sakramenten zu, segnen auch gleichgeschlechtliche Partnerschaften und berufen sich bei allem auf einen ursprünglichen Katholizismus im Geist des Evangeliums und der Tradition der Kirche des ersten Jahrtausends. Im Dezember 2009 legt Nora Albers ihr Gelübde ab, gelobt Keuschheit, Gehorsam und Armut, um im Dienste Gottes, der Kirche und der Menschen zur Vollkommenheit der Liebe zu gelangen.
Sie ist dreißig Jahre alt – und Eremitin.
Schätzungsweise achtzig Eremitinnen und Eremiten leben heute in Deutschland. Anders als gängige Klischees es nahelegen – alter Mann mit wildem Bart in karger Kate *in the middle of nowhere* –, kehren sie der Welt nicht den Rücken. Schon immer zogen sie sich zurück, um in Stille, Gebet und Buße Gott zu suchen, doch sie waren auch seelsorgerisch tätig. Der heilige Franziskus, auf den sich die Franziskaner-Ere-

miten berufen, durchwanderte die Wüste des eigenen Selbst, um Gott zu finden, und er widmete sich – *Eremo e città*, Stille und Stadt – den Armen, den Aussätzigen, den Elenden. Genau diese Spannung ist es, die Nora Albers fasziniert. Dabei, betont sie, sei sie ein freiheitsliebender Mensch. Ihr bürgerliches Leben aufzugeben, auf Familie und Freunde, Karriere und Besitz, Ansehen und Autonomie zu verzichten, empfand sie jedoch nie als Einschränkung ihrer Freiheit. Im Gegenteil, gerade in der Einschränkung habe sie Freiheit erfahren – die Freiheit, nach ihren tiefsten Überzeugungen zu leben. Ein großes Glück.

Glück?

Die im Bistum Osnabrück lebende Eremitin Maria Anna Leenen antwortete auf eine Interviewanfrage, Glück sei für sie absolut zweitrangig, ihr ginge es um einen zufriedenen Alltag aus dem Glauben heraus und das habe mit Glück nichts zu tun. Ja, entgegnet Nora Albers, diese Einstellung vieler Ordensleute kenne sie. Sie erkläre sich wohl aus der Geschichte des Eremitentums, denn in der Besinnung auf Gott nimmt sich der Mensch zurück. »Ich finde, Gottsuche und Streben nach Glück müssen einander aber nicht ausschließen. Gott hat uns nicht geschaffen, damit wir in irgendeiner Weise unglücklich sind. Vielmehr hat er uns geschaffen und sah, dass es gut war – also wollte er auch, dass es uns gut geht.« Selbstkasteiung, sagt sie und schüttelt den Kopf, habe ihr immer schon widerstrebt.

Nachdem sie also ihre Gelübde abgelegt hat, tauscht Schwester Nora ihre Kleider gegen den Habit, eine braune Kutte aus Wolle mit einem weißen Strick als Gürtel, und macht sich auf die Suche nach einer Klause, in der sie fortan leben wird. »Doch die meisten Klausen, die ich mir angeschaut habe, waren alt, in schlechtem Zustand, unbewohnbar, überall fehlte es an Geld für die Instandhaltung. Mir wurde klar, dass ich einen anderen Weg finden musste.« Sie beschließt, in ihrer Wohnung zu bleiben. Und ist damit keine Ausnahme: Moderne EremitInnen leben nicht selten in der Stadt, haben ein Auto, ein Smartphone, einen Computer, zahlen Steuern, Sozialabgaben, Versicherungen. Weil ihr Leben anders als bei Ordensleuten nicht von der Gemeinschaft finanziert wird, müssen sie arbeiten, und auch Nora Albers arbeitet weiter als Musiklehrerin und Sängerin. Früh um sechs betet sie die Laudes, vormittags unterrichtet sie, mittags betet sie die Non, den Nachmittag hält sie frei für Kontemplation, abends betet sie die Vesper, nachts die Komplet. Sie passt Gebetszeiten und Tagesablauf den zivilen Anforderungen an, so gut es eben geht, und wenn sie an einer Kirche vorbeikommt, geht sie hinein und betet. Psalmen, Rosenkranz, ein Herzensgebet – sie mag die alten Gebetsformen, das Meditative, das ihnen eigen ist.

»Frau Albers, das klingt nach dem Leben einer Städterin mit Halbtagsjob, Hang zum *Downshifting* und genug Zeit für private Neigungen.«

»Ja?« Nora Albers hebt eine Braue. Wir sitzen uns gegenüber, ruhig hört sie meinen Fragen zu, abwartend, anfangs fast ein wenig misstrauisch. »Nun, im Kloster ist der Tag auch durchgetaktet, die Nonnen und Mönchen verzichten auch auf Besitz und sie arbeiten, nur nicht für Geld.«

»Aber sie bleiben in der geschlossenen Welt des Klosters. Sie dagegen gehen täglich hinaus in eine Welt voller Reize, Menschen und Geschrei. Während Ihrer Kontemplation heulen nebenan Kinder, unter Ihnen dreht jemand die Stereoanlage auf, auf der Straße wird ein Presslufthammer angeworfen, sodass Sie statt in die Stille in den Lärm der Stadt tauchen.«

Ein knappes Schulterzucken. »Die absolute Einsamkeit ist ein Klischee. Ich kenne keine EremitInnen, die nicht zwischen der äußeren und der inneren, der irdischen und der geistlichen Welt hin- und herwechselten. Wer nicht in der Wildnis leben und sich von Beeren ernähren will, kann der Welt nicht völlig entsagen. Das hat mich auch nie gestört, wenngleich ich zugebe, dass es eine Weile gedauert hat, bis ich meine Balance gefunden habe.«

So folgt Schwester Noras Leben fortan einer klaren Ordnung, und wenn sie sich auch nicht völlig zurückzieht, nimmt sie sich doch sehr zurück: Sie entsagt vielem (Besitz, Sexualität), verzichtet auf vieles (ausgehen, Freunde). Sie lebt asketisch und zurückgezogen.

Taucht ein in die Stille.
In die Leere.
Setzt sich dem aus, was da ist.
Und dem, was da nicht ist.

»Sich sich selbst auszusetzen ist ein Abenteuer«, sagt sie und holt Luft. »Wenn ich in die Stille gehe, ist es, als bekäme ich einen Spiegel vorgehalten. Vergessene Gedanken kommen hoch, unbekannte Gefühle, für die ich oft erst einmal kaum Worte habe. Vieles, was wir im Alltag verdrängen, wird spürbar – Unsicherheiten, Ängste, Selbstzweifel, Schmerz. Dinge im Leben, die ich im Rückblick gern anders gemacht hätte. Dinge, die nicht getan zu haben ich bereue. Verpasste Chancen, gescheiterte Lebenswünsche. All das muss man erst einmal aushalten.«

Ihr einziger Beistand ist ihr geistlicher Begleiter, ein Theologe in Bonn, fünfhundert Kilometer entfernt, meist telefonieren oder mailen sie. Dennoch wächst in dieser Zeit des Ablassens von aller Ablenkung, in dem Sich-Leeren und Versenken, dem Lauschen in der Stille auf Ihn, in dieser tiefen spirituellen Erfahrung ein ungekanntes Vertrauen in Nora Albers. Sie spürt, dass Gott sie trägt, und fühlt sich aufgehoben in diesem Wissen, allein, nie einsam. In einer Welt, in der Beziehungen austauschbar sind, keine Freundschaften, keine Familienbande mehr dauerhaften Bestand und Beistand garantieren, lebt sie in der verlässlichen Sicherheit von Gottes Gegenwärtigkeit. »Ich spüre ganz deutlich, dass Er in jeder Situation meines Lebens für mich da sein wird.«

Kein entrücktes Strahlen umgibt sie, als sie das sagt, keine selige Selbstüberhöhung, die Menschen gern verbreiten, wenn sie höheren Sinn gefunden haben. Nein, sagt Nora Albers entschieden. Ihr Rückzug sei auch stets Suche nach, nie Flucht vor etwas gewesen. Noch so ein Klischee nämlich: dass EremitInnen gescheiterte Existenzen seien, die mit dem Leben nicht zurechtkämen, der Welt entflöhen. »Wer im Leben nicht zurechtkommt, tut es auch im Rückzug nicht. Der Rückzug sollte immer eine bewusste Entscheidung sein, denn im Gebet stehe ich vor Gott für, nicht gegen die Welt.« Sie breitet die Arme aus. »Für mich war immer klar, ich bin und bleibe in dieser Welt. Aber ich möchte mehr.«

Sie öffnet die Arme noch ein Stück weiter und blickt gen Himmel, gleich Jesus am Kreuz. »Ich möchte für andere da sein *und* steten Kontakt zu Gott.«

Ihre Suche nach Sinn, dem richtigen Leben, nach Glück entfernt Nora Albers auch von den Menschen. »Als ich den Habit anlegte, veränderte sich etwas. Auf der Straße wurde ich angeschaut und es waren nicht immer freundliche Blicke. Einige meiner Freunde wendeten sich von mir ab. Der Habit ist ein Symbol und viele Leute hadern mit der Kirche, gerade mit der katholischen.«

»In Regensburg?«

»So katholisch, wie man hier tut, ist man längst nicht mehr. Im Habit in den Supermarkt zu gehen ist kein Vergnügen.«

»Sie laufen nicht in einer Burka durch die Stadt.«

»Trotzdem keifen wildfremde Leute drauflos und schimpfen. ›Kuttenbrunzer‹ ist noch harmlos, manches geht auch unter die Gürtellinie. Die Leute reagieren ihren Frust auf die Kirche an deren Stellvertretern ab.« Sie schüttelt den Kopf und einen Moment lang ist hinter ihrer ruhigen Zurückhaltung echte Empörung zu spüren. »Man muss schon was aushalten.«

Am meisten jedoch entfremdet die Suche nach Gott Nora Albers von der Kirche. Je tiefer sie sich auf den Glauben einlässt, umso mehr hadert sie mit Dogmen, Riten, kirchlichen Traditionen. Mit der Leere, die sie immer öfter hinter der Fassade spürt. »Ich habe Priester kennengelernt, die toll predigten, aber ihre eigenen Worte Lügen straften.« Ihr missfällt, wie die Amtskirche Menschen ausgrenzt. Sie ist fassungslos, als sie mitbekommt, wie Gläubige einer lesbischen Freundin das Böse austreiben, sie durch exorzistische Riten »heilen« wollen. Und als sie eines Tages sieht, wie eine überzeugte Christin, geschieden und wieder verheiratet, bei der Kommunion ihr Gesicht in den Händen verbirgt aus Scham, nicht teilnehmen zu dürfen, erschrickt sie zutiefst. Das vor allem lässt sie zweifeln, verzweifeln: dass Gläubige vom Abendmahl ausgeschlossen werden, diesem christlichen Urmoment, weil sie in vermeintlicher Sünde leben, geschieden, wiederverheiratet, unverheiratet oder homosexuell sind. »Die Frau, die ich gut kannte, schämte sich und ich schämte mich mit ihr und dachte: Dafür ist Jesus nicht am Kreuz gestorben.«

An einem Tag im Jahr 2013 stößt Nora Albers im Internet zufällig auf die Seite der Metropolitan Community Church: Als Netzwerk protestantischer Freikirchen 1968 in den USA von dem schwulen Pastor Troy Perry gegründet, verstehe sich die MCC als Kirche für alle. In Deutschland, recherchiert Nora Albers, hat die Freikirche drei Gemeinden, in Hamburg, Köln und Stuttgart. Sie schreibt an Ines-Paul Baumann, Pastor und Transgender in Köln. Sie schreibt der Stuttgarter Gemeinde. Ein reger Mailwechsel beginnt, der sich vor allem um die Frage dreht: Was macht die Kirche aus uns? »Endlich traf ich auf die Offenheit, die ich in anderen Kirchen so schmerzlich vermisst habe.«

An einem Freitagabend im Herbst 2015 ruft ein Freund aus München an. Er fahre am Samstag zum MCC-Gottesdienst in Stuttgart, ein Platz im Auto sei noch frei, ob sie mitkommen wolle? Ja, sagt Nora Albers, ohne zu zögern. Wenige Stunden später steht sie auf, eilt ohne Frühstück zum Bahnhof, nimmt den Zug nach München. Mit dem Auto geht's weiter nach Stuttgart, und als sie ankommen, ist Albers müde, blass und sehr hungrig. Ein Gemeindemitglied reicht ihr eine Dose Kekse – dankbar greift sie zu. Der Altar ist bereits geschmückt, ein paar Leute unterhalten sich. Man nickt ihr zu, mustert die Neue interessiert, grüßt. Wie freundlich hier alle miteinander umgehen, denkt Nora Albers, wie respektvoll.

Etwas in ihr öffnet sich.

Sie fühlt sich, als sei sie angekommen.

Und dann die Predigt: berührend und von Herzen, lebendig und ergreifend, so arm an Floskeln, so reich an Tiefe. Alle dürfen hier zum Abendmahl! »An dem Abend ist es um mich geschehen«, sagt sie und strahlt plötzlich, fast als erzähle sie vom ersten Rendezvous mit ihrer großen Liebe.

Wieder in Regensburg muss sie sich eingestehen, was sie bereits ahnte: Der Weg, den sie seit fast zehn Jahren geht, ist nicht mehr der ihre. »Es war, als täte sich der Boden unter meinen Füßen auf. Ich fühlte mich wie eine Versagerin: Warum hatte ich es nicht geschafft, das Leben, das ich so dringend wollte, in voller Überzeugung zu leben? Hatte ich mich nicht genug angestrengt? Stellte Gott mir eine Aufgabe? Und ich dachte auch an die, die mir einst prophezeit hatten, ich würde scheitern. Sollten sie vielleicht recht behalten? Kannten sie mich am Ende besser als ich selbst? Es war ein innerer Kampf.« Sie seufzt – doch ihre Augen leuchten. Sie wirkt wie eine Frau, deren Ehe mit den Jahren leer geworden ist, die sich unerwartet in einen anderen Mann verliebt und aus Pflichtgefühl und alter Verbundenheit versucht, dem Glück zu widerstehen.

Nora Albers lächelt. »Ja«, sagt sie, »so ähnlich war es auch. Ich war unglücklich, doch es fiel mir schwer, das, was mich unglücklich machte, loszulassen. Erst mit der Zeit merkte ich, dass ich nicht gescheitert war, denn hätte ich mich nicht für ein Leben als Eremitin entschieden, wäre ich noch viel unglücklicher geworden.« Sie lehnt sich zurück, fährt sich durchs Haar. »Nun war ich an einem Punkt angekommen, an dem ich mich neu orientieren musste. Doch auch in dieser Krise wusste ich, dass Gott mich trägt.«

Ein halbes Jahr später, im Frühling 2016, lässt Schwester Nora sich von ihrem Gelübde entbinden. Sie legt ihren Habit ab und tritt aus der katholischen Kirche aus.

»Es war, als würde ich Schritt für Schritt in eine andere Welt wechseln. Ein echtes Abenteuer ...« Sie lacht auf. »Plötzlich merkte ich, dass ich nichts anzuziehen hatte. Zehn Jahre hatte ich keine zivile Kleidung gekauft – ich hatte keine Ahnung, was mir gefällt, was mir steht, welche Farben ich mag. Als ich den Habit trug, hatte ich darüber nicht nachgedacht. Ich kannte nicht einmal mehr meine Jeansgröße. Es klingt kurios, aber ich musste erst lernen, wieder einkaufen zu gehen.«

Heute lebt Nora Albers in ihrer Wohnung in Regensburg, unterrichtet Musik, gibt Konzerte und Liederabende, singt in Chören und Bands. Ein ganz normales Leben, sagt sie. Ein Leben, das nach wie vor, doch anders jetzt von Gott geprägt ist. »Meine Zeit als Eremitin möchte ich nicht missen. Es war eine tief gehende Erfahrung, die mich reich gemacht hat und von der ich bis heute zehre.«

»Dafür haben Sie sich radikal zurückgezogen. Gibt es das Glück im Alleinsein? Oder braucht Glück immer auch die Anderen?«

»Sicher gibt es Menschen, die ihr Glück im Alleinsein finden. Ich denke, vor allem Menschen, die viele Enttäuschungen und Verletzungen im Kontakt mit anderen erlebt haben, können allein glücklicher sein.«

»So einen Zustand würde ich nicht Glück, sondern eher Schmerzfreiheit nennen.«

Ein kurzes Lächeln.

»Was nicht zu verachten ist.«

Ein Achselzucken. »Ja, vielleicht. Ich denke auch, Menschen sind nicht dafür geschaffen, ohne andere Menschen glücklich zu werden. Die Gemeinschaft in meiner neuen Kirche macht mich sehr glücklich, sie und Gott möchte ich um nichts missen.«

»Was macht Sie noch glücklich?«

»Musik.« Die Antwort kommt ohne einen Hauch des Zögerns. »Es gibt keine innigere Art, seine Gefühle auszudrücken. Wenn ich singe, tue ich es mit dem ganzen Körper, dem Herzen, aus tiefster Seele.« Nora Albers lacht – und alle Zurückhaltung, alles Abwartende, anfangs fast ein wenig Misstrauische ist fort und wie vergessen. »Wenn ich singe, könnte um mich herum die Kirche, ja, die ganze Welt einstürzen. Ich würde es nicht merken.«

MICHAEL HEINEMANN
Unternehmer | 68

Das Glück der Wende

Am Abend des 9. November 1989 ist Michael Heinemann mit Parteikollegen auf dem Heimweg von Berlin nach Weißenfels in Sachsen-Anhalt. Sie kommen von einer CDU-Präsidiumssitzung und er schaltet das Autoradio an. Im Deutschlandfunk, Heinemanns Hauptinformationsquelle, sagt ein Nachrichtensprecher, die Mauer sei gefallen. Heinemann lässt den Chauffeur bremsen, wenden und zurück nach Berlin fahren, zum Grenzübergang Waltersdorfer Chaussee. »Da standen wir, sahen Menschen auf der Mauer tanzen und konnten es nicht fassen.«

Im November 1989 ist Michael Heinemann vierzig Jahre alt. Ein Mann, der es zu etwas gebracht hat: Ingenieur für Lebensmitteltechnologie in leitender Position in der Verwaltung, seit zwanzig Jahren aktiv in der CDU, seit einigen Jahren ihr Vorsitzender im Bezirk Halle. Er habe damit gerechnet, sagt er. Nicht damit, dass über Nacht die Mauer falle, aber mit Veränderungen. »Auch die DDR musste irgendwann auf Perestroika und Glasnost reagieren, es war abzusehen, dass es sonst zu massiven innenpolitischen Problemen kommen würde.« Diesen Wandel wollte er mitgestalten. Als gläubiger Christ wünschte er sich vor allem Glaubensfreiheit – eine bessere DDR, einen Sozialismus nicht gegen, sondern mit den Christen im Land. Offiziell tolerierte der Staat die Kirche, faktisch bemühte er sich jedoch, ihren Einfluss zu unterbinden. Die Reformbewegung, die in Kirchenkreisen entstanden war, diffamierten die SED-Oberen gar als politische Gruppierung, die sich gegen die Gesellschaft richte. Dabei – Heinemann lacht, als könne er den Widersinn immer noch nicht fassen – war es doch das genaue Gegenteil. Auch er nahm damals an Versammlungen teil, an den Montagsdemonstrationen. Wobei die Leipziger Nikolaikirche zum Symbol geworden sei, Protest habe es aber in ganz Ostdeutschland gegeben. Außerdem habe Widerstand viel früher und fundamentaler begonnen. »Als gläubiger Katholik konnte man beispielsweise nicht an der Jugendweihe teilnehmen, denn sie war ein Bekenntnis zum Atheismus. Wer in der DDR nicht an der Jugendweihe teilnahm, stand jedoch automatisch im Fokus der politischen Entscheidungsträger. Sich offen als Christ zu bekennen, zum Gottesdienst zu gehen, in einer Kirchengemeinde mitzuarbeiten, war bereits ein Akt des Widerstands.«

»Sie wuchsen also als Teil einer Minderheit auf und besuchten trotzdem die Polytechnische Oberschule und studierten später an der Ingenieurschule?«

Heinemann schmunzelt und lehnt sich in seinem Ledersofa zurück. Sein Büro ist gediegen möbliert und in den Bücherregalen reihen sich einträchtig aneinander: *Lebensmittellexikon*, *Brockhaus Enzyklopädie*, *Katholische Soziallehre*, *Handelslexikon*, *Sowjetische Staats- und Rechtstheorie* und Stephen Hawkings *Der große Entwurf – Eine neue Erklärung des Universums*. »Wissen Sie, ich bin im Eichsfeld aufgewachsen, dort, wo die ganz Schwarzen herkommen. Meine Eltern waren überzeugte Katholiken und lebten uns Kindern vor, was christliche Weltanschauung bedeutet. Ich habe früh gelernt, für meine Überzeugung einzustehen. Bei aller Konsequenz waren wir aber keine Revolutionäre, meine Familie stellte sich nicht gegen die DDR, auch wir haben uns angepasst. Es war eine stete Gratwanderung zwischen Opposition und Opportunismus. Allerdings … wenn man konsequent zu seiner Überzeugung stand, wurde das in der DDR teilweise auch anerkannt.«

In jener geschichtsträchtigen Nacht des 9. November steigen Heinemann und seine Kollegen irgendwann ziemlich aufgewühlt wieder in ihren Wolga und fahren nach Hause. »Die ganze Nacht haben wir diskutiert und uns gefragt, wohin das alles führen würde. Die plötzliche Freiheit war eine große Freude – und nicht ungefährlich. Wie würde die Staatsführung reagieren? Würde es friedlich bleiben oder würden Polizei und Armee gegen das Volk vorgehen? Würden die Menschen nun erst recht in den Westen rübermachen und würde sich der Apparat, Honecker, die SED, die Stasi, so einfach entmachten lassen? Ich gebe zu, die Vorstellung, dass vierzig Jahre DDR in sich zusammenfallen wie ein Kartenhaus, überstieg meine Vorstellungskraft.«

Am 13. November 1989, knapp einen Monat nach Erich Honeckers Rücktritt, wird Hans Modrow zum Vorsitzenden des Ministerrates der DDR gewählt. Sein Stellvertreter Lothar de Maizière beruft als Abgesandten der Ost-CDU Michael Heinemann ins Ministerium für Bezirksgeleitete Industrie und Lebensmittelindustrie. »Über Nacht war ich Chef der Lebensmittelversorgung in der DDR.« Eine Herkulesaufgabe, wie vieles in diesen Tagen. Der Einzelhandel im real existierenden Sozialismus war geprägt von billigen, staatlich subventionierten Grundnahrungsmitteln und teuren Luxusgütern wie Apfelsinen, Bananen, Bohnenkaffee, Schinkenspeck. Die Preise waren fix, eine Regulierung von Angebot und Nachfrage über den Markt widersprach dem sozialistischen Planwirtschaftsprinzip. In die Land- und Nahrungsgüterwirtschaft war stets viel Geld geflossen, die Verarbeitungsindustrie dagegen vernachlässigt worden. In kurzer Zeit soll Michael Heinemann einen ganzen Industriezweig flottmachen. Immerhin, er ist vom Fach. Auch hilft ihm, dass er ein Zusatzstudium in Staats- und Rechtswissenschaften absolviert hat. Doch er ist Ingenieur – kann er auch als Kaufmann im Kapitalismus bestehen?

»Die Frage stellte sich nicht. Wir waren zu Disziplin erzogen worden, darum bin ich ins Haus der Ministerien gefahren, in dem auf drei Etagen auch die Lebensmittelindustrie untergebracht war, und habe gesagt: Guten Tag, ich bin der Neue. Prima, hieß es, wir haben schon auf Sie gewartet.«

Eine aus allem Vertrauten katapultierte Gesellschaft erfindet sich neu. Eine Übergangsregierung versucht, den Systemwechsel zu bewältigen. Die Treuhandanstalt überführt volkseigene Betriebe von der Plan- in die Marktwirtschaft. Auch Michael Heinemann übt sich täglich in der Beherrschung des Chaos. Bald überfluten Lebensmittel aus dem Westen den Ost-Markt, sodass die Nachfrage nach eigenen Produkten einbricht. Tausende Arbeitsplätze sind in Gefahr, die Menschen in den landwirtschaftlichen Produktionsgenossenschaften ängstlich und wütend. Aufgebrachte Landwirte karren schlachtreife Schweine vor die Volkskammer, kippen Milch auf den Alexanderplatz. In den Kühlhäusern lagern Millionen Eier und zentnerweise Gemüse, das sich nicht mehr verkaufen lässt. »Wir mussten in kürzester Zeit neue Vertriebs-, Produktions- und Verwaltungsstrukturen aufbauen. Wir mussten ständig Entscheidungen treffen, ständig kam Neues, wir haben rund um die Uhr gearbeitet.« Heinemanns Augen leuchten. Fundamentale Umbrüche scheinen ihn nicht zu beunruhigen, sondern zu begeistern.

»Ja«, sagt er, beinahe ein wenig verständnislos. Er beugt sich vor, rückt seine Brille zurecht, sieht mich an. »Wissen Sie, es war eine komplizierte, eine interessante, eine wunderbare Zeit voller Chancen. Ich habe sie als Glück empfunden.«

»Hatten Sie keine Angst vor dem Unbekannten?«

Entschieden schüttelt er den Kopf. »Für Angst hatte ich keine Zeit.«

In den ersten freien Volkskammerwahlen am 18. März 1990 wird Lothar de Maizière zum neuen Ministerpräsidenten gewählt. Im Ministerium für Ernährung, Land- und Forstwirtschaft steigt Heinemann zum Staatssekretär auf. Er verhandelt nun auch den Einigungsvertrag mit. Am 3. Oktober 1990 tritt die DDR der Bundesrepublik bei, nach Artikel 23 des Grundgesetzes ist das Land wiedervereinigt. Im Dezember 1990 zieht Michael Heinemann sich aus der Politik zurück. Es wurden Stasi-Vorwürfe gegen ihn laut, die er strikt dementiert – er habe nie eine Verpflichtungserklärung gegenüber der Staatssicherheit unterschrieben. Empört, nach allem Engagement verunglimpft und diskreditiert zu werden, empört über ein durchsichtiges Intrigenspiel, mit dem man ihn – und andere – ausbooten will, legt er alle seine Ämter nieder. »Plötzlich«, sagt er und ein Rest Empörung schwingt immer noch mit, »hatte ich wieder Zeit.« Er beschloss, zu promovieren und seine Wendeerfahrungen in einer Dissertation festzuhalten (Thema: Die Überleitung der Ernährungswirtschaft der DDR von der Planwirtschaft zur sozialen Marktwirtschaft). Und er beschloss, selbst Unternehmer zu werden. »Ich war Anfang vierzig, ein paar gute Jahre hatte ich noch, also sagte ich mir: Mach was!«

Mit Freunden aus der Lebensmittelbranche gründet er 1991 die Wirtschaftsberatungs- und Handelsgesellschaft, WHG. Gemeinsam beraten sie angehende Unternehmer, die Firmen von der Treuhand kaufen wollen, erstellen Businesspläne, Finanzierungskonzepte, vermitteln Kontakte zu Banken. Sie stürzen sich in die Marktwirtschaft, besuchen Schulungen, hören Vorträge von Roland Berger beim Bundesverband der deutschen Industrie. Sie sind beflügelt von den tausend Möglichkeiten, die in der Luft liegen.

An einem sonnigen Tag 1992 laufen sie durch die Innenstadt von Apolda. Im strahlenden Licht wirkt das Gebäude, auf das sie zusteuern, ziemlich heruntergekommen, Putz blättert, an allen Ecken und Enden war im Laufe der Jahre angebaut worden. Drinnen lärmen marode Maschinen, Förderbänder, Backöfen, Teigmischer, Verpackungsautomaten, es riecht nach süßem Teig. Der Konditor Oskar Kompa hatte die Bäckerei 1946 gegründet. Sein Brot und vor allem seine Kuchen, Kekse und Waffeln verkauften sich bald gut – süß und fett, das mochte man nach den Hungerjahren im Krieg. Er selbst interessierte sich eher für gesunde Ernährung. Immer wieder tüftelte er an einem Teig aus Mehl, Milchpulver, ein wenig Butter, einer Prise Zucker, den er im Waffeleisen backte. Was wie Waffeln aussah, fanden seine Kunden, sollte aber auch wie Waffeln schmecken: süß. Also ließ Kompa ein Waffeleisen mit eigens patentiertem Noppenmuster bauen und backte fortan knuspriges Waffelbrot, das aussah wie Knäckebrot. Und das er, so geht die Legende, nach seiner Jugendliebe Felicitas Filinchen nannte. Filinchen kam an. Mitte der 1950er-Jahre beschäftigte Oskar Kompa bereits hundert

Mitarbeiter in seiner Backstube. Bald darauf machte die Staatsführung der erfolgreichen Privatwirtschaft ein Ende. Frustriert ging Kompa in den Westen, gründete eine neue Bäckerei und backte, angeblich, nie wieder Filinchen – während sein Knusperbrot im Osten zum Markenartikel avancierte, zum Marktführer und, weil es nie genug gab, zur Bückware. Trotzdem steht der veraltete Betrieb nach der Wende vor der Pleite. Aber, denken Heinemann und seine Partner voller Enthusiasmus, jeder im Osten kennt doch Filinchen! Wirklich jeder! Mag der Status quo auch düster sein – sie sehen eine blühende Zukunft.

Der Direktor seiner Bank ist fassungslos. »Lasst die Pfoten von dem Laden«, ruft er. »Wer frisst denn bei all den Westprodukten noch Filinchen?«

Heinemann lacht bei der Erinnerung und sein Bauch zittert ein wenig. »Wir haben ihm erklärt, welches Potenzial wir sehen, und schließlich sagte er, denn er war uns durchaus wohlgesinnt: Gut, dann macht mal ein Konzept. Konzepte könnt ihr doch.«

Die Gesellschafter machen sich an die Arbeit – und überzeugen alle, auch den Bankdirektor. »Nachdem die Finanzierung stand, haben wir mit der Treuhand verhandelt, und weil wir die einzigen Bewerber waren, die vorhatten, ein neues Werk zu bauen, bekamen wir den Zuschlag.« Heinemann nickt zufrieden. Und fügt mit einem Schulterzucken hinzu: »Vielleicht wollte man auch ein paar Ossis eine Chance geben, die anderen Interessenten kamen ja alle aus dem Westen.«

1992 steigen die – wenn man das so sagen kann – frischgebackenen Unternehmer in die laufende Produktion ein. Schnell wird klar, was sie in ihrem Konzept nicht oder nicht ausreichend berücksichtigt haben: Sie brauchen viel mehr neue Technologie, sie müssen technische Parameter umstellen, sie müssen sich in ein fremdes Gesellschafts-, Unternehmens-, Marken-, Vertrags- und Steuerrecht einarbeiten, eine Qualitätssicherung nach EU-Regeln etablieren. Und – ja, auch das – immer wieder müssen sie sich gegen Vorurteile behaupten. »Wir haben uns mit Vertretern der großen Handelsketten getroffen – Rewe, Edeka, Kaufland –, und denen klarzumachen, dass wir gute Produkte herstellen, war eine enorme Herausforderung.« Heinemann seufzt angesichts der verbreiteten Wessi-Überheblichkeit jener Tage. »Immerhin kannten sie Filinchen und wussten, dass es in der DDR sehr beliebt gewesen war.«

Sie brauchen neue Verpackungen, neue Logos, um sich in den Supermarktregalen gegen die Westkonkurrenz zu behaupten. Wie sollten sie die gestalten? »Mit einem Mitgesellschafter fuhr ich nach Friedrichsdorf im Taunus zu einer Marketingveranstaltung. In der Pause unterhielten sich ein paar Teilnehmer über die Wiedervereinigung. Ich ging zu ihnen und fragte: Meine Herren, haben Sie schon mal was für den Osten gemacht?

Alle lachten.

Ich erzähle Ihnen mal, was wir haben: Wir haben ein hervorragendes Lebensmittel, jede Menge Engagement und große Lernbereitschaft. Was wir nicht haben, ist Geld. Aber wir brauchen unbedingt Ihre Marketingerfahrung.

Schlagartig lachte niemand mehr. Und kurz darauf steckten wir in einer sehr angeregten Diskussion.« Heinemann beugt sich vor, verschränkt die Arme vor der Brust und wirft mir einen Siegerblick zu.

Und die Geschichte geht noch weiter: Vierzehn Tage später fuhr ein Porsche vor, ein Mann stieg aus – Heinemann erkannte ihn wieder: Es war der Veranstalter der Tagung in Friedrichsdorf. Er ging ihm entgegen. »Meine Frau schickt mich«, der Mann reichte ihm die Hand, »sie sagt, sie lässt sich scheiden, wenn ich Ihnen und Ihren Kompagnons nicht beim Marketing helfe.«

Nun lachte Heinemann – und gemeinsam entwickelten Ost- und Westunternehmer Logos, Päckchen, Tüten, Marketingstrategien. »Das war Glück«, sagt Michael Heinemann fünfundzwanzig Jahre später. »Es heißt immer, die Wessis seien über den Osten hergefallen wie Heuschrecken. Das war auch so, aber ich möchte betonen, dass wir auch sehr positive Erfahrungen gemacht haben. Beim Bundesverband Deutscher Unternehmensberater, beim Bundesverband der Deutschen Süßwarenindustrie, beim Süßwarenhandelsverband oder bei der Berufsgenossenschaft haben wir viel Unterstützung erfahren. Leute, die es nicht nötig gehabt hätten, sich mit uns abzugeben, fragten: Braucht ihr Hilfe? Können wir was für euch tun? Das ist doch toll, oder?« Er lacht, rutscht zurück in seine Sofaecke und sieht sehr zufrieden aus angesichts so viel historischen Glücks.

Wesentlich am Zufallsglück sei seine Unverfügbarkeit, schreibt der Philosoph Wilhelm Schmid. Verfügbar sei lediglich die Haltung, die ein Mensch dazu einnehmen könne: Er könne sich verschließen oder öffnen für den Zufall einer Begegnung, einer Erfahrung, einer Information. Offenheit sei verbunden mit Aufmerksamkeit, dem Gespür dafür, den günstigen Zufall zu erkennen und zu ergreifen, sowie mit umsichtiger Vorbereitung auf eine günstige Gelegenheit, entsprechend einer von Seneca inspirierten englischen Sentenz: *Luck is where opportunity meets preparation.* Sei die Arbeit der Vorbereitung geleistet, bedürfe es nur noch der Duldsamkeit, bis sich etwas füge, und des Hinnehmenkönnens, falls sich etwas nicht oder anders füge als erwartet.

»So ist es«, sagt Michael Heinemann. »Man übernimmt eine Aufgabe ja, um sie zu lösen. Also gibt man nicht auf, sondern zeigt Einsatz, sucht Wege, findet Partner.« Er greift nach seiner Tasse – *Echt gut, echt Neukirch* – und deutet auf den Teller, der zwischen uns auf der Marmorplatte des Tischs steht: *Filinchen Knusperbrot* (das Original), *Filinchen Vollkorn* (laktosefrei), *Mini-Filinchen* (mit Kakao und Kokos), *Bio-Filinchen* (mit Dinkel aus kontrolliertem Ökoanbau). Seine Waffelbrote haben längst den Markt erobert, erst im Osten, später auch im Westen. 1992, im ersten Jahr nach der Privatisierung, machte die Gutena GmbH 200.000 DM Jahresumsatz – heute sind es 10 Millionen Euro. Anfangs umfasste die Angebotspalette fünf Produkte, heute vierzehn. Anfangs arbeiteten achtzig Mitarbeiter in einer Schicht, heute sind es zweiundvierzig in drei Schichten. 1992 und 2015 kaufte Heinemann die Neukircher Zwieback GmbH und die Spreewaffel Berlin-Pankow GmbH dazu. »Mit dieser Bündelung der Kräfte können wir weiter wachsen, unsere Marktposition ausbauen und unsere Wettbewerbsfähigkeit stärken.« Womit er eine weitere Regel des Kapitalismus erfolgreich verinnerlicht hat: *Think big* – wer auf dem Markt groß werden will, darf nicht zu klein sein. Dass er dabei ein Stück DDR-Identität in die neue Zeit hinüberretten und weiterentwickeln konnte, freut ihn. Bis heute, erzählt er stolz, rufen alte Weggefährten an, wenn etwas über Filinchen in der Zeitung steht. Und der Porschefahrer, der längst Rentner ist und in Italien lebt, besucht noch immer bei jeder Süßwarenmesse den Filinchen-Stand.

Das Glück der Wende ...

»Unbedingt«, sagt Michael Heinemann. »Es war toll, von einem Gesellschaftssystem in ein anderes zu rutschen und selbst einen Beitrag zur weiteren Entwicklung leisten zu können.«

»Was ließ Sie auf Ihr Glück vertrauen?«

»Als Christ ist man immer optimistisch.« Er hält kurz inne, wie um seinen Worten zusätzliches Gewicht zu verleihen. »Bis heute sehe ich die Wiedervereinigung auch als Geschenk Gottes an die Gesellschaft.«

»Das tun nicht alle im Osten. Im *Glücksatlas 2016* liegen Thüringen, Sachsen, Berlin und Brandenburg, Sachsen-Anhalt sowie Mecklenburg-Vorpommern auf den letzten Plätzen.«

Heinemann seufzt. Er fährt sich mit der Hand durchs gescheitelte Haar, lässt seinen Blick durch den Raum wandern, denkt nach. »Die Welt ist komplizierter geworden«, sagt er. »Für die Menschen im Osten hat sich alles verändert. Viele verloren ihre Arbeit – in Weißenfels hatten wir über Nacht Tausende Arbeitslose, die großen Chemiekombinate brachen zusammen, die Schuhindustrie, der Bergbau. Aber die gravierendste Veränderung war wohl, dass man sich plötzlich um alles selbst kümmern musste. Das hatte uns schließlich über Jahrzehnte ein bevormundender Staat abgenommen.« Wieder hält er inne. »Aber es gibt auch Leute, die alles schlechtreden. Die meisten Ostler leben heute besser als damals, bloß sehen sie, wie alle, täglich in den Medien, wie toll das Leben ist, wenn man reich ist. Die extremen sozialen Unterschiede in Deutschland führen dazu, dass Menschen sich abgehängt fühlen. Wir brauchen, finde ich, eine neue Wertediskussion: Was ist uns in dieser Gesellschaft moralisch und ethisch wichtig?«

»In den USA haben Menschen, die sich abgehängt fühlen, in der vergangenen Nacht Donald Trump zum Präsidenten gemacht.«

Ein Seufzer. Ein Nicken. »Ja, es ist ein historischer Tag.«

»Vieles wirkt ein wenig banal angesichts dieser Wendung. Vielleicht ist Glück bald, dass die Welt nicht aus den Angeln fliegt.«

»Ich bin optimistisch.«

»Warum?«

»Weil wir global politisch und wirtschaftlich voneinander abhängig sind. Da wird sich manches regulieren.« Er sieht aus dem Fenster. Draußen wiegen sich Bäume im Wind. Die Sonne scheint hell ins Zimmer, wirft Muster aus Licht und Schatten auf den Teppich. Aus dem Nebenzimmer sind gedämpfte Stimmen zu hören, irgendwo klingelt ein Telefon. Es ist erstaunlich still, beinahe beschaulich.

»Sie sagen, die meisten Menschen im Osten lebten heute besser. Das stimmt, was die äußeren Rahmenbedingungen angeht: Zwischen 2006 und 2015 ist die Arbeitslosenquote in den neuen Ländern um rund 45 Prozent gesunken, der Abstand in Sachen Lebenszufriedenheit zwischen Ost und West schrumpft. Trotzdem sind die Menschen hier unglücklicher.«

Ein weiterer, noch tieferer Seufzer. Wieder überlegt Michael Heinemann. Dann holt er Luft und sagt mit fester Stimme: »Wer mit offenem Blick durch die Welt geht, der sieht, dass sich im Osten vieles enorm entwickelt hat. Weißenfels beispielsweise ist wieder ein Leistungszentrum, wir haben ein gutes Verkehrsnetz, eine tolle Infrastruktur, wir haben Betriebe restrukturiert und historische Gebäude restauriert. Wir haben viel erreicht und darauf können wir stolz sein. Aber natürlich können Sie von jemandem, der durch die Wende alles verloren hat, nicht erwarten, dass er Hurra schreit. Vor allem die, die damals schon fünfzig oder sechzig Jahre alt waren, haben wirklich viel verloren. Und manche Menschen sind auch nicht bereit, sich daran zu erinnern, wie es hier vor 1989 aussah. Damals hatten viele Haushalte kein Telefon – heute rennen alle mit 'nem Smartphone durch die Gegend. Ja, die Welt ist komplizierter geworden, aber manche Menschen haben auch zu wenig getan, um mit den Veränderungen und Prozessen mitzuwachsen. Mit mehr Mut und Vertrauen in die eigene Kraft hätten sie mehr Chancen nutzen können.«

»Warum konnten Sie mitwachsen?«

»Ich denke, weil ich bestrebt war, das Neue kennenzulernen. Ich wollte mich einbringen und engagieren. Ich finde, man kann nicht dastehen und sagen: Von irgendwo wird schon jemand kommen, der sich um alles kümmert. Wer nicht kann und in Not ist, dem hilft unser Sozialsystem, aber alle anderen müssen sich kümmern und Verantwortung für ihr Glück übernehmen. Und wer mehr besitzen will als andere, muss auch mehr dafür tun.«

»Glück braucht Tatkraft?«

»Glück braucht zuallererst Vertrauen, aber man muss sein Glück auch ein bisschen organisieren. Wir Deutsche, heißt es oft, hätten kein Talent zum Glück. Geschichtlich gesehen sind wir ja preußisch geprägt, wollen alles korrekt machen, immer pünktlich und so weiter, dabei verliert man das Glück schon mal aus dem Blick. Aber eigentlich, denke ich, kann jeder Mensch glücklich sein. Glück ist doch, dass wir leben, dass wir gesund sind, dass wir eine Familie haben. Wer das sieht und dabei nicht die übersieht, denen es schlechter geht, der kann tiefes Glück empfinden.«

Das ist wohl Michael Heinemanns Blick auf die Welt: sich bei allem auf das Wesentliche zu konzentrieren, auf das Menschliche, das Menschsein. Auf das Substanzielle, nicht das Oberflächliche. Auf das, was hält, nicht auf das, was schillert.

»Für mich ist Glück, dass ich fest in meinem Glauben verankert bin. In schwierigen Situationen versuche ich, mein Bestes zu geben, doch oft hat mir dieses Quäntchen Hoffnung und Vertrauen geholfen, das ich aus dem Glauben ziehe. Glück ist, dass ich seit fünfunddreißig Jahren mit meiner Frau verheiratet bin. Unsere Kinder haben Jura und Wirtschaftswissenschaften studiert und vielleicht übernehmen sie eines Tages die Firma. Glück ist, dass unsere neunzigjährige Oma bei uns lebt, dass sie nicht ins Heim muss. Glück ist, dass ich andere Menschen nicht beneide. Im Gegenteil, ich freue mich, wenn Kollegen Erfolg haben und Mitarbeiter stolz von ihren Kindern erzählen. Und ich empfinde es als Glück, dass es uns in der Region wieder gut geht. Viele Menschen haben wieder Arbeit, können ihre Familien ernähren. Sogar junge Leute, die lange Zeit fortzogen sind, kommen zurück, weil sie auch hier einen Job finden. Das alles ...« Er streckt den Arm, macht eine ausholende Handbewegung. »Das alles ist Glück. Glück ist nicht nur Konsum und Luxus.«

Es folgt eine lange Stille.

»Was war das größte Unglück in Ihrem Leben?«

Heinemann streicht sich übers Kinn, neigt den Kopf. »Sehr unglücklich war ich«, sagt er, »als Mitte der 1990er-Jahre einer unserer Mitgesellschafter bei einem schweren Unfall starb. Und 2007, als ein anderer Mitgesellschafter starb – ein Kollege der ersten Stunde, mit dem ich sehr eng zusammengearbeitet hatte. Er hatte bereits sieben Bypässe, und es war schrecklich, als ich ihn in seinen letzten Tagen im Krankenhaus sah. Es war schrecklich, als ich an seinem Grab stand und die Trauerrede hielt ...« Er denkt nach – länger als bei allen Antworten zuvor.

Dann schüttelt er den Kopf. »Sonst wüsste ich nichts.«

Bemerkenswert.

Michael Heinemann lehnt sich zurück, lächelt und sagt: »Ich bin sehr dankbar für vieles, was ich in meinem Leben erlebt und erreicht habe. Und ich bin den Menschen, die mir dabei geholfen haben, sehr dankbar.«

Auch das ist Glück – Dankbarkeit.

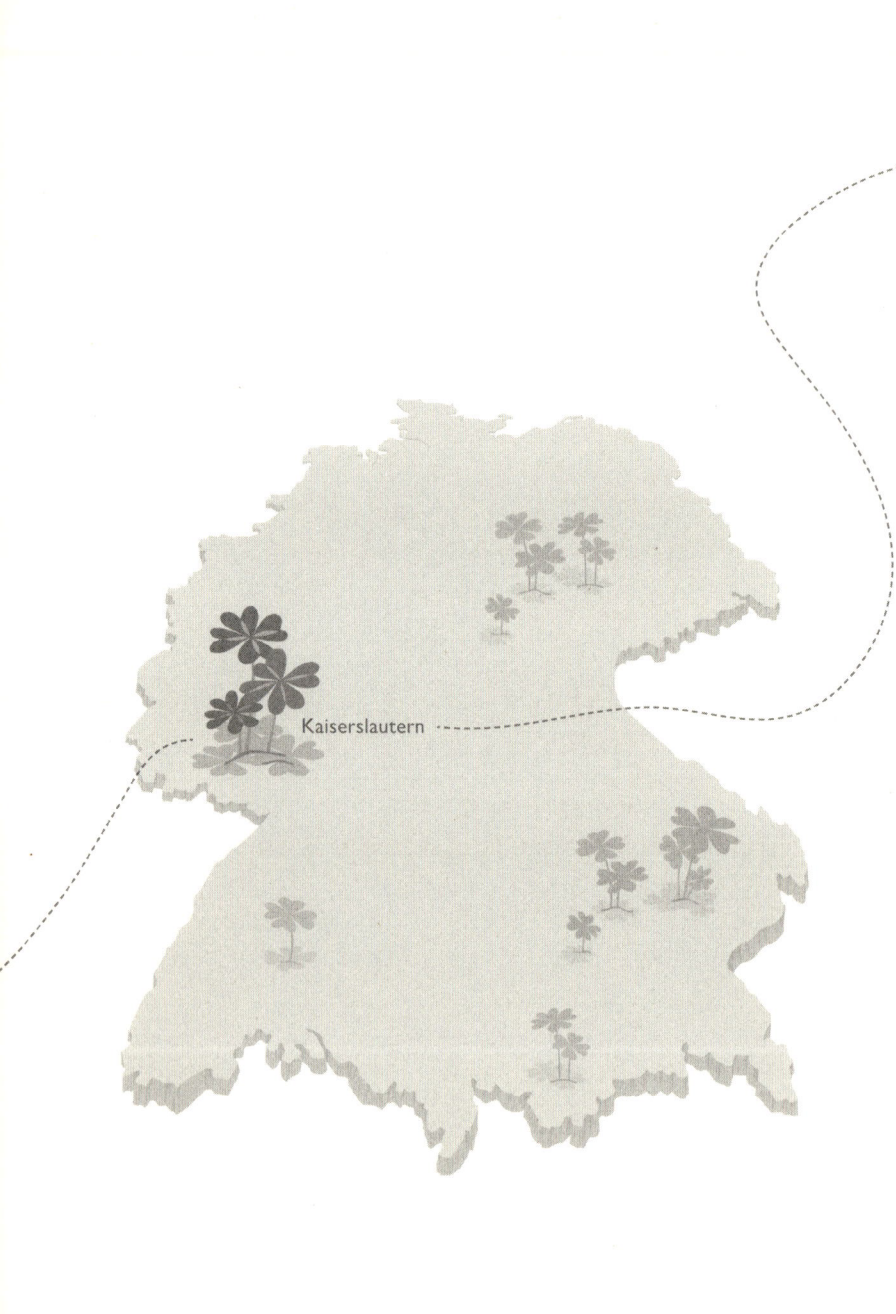

CARSTEN HEINISCH
Physiker & Lektor | 55

Vom Glück, plötzlich reich und berühmt zu sein

Eigentlich, sagt Carsten Heinisch, sei Kaiserslautern eine Stadt der Superlative. Das Rathaus im Zentrum war lange Zeit das höchste in ganz Deutschland. Die Ramstein Air Base im Westen der Stadt ist die größte US-amerikanische Militärbasis außerhalb der USA. Und die protestantische Stiftskirche in der Marktstraße ist die älteste gotische Hallenkirche zwischen Rhein und Saar.

Man könnte auch sagen, Kaiserslautern liege geografisch etwas abseits. Gerade einmal 100.000 Menschen leben hier und der Stadtkämmerer verwaltet die höchste Pro-Kopf-Verschuldung aller kreisfreien Städte in Deutschland. All das ist wahr – und wirkt doch kleinlich. Denn Carsten Heinisch scheint die Gabe zu besitzen, das Spektakuläre im Unspektakulären zu sehen, und das ist eine nicht zu unterschätzende Tugend, vor allem wenn es ums Glück geht.

An einem Tag Anfang September laufen wir durch die Straßen zum Japanischen Garten. Jahrhundertealte Bäume schirmen ihn von der Straße ab. Ein Steingarten, ein Moosgarten, Teiche und Wasserfälle, sich windende Wege, organische Formen: Natur wie in einem Gemälde. Eine beinahe meditative Atmosphäre liegt über allem. Heinisch – Kniebundlederhosen, kariertes Hemd, Vollbart, ein Bär von einem Mann – schlägt den Weg zum Kiosk am großen Teich ein und im Schatten von Ginkgobäumen, Eiben und Platanen setzen wir uns auf Holzbänke. Seit über dreißig Jahren lebt er in Kaiserslautern. Er ist diplomierter Physiker und betreibt ein Redaktions- und Lektoratsbüro mit Schwerpunkt Naturwissenschaft und Technik. Er ist glücklich verpartnert, verreist ab und zu, engagiert sich in seiner Kirchengemeinde, liest gern. Im Herbst 2015 blickte er auf ein gutes, wohltemperiertes Leben zurück, war zufrieden, keineswegs unglücklich, glücklich sogar.

Und dann ereilte ihn das große Glück.

Über Nacht wurde Carsten Heinisch reich und berühmt, als er in der großen Samstagabendshow *Der Quiz-Champion* mit Johannes B. Kerner im ZDF fast alle Fragen richtig beantwortete und den Hauptpreis gewann: 100.000 Euro.

»Herr Heinisch, Sie müssen ein glücklicher Mensch sein, denn Ihnen ist passiert, wovon viele Menschen träumen.«

»Ich muss gar nichts.«

»Pardon?«

»Ich habe 100.000 Euro gewonnen, das ist viel Geld, aber kein Reichtum. Außerdem: Berühmt sein ist schön – ein paar Tage lang, dann nervt's.«

»Pardon?«

Heinisch holt Luft, misst mich mit mildem Blick und schüttelt den Kopf. »Ich bin im Fernsehen aufgetreten und viereinhalb Millionen Menschen haben zugeschaut. Nach der Ausstrahlung der Show kamen in Kaiserslautern wildfremde Leute auf mich zu, schüttelten mir die Hand und sagten: Darf man gratulieren? und: Sie waren ja gestern im Fernsehen! und: Toll, wie Sie das gemacht haben! Das ist beim ersten Mal schön, beim zweiten Mal nett, aber irgendwann will man wieder seine Ruhe haben.«

»Nicht wenige Menschen tun viel, um berühmt zu werden. Sie wollen erkannt, angesprochen, bewundert werden. Haben Sie vielleicht Berührungsängste?«

»Nein, keine Berührungsängste.«

»Einfach nur ein gesunder Wunsch nach Privatsphäre?«

»Genau.« Heinisch lacht und sein Lachen klingt froh und amüsiert zugleich. »Und dafür will ich mir keine Kapuze über den Kopf ziehen oder große Sonnenbrillen aufsetzen. Ist doch albern.«

Entsprechend erleichtert war er, als sich Ruhm und Rummel wieder legten. Er sei ein Mann der leisen Töne, sagt er, Berühmtheit passe nicht zu seinem Wesen. Ins Fernsehen kam er überhaupt nur, weil bei seinem Berufsverband, dem Verband der Freien Lektorinnen und Lektoren, im Frühjahr 2014 die Mail einer TV-Produktionsfirma einging: LektorInnen, vermutete man dort, seien doch von Berufs wegen klug und somit ideale KandidatInnen für Quizshows. Ob nicht ein paar VFLL-Mitglieder Lust hätten, im Fernsehen aufzutreten? Na ja, dachte Heinisch, dumm bin ich nicht. Und tief in sich spürte er auch eine gewisse Abenteuerlust. Er bewarb sich. Und wurde zum Casting eingeladen. Doch am Tag der Aufzeichnung kam er nicht auf die Bühne, denn weil die Fernsehmacher nie wissen, wie weit ihre Kandidaten es bringen, laden sie grundsätzlich mehr kluge Köpfe ein, als in einer Sendung auftreten können. Auch gut, dachte sich Heinisch, immerhin habe ich mal hinter TV-Kulissen geguckt.

Zufrieden fuhr er wieder nach Hause, nach Kaiserslautern.

Und war überrascht, als man ihn im August 2015 erneut einlud, zu einer Sondersendung diesmal, die am Tag der Deutschen Einheit ausgestrahlt werden sollte. Prima, dachte er, von deutscher Zeitgeschichte verstehe ich sowieso mehr als von irgendwelchen US-Fernsehserien oder internationalen Sportstars.

Und so steht Carsten Heinisch im September 2015 mit neun anderen Kandidaten in einem Fernsehstudio in Berlin-Adlershof, um gegen die Experten Guido Knopp (Historiker), Bastian Pastewka (Komiker), Hubertus Meyer-Burckhardt (Fernsehproduzent), Katarina Witt (Ex-Eiskunstläuferin) und Michael Kessler (Schauspieler) anzutreten.

»Ich neige wirklich zu leisen Tönen«, Heinisch betont das *wirklich*, »aber in der Show habe ich ganz schön aufgedreht.«

»Akutes Lampenfieber?«

»Ein gewisser Adrenalinschub, ja, und als der Einspielfilm über mich lief und ich auf die Bühne sollte, stand da ein Kandidatenbetreuer und rief: Rock den Saal!« Heinisch lacht laut auf und zuckt dann mit den Schultern, als wolle er sagen: Was kann ich dafür?

»Nun, es ist eine Unterhaltungssendung.«

»Genau, und einfach nur Frage-Antwort-Frage-Antwort ist zu langweilig. Es braucht schon Entertainment.«

Und so legt Carsten Heinisch, der stille Lektor, Showbiz-Qualitäten an den Tag, er entertaint – und gewinnt mit Witz und Wissen das Publikum. »Dieser Physiker quizzte sich in die Herzen der Zuschauer« titelt die *Bild*-Zeitung am Tag nach der Ausstrahlung. Was Heinisch heute noch erheitert. »Ich würde mich nie als Rampensau bezeichnen, aber anscheinend kann ich es, wenn ich will oder entsprechend aufgeregt bin. Mein Mann Günter saß im Publikum und sagte anschließend: So kenne ich dich gar nicht!«

»Sie haben im fortgeschrittenen Alter von 54 Jahren eine neue Seite an sich entdeckt?«

Ein tiefes Lachen. »Ja!«

Wer schrieb den Klassiker *Max und Moritz*? In welchem Jahr wurde der Euro als verbindliche Bargeldwährung eingeführt? Welchen sensationellen Fund machte man 1999 auf einem Dachboden in Hildesheim? Wie hieß die Fitnesssendung im DDR-Fernsehen, die werktags für rund zehn Minuten den Kreislauf in Schwung bringen sollte? In welchem Monat wird traditionell die Berlinale eröffnet? Welchen Namen trägt der Heimkehrer im deutschen Nachkriegsdrama *Draußen vor der Tür* von Wolfgang Borchert? Wer absolvierte zweihundert Pflichtspiele für den HSV? Eineinhalb Stunden punktet Heinisch und schlägt alle prominenten Experten. Dann steht er im Finale. Nun muss er gegen Pascal Bothe, einen Mathematikstudenten und Unternehmensberater aus Hannover, antreten. Bothe hat Quizshow-Erfahrung, antwortet routiniert und souverän.

Auftritt Carsten Heinisch: Welches Gedicht von Schiller endet mit der Zeile: Friede sei ihr erst Geläute? In welchem Bundesland befinden sich die zehn höchsten Berge Deutschlands? Welches Ostberliner Gebäude wurde auch Erichs Lampenladen genannt? Er ist aufgeregt. Er vertraut auf sein gutes Gedächtnis. An das Geld denkt er nicht; die 100.000 Euro sind eine ferne Schimäre.

Auftritt Pascal Bothe. Diesmal patzt er bei der Literaturfrage.

Auftritt Carsten Heinisch: »Zu welcher Musik lief Katharina Witt bei den Olympischen Spielen 1988 ihre Kür?«

»Carmen.«

Erleichterung.

»Welcher Fluss fließt durch die Stadt Brandenburg und bildet dort zahlreiche Seen?«

»Die Havel.«

Seine Blase drückt.

»Welcher Politiker war während des Mauerbaus 1961 Regierender Bürgermeister von Westberlin?«

»Willy Brandt.«

Konfettiregen, Applaus, Champagner – Carsten Heinisch ist Quiz-Champion!

Am Tag nach der Ausstrahlung berichten außer der *Bild*-Zeitung die *Frankfurter Neue Presse* (»Der tolle Gewinner«) und mehrere Lokalblätter (»Der glückliche Lektor«, »Carsten Heinisch im Glück«). Ständig klingelt sein Handy, eine SMS nach der anderen geht ein, eine E-Mail nach der nächsten. »Ich müsste lügen, wenn ich sagen würde, dass ich nicht eitel bin«, räumt er ein und wirkt plötzlich ein wenig verlegen. »Ich habe mich sogar gegoogelt. Und ein paar Artikel auf meine Website gestellt. Und zur Sendung in der ZDF-Mediathek verlinkt.«

»Also ist sogar ein Mensch mit wenig Sinn für Berühmtheit wie Sie anfällig für fünfzehn Minuten Ruhm?«

Ein Kichern.

»Um den Künstler Andy Warhol zu zitieren ...«

Ein amüsiertes Lachen.

Doch dann wird Heinisch wieder nüchtern und rational und erklärt: »Die Website richtet sich an potenzielle Kunden. Sie konzentriert sich auf meine Dienstleistung, aber jetzt kann ich zusätzlich ein persönliches Zuckerl rausgeben: Guck mal, ich kann auch was Leichtes, ich bin nicht nur der strenge Naturwissenschaftler. Das ist doch ein Plus. Man fällt auf. Man sticht aus der Menge heraus und darauf kommt es an, wenn die Konkurrenz groß ist. Ich hatte die Möglichkeit …« Er holt Luft und verdreht die Augen, als müsse er Anlauf nehmen. »Ich hatte die Chance, ein Alleinstellungsmerkmal zu kreieren und habe sie genutzt.«

»Das ist ein echter *Unique Selling Point*: ein Lektor mit Showbizqualitäten.«

»Oh, nein!« Mit gespielter Scham stöhnt Heinisch auf. »Wie das klingt …«

»Und wie reagieren Ihre Kunden auf die Eigen-PR?«

Er stützt den Arm auf den Tisch, greift nach seinem Weizenbier, nimmt einen tiefen Schluck, stellt das Glas wieder ab. »Einige sagen: Sie wissen ja was, toll. Zurzeit lektoriere ich viele Dissertationen und Abschlussarbeiten, da wird das schon wahrgenommen. Aber ob es entscheidend für die Auftragserteilung ist – ich weiß es nicht, ich habe nie nachgefragt.«

Anders als der plötzliche Ruhm hatte der Reichtum – gut: der relative Reichtum – Bestand. Ein Jahr später liegen die 100.000 Euro beinahe unangetastet auf Heinischs Konto. »Klingt doof, aber ich habe keine Verwendung dafür«, sagt er. Und mustert mich. Und grinst erneut. »Nee, nee, da brauchen Sie gar nicht die Augen zu verdrehen nach dem Motto: Au ja, ich wüsste was!«

»Hab ich nicht! Aber erklären Sie's mir: Unerwartet fällt Ihnen ein Batzen Geld in den Schoß und Sie leben weiter, als sei nichts geschehen?«

Heinisch beugt sich vor, runzelt die Stirn. »Geld ist doch eher ein Konzept. Es ginge ja auch ohne die 100.000 Euro.« Wieder mustert er mich – als warte er auf eine Nachfrage, auf mein Unverständnis, mein Staunen. »Klingt doof?«

»Nein, aber Millionen Menschen träumen davon, dass ihnen Geld in den Schoß fällt und sie ihr Leben umkrempeln können.«

Ein leiser Seufzer. »Sehen Sie, es ist so: Ich habe eine wunderbare Wohnung, ich brauche keine neue. Ich habe ein Auto, das fährt, ich brauche kein neues. Ich habe eine Armbanduhr, die prima funktioniert, ich brauche keine Rolex. Für Statussymbole interessiere ich mich ohnehin nicht. Klar, man lässt es sich gut gehen, geht essen, fährt ein paar Tage weg, macht es sich schön. Aber das war's.«

»Geld macht Sie also nicht glücklich?«

»Nee.«

Ein kurzes Zögern.

»Oder sagen wir: Es macht mich auf Umwegen glücklich. Als Lektor habe ich einen tollen Beruf, aber reich wird man dabei nicht. Inzwischen muss ich mir keine Sorgen mehr machen, wenn mal nicht gleich ein neuer Anschlussauftrag kommt. Inzwischen kann ich Aufträge ablehnen, die schlecht bezahlt sind, mit Stundensätzen unter zwanzig Euro, betriebswirtschaftlich völlig inakzeptabel, aber keineswegs selten. Das gewonnene Geld gibt mir ein Gefühl von Unabhängigkeit und diese Souveränität, *die* macht mich glücklich.« Wieder ein Lächeln – und etwas Schelmisches mischt sich hinein, wie bei einem Jungen, der sich bei etwas Verbotenem ertappt fühlt. »Seit der Show habe ich schon zwei Mal einen schlecht bezahlten Auftrag abgelehnt.«

»Wie war's?«

»Befreiend!« Er lehnt sich zurück, streicht über seinen Bauch und sieht sehr zufrieden aus.

Statistisch ist es unwahrscheinlich, in einer Rateshow zu gewinnen, einen Jackpot zu knacken, auf einen Schlag reich zu werden. Aber auch statistisch unwahrscheinliche Dinge passieren: Der Inder Mohammad Basheer Abdul Khadar hatte innerhalb einer Woche das Glück, sich aus einem abgestürzten, in Flammen aufgehenden Flugzeug retten zu können und mit einem Lotterielos eine Million Dollar zu gewinnen. Nicht immer allerdings ist das Glück von Dauer: Der Hannoveraner Lothar Kuzydlowski lebte von Sozialhilfe, als er 1994 3,9 Millionen D-Mark im Lotto gewann. Er kaufte einen Lamborghini, Pferde, Goldschmuck, doch ansonsten blieb sein Leben trist und leer, er trank weiterhin viel Bier und starb früh. Unverhofftes Zufallsglück, so der Philosoph Wilhelm Schmid, bewirke nicht automatisch, dass das Leben besser gemeistert werde. Es verbessere die äußeren Bedingungen, verschlechtere aber die innere Bereitschaft, am Leben zu arbeiten. So könne sich Zufallsglück im Laufe der Zeit gar als Unglück erweisen und umgekehrt Unglück als Glück.

»Zufallsglück«, sagt auch Carsten Heinisch, »ist ein Rausch. Toll, solange er anhält, doch irgendwann wacht man auf und alles ist wie vorher. Entscheidend fürs Lebensglück sind ja nicht glückliche Umstände, sondern es ist die Abwesenheit unglücklicher Umstände.« So definierte schon Epikur Glück: Nicht positiv, als das Vorhandensein von etwas, sondern negativ, als die Abwesenheit von Schmerz und Bedürfnissen.

»Was macht Sie glücklich, Herr Heinisch, wenn nicht Geld?«

Er nimmt noch einen Schluck Bier und überlegt. »Mein Glaube«, antwortet er. »Die Bindung an Gott macht mich glücklich. Ansonsten kleine Dinge: nachmittags in der Sonne sitzen, ein gutes Buch lesen oder nach Hause kommen und meinen Mann umarmen. Es gibt schon einiges, was mich glücklich macht.«

»Glück liegt für Sie im Machen, nicht im Haben?«

Ein Schmunzeln. »In der Schule habe ich noch *Haben oder Sein* von Erich Fromm gelesen, ich weiß nicht, ob ich alles verstanden habe, aber der Gedanke, dass Haben auf Dauer nicht glücklich macht, weil man immer die Dosis steigern muss, der ist mir geblieben.«

»Der Glücksforscher Jan Delhey von der Uni Magdeburg sagt: Alle Untersuchungen zeigen, dass Geld glücklich macht. Es befreit von Sorgen, verschafft Sicherheit und Status. Allerdings reicht ein mittleres Einkommen und ab 65.000 Euro im Jahr nimmt das Glück nicht mehr im selben Maß zu wie in den Gehaltsklassen darunter. Forscher der amerikanischen Princeton-Universität beziffern das Glückslimit auf 60.000 Euro im Jahr.«

»Sicher? Müssen es nicht nach ein paar Jahren 80.000 sein? Und dann 100.000?«

»Dem britischen Ökonomen Richard Layard zufolge löst ein einmal erreichtes Wohlstandslevel schnell weitere Begehrlichkeiten aus. Der US-Ökonom Richard Easterlin wies aber schon in den 1970er-Jahren nach, dass der wachsende Wohlstand in den Industrienationen nicht dazu führe, dass die Menschen subjektiv zufriedener seien. Die glücklichsten Menschen seien ohnehin nicht die Reichen, sondern die mit den besten sozialen Kontakten, so Layard. Und auch Delhey verweist auf das magische Dreieck Haben-Lieben-Sein, das Zusammenspiel von Geld, sozialen Beziehungen und Sinn.«

Carsten Heinisch hört zu und nickt. Und streicht sich über seinen Bart, ein leises Kratzen. »Also, ich würde mich auf die ständige Steigerung der Dosis, dieses permanente Wettrennen nicht einlassen wollen.« Und wieder sitzt er da, strahlt etwas Amüsiertes und zugleich unerschütterlich Gelassenes aus – Buddha, im Japanischen Garten.

Ein sanfter Wind streicht durch die Baumkronen und über unseren Köpfen rauschen Blätter. Sonnenstrahlen fallen durchs Geäst, werfen Schatten auf den Boden. »Herr Heinisch, Sie sagen, in der Sonne zu sitzen mache Sie glücklich. Sind Sie leicht zufriedenzustellen?«

»Ich habe es präziser formuliert: *Nachmittags* in der Sonne zu sitzen macht mich glücklich. Mittags wäre sie mir zu grell. Ich weiß also schon, was ich brauche zu meinem Glück, aber ja: Ich bin auch leicht zufriedenzustellen. Es hat doch keinen Sinn, sich über Dinge zu ärgern, die man nicht ändern kann. Wenn ich nachmittags in der Sonne sitzen möchte und es regnet, habe ich Pech gehabt. Dann setze ich mich eben in meinen Sessel und lese.« Er streicht mit seinen großen, kräftigen Händen über den Tisch, greift erneut nach seinem Glas. »*Man gebe mir die Gelassenheit, Dinge hinzunehmen, die ich nicht ändern kann, den Mut, Dinge zu ändern, die ich ändern kann, und die Weisheit, das eine vom anderen zu unterscheiden* oder so heißt es doch. Wissen Sie, auf meinem Schreibtisch steht ein Kalender, für jeden Tag ein neues Bild mit einem Spruch über das Glück darunter: *Glück ist eine gute Gesundheit und ein schlech-*

tes Gedächtnis. Oder *Glück wohnt nicht im Golde, es ist in der Seele zu Hause.* Oder *Bei Licht besehen sind Ruhe und Glück überhaupt dasselbe.* Manchmal packt mich so ein Satz und ich denke darüber nach. Und irgendwann kommt die Erleuchtung – philosophische Momente, in denen ich die tiefere Bedeutung dieser vermeintlich schlichten Sätze verstehe, wirklich verstehe, denn sie haben oft einen weisen Kern. Das mag banal klingen, aber ich freue mich über solche Kleinigkeiten, freue mich, dass ich sie sehe, wahrnehme, dass ich solche Momente erlebe.«

War das nicht einer meiner ersten Eindrücke gewesen – dass dieser Mann die Kunst beherrscht, das Spektakuläre im Unspektakulären zu sehen?

Das Glück im Kleinen ...

»Woher rührt Ihre Gelassenheit? Ein Resultat von Lebenserfahrung und Reife?«

Ein Schmunzeln. »Ich fürchte, sie rührt einfach daher, dass ich ein ruhiger Typ bin. Außerdem haben wir nur dieses eine Leben, wir sollten es genießen.«

»Ein Kalenderzitat?«

Ein Lachen, ein Schulterzucken. »*Das Leben ist zu kurz, um Animositäten zu pflegen und sich auf das Schlechte zu konzentrieren.*«

»*Carpe diem – pflücke den Tag.*«

Ein Stöhnen. »Der Satz klingt wirklich sehr abgegriffen. Aber auch er hat einen wahren Kern, ich habe es selbst lernen müssen, habe mich auch über verpasste Chancen geärgert, bis ich endlich so weit war, zu sagen: Genieß den Sonnenuntergang, jetzt. Hilf einem Freund, jetzt. Folge dem Einmaligen, das so nicht wieder kommt.« Beinahe ergeben fügt er hinzu: »Es sind wirklich die kleinen Dinge, die glücklich machen.«

»Als ich Sie fragte, was Sie glücklich mache, rechnete ich damit, dass Sie – wie die meisten Menschen – antworten: liebevolle Beziehungen, tiefe Bindungen.«

Wieder ein Lächeln und ein Nicken. »Vielleicht ist das so selbstverständlich, dass es mir gar nicht einfällt. Mein Mann und ich sind seit 1982 zusammen, seit vierunddreißig Jahren.«

»Sie Glückspilz.«

»Ja, Sie haben recht. Und vielleicht sollte ich mir das viel öfter bewusst machen. Es ist ja nicht selbstverständlich, dass man nach Hause kommt und dort eine liebevolle Umarmung wartet. Es ist nicht selbstverständlich, dass man es so lange miteinander aushält und sich immer noch mag. Es ist nicht selbstverständlich ...« Ein herausfordernder Blick. »Bin ich genug zu Kreuz gekrochen?«

»Ich denke, das reicht. Hatten Sie als junger Mann eigentlich Ziele, die Sie erreichen wollten, weil sie zu Ihrer Vorstellung von Glück gehörten?«

Carsten Heinisch runzelt die Stirn, überlegt. »Meine Ziele bezogen sich eigentlich alle auf den Beruf: Ich wollte etwas tun, was mir Spaß machte. Als ich 1980 Abitur machte, war es sehr angesagt, Theologie zu studieren, und das wäre auch für mich eine Option gewesen, wenn ich nicht schwul und der einzige ernst zu nehmende Arbeitgeber die Kirche gewesen wäre. Germanistik hätte mir Spaß gemacht, denn ich mag Sprache, doch ich fürchtete, das sei ein Laberfach. Die dritte Option war Physik und dafür habe ich mich dann entschieden. Man reduziert die Welt auf eine bestimmte Versuchsanordnung, auf ein System, das man untersucht, vereinfacht dann an allen Ecken und Kanten und kommt schließlich zu einer Erkenntnis, die man wiederum auf die viel kompliziertere Welt überträgt. Das führt manchmal zu merkwürdigen Ergebnissen, doch es reizt mich zu verstehen, wie die Welt funktioniert. Dass ich einmal Redakteur bei einer physikalischen Zeitschrift werden und so Physik und Sprache zusammenbringen würde, konnte ich nicht ahnen.«

»Hat sich vieles in Ihrem Leben gefügt? Oder mussten Sie oft kämpfen?«

»Ich kämpfe darum, dass Dinge sich glücklich fügen.« Er lacht. Er freut sich, er mag Wortspiele. »Im Ernst, mir ist tatsächlich manches in den Schoß gefallen. Im Nachhinein neigt der Mensch ja dazu, eine gerade Linie über den eigenen Lebensweg zu ziehen, obwohl es erratische Momente gab. Doch vieles in meinem Leben kam wirklich zufällig.«

»Das Zufallsglück hat Sie also nicht nur in der Quizshow ereilt?«

Ein herzliches Lachen. »Ich bin an einem Sonntag geboren – vielleicht kann es gar nicht anders sein?«

»Ein Sonntagskind? Das hätten Sie auch gleich sagen können. Ein Sonntagskind, das darum kämpft, dass ihm das Glück in den Schoß fällt?«

»Und ich neige dazu, nicht nachtragend zu sein! Wenn mich jemand grob behandelt, bin ich natürlich verletzt, aber ich kann schwer einen Schlussstrich unter zwischenmenschliche Beziehungen ziehen. Ich bin wirklich geneigt, zu vergeben und zu vergessen und jedem eine zweite und dritte Chance zu geben.«

»Vergebung ist sicher förderlich für ein zufriedenes Leben, schon weil man keinen Groll mit sich herumträgt.«

»Darum kultiviere ich sie. In jüngeren Jahren war ich ein ziemlicher Raubauz, erst mit der Zeit habe ich gelernt, dass ich mit einem Lächeln, Freundlichkeit und Umgänglichkeit weiter komme. Wenn ich mich heute über etwas ärgere, reicht es im Normalfall, eine Nacht darüber zu schlafen. Am nächsten Morgen ist alles nicht mehr so schlimm.«

»Dann haben Sie auch ein gefestigtes Selbstbewusstsein.«

»Wenn das Selbstbild fragil ist, reicht ein kräftiger Stoß, um alles einstürzen zu lassen.« Heinisch lehnt sich zurück. »Nein, ich habe meinen Standort im Leben.«

»Warum fassen Sie sich an den Bauch, wenn Sie das sagen?«

Er hält kurz inne. »Die schiere Masse – ich bringe einfach genug auf die Waage, um nie die Bodenhaftung zu verlieren.«

Der Mann amüsiert sich nicht nur über Wortwitz, er kann auch über sich selbst lachen. Wie einnehmend ...

»Aber um zu Ihrer Frage zurückzukehren: Neben dem Beruflichen hatte ich keine expliziten Lebensziele. Haus bauen, Baum pflanzen, Kind zeugen, das war nie mein Plan. Damals wusste ich schon, dass ich schwul bin, und ich habe auch keinen grünen Daumen. In einer stabilen Beziehung zu leben war mir allerdings so selbstverständlich, dass ich es nie als Lebensziel formuliert habe. Meine Eltern haben auch goldene Hochzeit gefeiert.«

»Gab es auch Zeiten großen Unglücks in Ihrem Leben?«

Die Antwort kommt zügig. »Die Pubertät. Mein Coming-out war eine schwierige Zeit, das ist es für jeden. Auch die Bundeswehrzeit war teilweise – na ja, sagen wir unangenehm. Wirklich unglücklich war ich, als mein Vater starb. Innerhalb einer Woche starben mein Vater und Günters Vater. Ansonsten …« Er neigt den Kopf, reibt seinen Bart, denkt nun doch nach. Ziemlich lange sogar. »Manchmal bin ich betrübt. Manchmal mache ich mir Sorgen, wenn sich das Finanzamt meldet und die Aufträge gerade nicht gut laufen. Aber das ist kein Unglück. Nein, wirklich tief gehendes Unglück habe ich ganz selten erlebt.«

Carsten Heinisch widerfuhr, was viele ersehnen: das große Glück des günstigen Zufalls. Doch er empfand es nicht als solches. Denn er war längst im Kleinen glücklich. Glück, so George E. Vaillant, der Psychiater und Leiter der weltweit aufwendigsten und ausführlichsten Studie zum Thema Glück, habe weniger mit Wohlstand als mit Eleganz zu tun: einer geordneten Umgebung, einigermaßen geordneten Lebensverhältnissen. Und mit einem Gespür für das richtige Maß. *Zu wollen, was man hat, statt haben zu wollen, was man nicht hat* – so oder ähnlich stünde es wohl in Heinischs Kalender.

»Meinen Sie, Ihr Leben hätte sich stärker verändert, wenn Sie 250.000 oder 500.000 oder eine Million Euro gewonnen hätten?«

»Ja. 100.000 sind eine angenehme Summe, aber 250.000, 500.000 oder eine Million Euro können ein Leben auf den Kopf stellen. Mit so viel Geld kann man sich zur Ruhe setzen oder noch einmal etwas ganz anderes machen.«

Eine Frau verneigt sich neben unseren Bänken und sagt, der Japanische Garten schließe um 19 Uhr. Kurz darauf tauchen wir wieder in den Lärm der Lauterstraße. Biegen in die Maxstraße, überqueren den Willy-Brandt-Platz, laufen am ehemals höchsten Rathaus Deutschlands vorbei und an einem roten Gebäude mit auffälliger, vorgelagerter Rotunde. Eigentlich, sagt Carsten Heinisch und zwinkert, sei Kaiserslautern eine Stadt der Superlative. »Das Pfalztheater da drüben ist das einzige Dreispartentheater in der Pfalz, mit Schauspiel-, Musiktheater- und Ballettensemble. Und der Turm der Marienkirche, die man von hier aus nicht sehen kann, ist der höchste Kirchturm in der Pfalz. Oder der zweithöchste? Mist ...« Er lacht. »Früher bei meinen Eltern hätte mein Vater jetzt sofort das Lexikon geholt.«

»Aha, darum sind Sie so ein kluger Lektor.«

Ein weiteres verschmitztes Grinsen.

»Eine letzte Frage: Gibt es eigentlich irgendetwas, was Sie nicht haben und gern hätten?«

Carsten Heinisch lacht laut heraus und bremst ab, um einem schwungvoll um die Ecke biegenden Autofahrer auszuweichen. »Ruhe«, sagt er und überquert die Straße.

Laut Glückatlas sind die Rheinland-Pfälzer übrigens leicht unterdurchschnittlich glücklich, im Bundesländer-Ranking liegen sie auf Platz 13.

JUDITH ASSLÄNDER
Betriebswirtin | 39

Das Glück zu helfen

Im Juli 2016 machte Würzburg Schlagzeilen: Ein Jugendlicher griff Reisende in einem Zug mit einer Axt an, verletzte fünf von ihnen zum Teil lebensgefährlich, floh und wurde auf der Flucht von Polizisten eines Sondereinsatzkommandos erschossen. Der Siebzehnjährige sei 2015 ohne Eltern aus Afghanistan nach Deutschland geflüchtet, berichteten Medien auf der ganzen Welt, er habe seit Kurzem in einer Pflegefamilie gelebt, ein Praktikum gemacht und eine Lehrstelle in Aussicht gehabt. Menschen, die ihn kannten, beschrieben ihn als ruhig und ausgeglichen, ein gläubiger Muslim, keineswegs radikal. Später hieß es, Fahnder hätten eine selbst gebastelte Flagge des sogenannten Islamischen Staates in seinem Zimmer gefunden sowie einen Abschiedsbrief auf Paschtu, und im Internet tauchte ein Video auf, in dem der Jugendliche erklärte, er sei ein Soldat des IS und werde eine heilige Operation in Deutschland ausführen.

Der Angriff, sagt Judith Aßländer, war furchtbar.

Er hat, sagt sie, jedoch nichts an ihrer Einstellung geändert.

Judith Aßländer ist eine freundliche, unprätentiöse Frau voller Energie. Sie lebt am Stadtrand von Würzburg, in einer Straße am Hang, umgeben von Einfamilienhäusern, Gärten, Grün. Sie ist ein wenig in der Welt herumgekommen und dann zu ihren Wurzeln zurückgekehrt: Das Haus, in dem sie heute mit Mann, vier Söhnen und Hund wohnt, ist ihr Elternhaus, in dem sie einst aufwuchs. Im Frühjahr 2014, lange vor Angela Merkels Satz *Wir schaffen das!*, beschlossen die Aßländers, unbegleitete minderjährige Flüchtlinge bei sich aufzunehmen.

»Warum?« Judith Aßländer staunt über die Frage. »Weil man Dinge in die Hand nehmen muss, wenn es sonst niemand tut. Außerdem wollte ich verstehen, warum sich Menschen auf eine so gefährliche Reise begeben. Warum lassen sie ihr ganzes Leben hinter sich? Warum verlassen sie ihre Familien? Warum bezahlen sie Schleppern viel Geld, warum gehen sie das Risiko ein, auf dem Weg nach Europa zu sterben? Da war es eine Fügung, dass ich eines Tages eine Annonce las, in der Pflegefamilien gesucht wurden.«

Aßländer wandte sich an die Diakonie, das Jugendamt inspizierte ihr Haus, man schloss einen Vertrag. Ihr Mann leitet als Pädagoge eine Wohngruppe für minderjährige Flüchtlinge, sie selbst ist schon ihr halbes Leben Mutter, die beiden würden die Betreuung übernehmen und von einem Team von Psychologen und Pädagogen unterstützt werden. Ihr Haus am Hang würde zur Clearingstelle: ein Ort, an dem Jugendliche nach polizeilicher Erfassung und ärztlicher Untersuchung ankommen, zur Ruhe kommen, wo eingeschätzt wird: Sind sie psychisch stabil oder brauchen sie psychologische Betreuung? Sind sie selbstständig und können in eine Wohngemeinschaft ziehen? Brauchen sie Halt und sind in einer Pflegefamilie besser aufgehoben?

An einem Tag im August klingelt es. Judith Aßländer ist aufgeregt. Sauaufgeregt, wie sie später sagt. Am Morgen hat die Jugendhilfe angerufen und gefragt, ob man nachmittags zwei unbegleitete Minderjährige schicken könne. Ja, antwortete sie. Und fuhr, kaum dass sie aufgelegt hatte, zu Ikea, um Betten, Bettwäsche, Decken, Kissen zu kaufen. Hastig richtete sie eines der Zimmer her, versuchte, es gemütlich zu machen, damit die Gäste sich wohlfühlten, stellte am Ende noch eine Schale mit Schokolade und Äpfeln bereit.

Wie wird es werden?, fragt sie sich.

Und wischt, als es klingelt, den Gedanken beiseite, läuft den Flur entlang, die Treppe hinunter – und öffnet die Tür.

Vor ihr stehen zwei Jungen aus Afghanistan: Wali und Irfan. Jeans, T-Shirt, abgelaufene Badelatschen – sie wirken unsicher, ziemlich verschüchtert. Ein bisschen jünger als Louis, schätzt Aßländer, aber älter als Aron. Wahrscheinlich in Jakobs Alter, sechzehn? Sie macht einen Schritt zur Seite und lächelt. Ein Lächeln öffnet Herzen, überall auf der Welt.

Zögernd treten die Jungen ein. Akira, der Familienhund stürzt schwanzwedelnd in den Flur – erschrocken weichen die beiden zurück. Keine Angst, *don't worry*, beruhigen Aßländers Söhne. Mit freundlichem Lächeln und offenen Armen versucht die Familie zu vermitteln: Wir freuen uns, dass ihr hier seid. Die Jungen lächeln verlegen, sehen von einem zum anderen und wieder zum Hund, der immer noch mit dem Schwanz wedelt.

Später sitzen alle am großen Tisch im Wintergarten. Judith Aßländer hat Quarkgnocchi mit Sahnesoße gekocht. Es ist still in dem großen Raum. Aßländers Mann greift zu der dampfenden Schüssel, tut auf. Die Söhne nehmen ihre Gabeln, fangen an zu essen. Wali und Irfan stochern auf ihren Tellern herum. Höflich essen sie ein paar Gnocchi. Langsam kommt eine Art Gespräch in Gang: Wo in Afghanistan habt ihr gewohnt, fragen Louis, Jakob und Aron. Wie seid ihr nach Deutschland gekommen? Spielt ihr gern Fußball? Fußball, ja, Fußball. Die beiden nicken. Wali spricht kein Deutsch, Irfan, der schon seit ein paar Wochen in Deutschland ist, radebrecht: Fußball, hallo, wie heißt du, Toilette. Und dann: Boot … kentern … tot …

Aron stehen Tränen in den Augen.

Judith Aßländer springt auf und holt Eis für alle. Was haben die beiden hinter sich?, überlegt sie. Was haben sie erlebt, was ich mir nicht mal vorstellen kann? Wie fühlen sie sich, so fern von zu Hause, unter Fremden?

Doch die Fragen gehen wieder unter. »Von nun an war ich vollauf damit beschäftigt, unseren Alltag zu organisieren: mich um meine Söhne zu kümmern, Max, unser Jüngster war ja damals erst drei. Wali und Irfan brauchten Kleidung und Schuhe, ich habe sie getröstet, wenn sie sich um ihre Familien sorgten, sie mit meinen Jungen zum Fußballspielen geschickt, wenn sie grübelten, ich habe ihnen bei Hausaufgaben für ihren Deutschkurs geholfen, nach Schulplätzen gesucht, wir sind zum Friseur und zum Arzt gefahren, ich habe übersetzt. Außerdem Wäsche waschen, aufräumen, einkaufen und für acht Leute kochen. Hätten meine Söhne nicht von sich aus viel mit den beiden unternommen, hätte ich es gar nicht geschafft.« Dabei staunen die Aßländers, wie gut alle zurechtkommen, obwohl sie nur Deutsch und Englisch und die Jungen nur Paschtu sprechen. »Es gibt so viele Möglichkeiten, zu kommunizieren«, sagt Judith Aßländer, »vieles vermittelt sich über Mimik und Gestik, über den Klang der Stimme, über ein Lachen. Und das Internet hat uns geholfen: Auf Onlinelandkarten haben Wali und Irfan uns ihre Fluchtroute gezeigt, wir haben Bilder aus Afghanistan, Iran, der Türkei und Griechenland gegoogelt. Auch später haben mir Jugendliche ergreifende Fluchtgeschichten erzählt, ohne dass wir eine gemeinsame Sprache gesprochen hätten.«

Missverständnisse gibt es eher bei Tisch. »In manchen Ländern benutzt man ein Stück Brot wie einen Löffel oder isst mit den Fingern. Weil Wali und Irfan in einer Familie lebten, nicht im Heim, wo Landsleute wohnen und sie sich leichter abkapseln können, haben sie sich aber schnell abgeguckt, wie es in Deutschland funktioniert.«

Missverständnisse gibt es auch beim Toilettengang. In vielen muslimischen Ländern reinigt man sich mit Wasser. Toilettenpapier, wenn es welches gibt, wird nicht fortgespült, sondern in den Mülleimer geworfen. Das tun Wali und Irfan. Judith Aßländer rümpft ein wenig die Nase und lacht. »Es gibt viele, oft ganz banale Dinge, bei denen wir denken, so wie wir es machen, sei es selbstverständlich. Ist es aber nicht.«

Problematisch auch der Familienhund. »Irfan hat uns erklärt, Hunde seien unrein und in einem Raum, in dem ein Hund sei, könne ein Muslim nicht beten. Also haben wir ein Zimmer hergerichtet, in das Akira nicht hineindurfte. Kein Problem, in unsere Schlafzimmer darf sie auch nicht. Umgekehrt gewöhnten sich die Jungen daran, dass in Deutschland Menschen und Hunde unter einem Dach leben.«

Jeden Abend um sieben versammeln sich alle um den großen Esstisch. »Wir sind keine typisch bayerische Schweinebratenfamilie, darum mussten wir uns kaum umstellen. Gerichte mit Sahne mochten Wali und Irfan nicht, also gab es Gemüse mit Huhn, Lamm oder Rind, Reis oder Nudeln. Sie haben mir auch beigebracht, wie man Pilaw, ein Reisgericht, oder Banjan Boranee, gebratene Auberginen mit Pfefferminzquark und Hackfleischsoße macht. Wir hatten viel Spaß.«

Als Wali und Irfan in eine Wohngemeinschaft umziehen, kommen Aman und Henok aus Eritrea. Aman weigert sich anfangs, an den Mahlzeiten teilzunehmen. Henok hat Krätze und Aron erschrickt und denkt an Ebola, die Krankheit, über die gerade so viel in den Zeitungen steht, er hat Angst, dass sich alle anstecken. Eines Tages kommt Judith Aßländer ins Wohnzimmer und der Eichentisch ist bunt bemalt. »Ich rief meinen Jüngsten, nach dem Motto: Du weißt doch, dass man keine Möbel anmalt, da sah ich Buchstaben auf der Tischplatte. Es stellte sich heraus, dass Aman und Henok Hausaufgaben gemacht und in Gedanken herumgekritzelt hatten. In ihrem Dorf in Eritrea betrachtet man Möbel eher pragmatisch als ästhetisch. Wir haben ihnen erklärt, dass wir unsere Möbel unbemalt schöner finden, später holte mein Mann den Schwingschleifer und die Jungen schleppten den Tisch in den Garten.«

»Klingt unkompliziert.«

»Im ersten Moment bin ich schon rot angelaufen. Dann dachte ich: Die Jungen haben ihr Zuhause verloren – und ich rege mich über Möbel auf? Phhh ...« Judith Aßländer schüttelt den Kopf angesichts der Unverhältnismäßigkeit. Neben ihrer Offenheit und Neugier ist es wohl ihr Pragmatismus, der sie gelassen bleiben lässt, wo andere aufschreien. »Uns war klar, dass sich unser Leben verändern würde. Aber zum einen haben wir viel Platz, es gab immer Rückzugsmöglichkeiten, und zum anderen hatten wir verabredet: Sobald es einem von uns zu viel würde, wäre Schluss.«

Doch es wird niemandem zu viel. Im Gegenteil, die Aßländers finden das Leben mit den Fremden spannend, aufregend, bereichernd. Es ist, als machten sie eine Weltreise – bei sich zu Hause.

Sichere und stabile Beziehungen sind entscheidend, wenn Menschen Halt suchen, eine Zukunft, Glück. Die Chancen für unbegleitete minderjährige Flüchtlinge, sich in Deutschland zu integrieren, sind umso größer, je eher sie Anschluss finden, in Pflegefamilien, durch Paten und private Vormunde. Die Migrationsforschung habe herausgefunden, so die Sozialarbeiterin Mehrnousch Zaeri-Esfahani, dass in den ersten sechs Monaten nach Ankunft die Grundlage für eine gelingende Integration gelegt werde. Judith Aßländer sieht sich um, ihr Blick wandert über die hohen Wände des Wintergartens, die Fensterfronten. »Vielleicht fiel es mir leicht, Fremde bei uns aufzunehmen, weil meine Mutter während des Bosnienkriegs eine Familie aus Banja Luka und Mostar aufgenommen hat. Damals lebten wir hier zeitweise mit zehn bosnischen Flüchtlingen.«

»Ihre Mutter war Ihnen ein Vorbild?«

»Ja, wobei mir das erst bewusst wurde, als bereits mehrere Jugendliche bei uns wohnten.« Sie lacht, beinahe ein wenig ergeben. »Auf gesellschaftlicher Ebene vermisse ich allerdings gute Vorbilder. Ich verstehe, dass Zuwanderung diffuse Ängste auslösen kann, doch ich akzeptiere nicht, dass Leute gegen Asylbewerber hetzen oder erklären, Deutschland würde zwangsislamisiert. Persönliche Kontakte helfen gegen Ängste und Vorurteile. Es ist ein Riesenunterschied, ob ich Zahlen in der Zeitung lese oder Mohammad oder Hassan persönlich kennenlerne. Ich finde, die Politik sollte den BürgerInnen das Gefühl geben, wir schaffen das *wirklich*. Sie sollte vermitteln, dass Deutschland auch von Migration profitiert, beispielsweise weil die Jugendlichen von heute in ein paar Jahren unsere Renten mitfinanzieren.«

Im Herbst 2015 – inzwischen kommen täglich rund 10.000 Flüchtende nach Deutschland – stehen Daahir, Geedi und Abdirahim vor der Tür. Abdirahim brach mit neun anderen Jugendlichen in Somalia auf und kam als einziger lebend in Europa an. Wenn er, Daahir und Geedi

Tischfußball spielen, kämpfen sie verbissen, stundenlang dröhnt es durch die Zimmer. »Irgendwann fielen mir die Ohren ab. Doch ich fragte mich: Ist der Krach wirklich ein Problem? Die Jungen haben Schlimmes hinter sich, jetzt spielen sie und sind glücklich, das ist viel wert.« Aßländer beschließt, wenn es ihr zu laut wird, in einen anderen Teil des Hauses zu gehen.

Dann fehlen Schuhe. Fußballschuhe, Lieblingssneaker, Stiefel – weg. »Wir dachten: Die können doch nicht einfach unsere Schuhe anziehen! Wir fühlten uns angegriffen, die Jungen konfrontierten uns mit unseren Ängsten, mit der Frage, was uns Besitz bedeutet. Andererseits, was ist Besitz in einem Land, in dem seit Jahrzehnten Bürgerkrieg herrscht und du alles, was du besitzt, im nächsten Moment verlieren kannst? Daahir, Geedi und Abdirahim besaßen abgelatschte Sandalen, außerdem ein Paar neue Stoffschuhe, die sie nicht schmutzig machen wollten – während im Flur zahllose Schuhe lagen, die niemand anzog. War es wirklich so erstaunlich, dass sie hineingeschlüpft waren?« Aßländer runzelt die Stirn, sieht mich fragend an. »Je länger meine Söhne, mein Mann und ich darüber sprachen, desto mehr änderte sich unsere Einstellung. Wir überlegten: Wo können wir abgeben? Und wo müssen wir für unser persönliches Wohl Grenzen ziehen? Denn ohne Grenzen geht es nicht.«

»Klingt komplizierter als die Geschichte mit dem bemalten Tisch.«

»Ja, Auseinandersetzungen sind unbequem. Wenn ich sie vermeiden will, darf ich niemanden in meine Nähe lassen. Aber was wäre das für ein trauriges Leben?« Sie schüttelt energisch den Kopf. »Wir haben dann alle Schuhe, die wir nicht teilen wollten, in den Keller gestellt. Damit war das Problem gelöst.«

Doch kurze Zeit später sind die Fahrräder weg. Die Aßländers sind begeisterte Fahrradfahrer, im Alltag fahren sie mit gewöhnlichen Stadträdern, fahrtüchtig, keine Kapitalanlagen, für Offroad-Touren haben sie jedoch hochwertige Mountainbikes angeschafft. Mit denen sind nun Daahir, Geedi und Abdirahim unterwegs. »Ohhh, unsere heiligen Fahrräder!« Judith Aßländer entfährt ein spitzer Schrei, vielleicht etwas leiser als damals.« Die Jungen würden die Gangschaltungen schrotten, damit kannten sie sich doch gar nicht aus.« Wieder muss die Familie Grenzen ziehen. Muss sich überwinden, Widerspruch aushalten, Protest. Diesmal ist die Auseinandersetzung ungleich emotionaler. »Daahir, Geedi und Abdirahim waren eine Herausforderung«, seufzt Judith Aßländer. »Aber wir haben durch sie auch viel über uns gelernt. Wir haben gelernt, wie bequem wir uns in manchem eingerichtet haben. Und für wie tolerant wir uns halten – es aber manchmal doch nicht sind.«

Als Nächstes kommt Burhaan aus Somalia. Es heißt, er sei gefoltert worden, habe zusehen müssen, wie sein Freund exekutiert wurde. »Der Junge wirkte, als staue sich stille Wut in ihm auf. Man ahnte, dass er bald explodieren würde. Ich habe mich zu keiner Zeit bedroht gefühlt, doch wegen unseres Jüngsten wurde es mir zu riskant.«

Nach kurzer Zeit zieht Burhaan wieder aus.

»Bei Jugendlichen aus Somalia«, sagt Judith Aßländer, »hatte ich oft den Eindruck, ihnen fehle eine Art soziales Konstrukt, ein fester Rahmen. Manche sind in Flüchtlingslagern in Kenia oder Äthiopien, in die ihre Eltern einst flohen, aufgewachsen, andere wurden versklavt, ich habe unfassbare Geschichten aus Somalia und anderen Ländern Ostafrikas gehört. Für diese Jugendlichen ist es schwierig, sich in Deutschland einzufügen, denn ein geordnetes, strukturiertes Leben haben sie nie kennengelernt – trotzdem erwarten wir, dass sie sich verhalten, als wäre es so gewesen.«

Als Nächstes kommen Djamal, Mahdi und Basam aus Syrien. Basam ist vierzehn, seine Eltern haben ihn nach Europa geschickt, in der Hoffnung, er käme durch und könne die Familie nachholen. Eines Abends telefoniert er mit seiner Mutter. Es fallen Bomben und plötzlich ist die Leitung tot. »Der Junge wusste nicht, ob seine Familie noch lebte, und ich saß an seinem Bett, versuchte, ihn zu trösten, und konnte doch nichts tun.«

»Belasteten Sie solche Situationen nicht?«

»Doch, natürlich, aber nichts wird besser, wenn ich ausweiche.« Ein Satz, gesagt mit größter Selbstverständlichkeit. »Das ist Teilhabe am

Leben.« Ein Satz, gesagt mit Leichtigkeit und tiefster Ernsthaftigkeit. Als ginge Judith Aßländer Bequemlichkeit auf die Nerven. »Es gab aber auch Zeiten, in denen ich nichts mehr hören wollte. Meine Schmerzgrenze ist nicht höher als die der meisten Menschen, und irgendwann habe ich zu meiner Familie gesagt: Macht den Fernseher aus. Wenn ich noch einmal sehe, wie Aleppo bombardiert wird, breche ich zusammen.«

Ein paar Wochen später bringt Basams Mutter ein Baby zur Welt und nennt es Jakob, nach Aßländers zweitältestem Sohn. »Heute lebt ein kleiner kurdischer Jakob in Syrien.« Judith Aßländer lächelt, ein wenig gerührt, ein wenig stolz.

Zwischen August 2014 und Februar 2016 nimmt die Familie fünfundzwanzig unbegleitete minderjährige Flüchtlinge auf. 2016 sinken die Zahlen der Neuankömmlinge und Judith Aßländer schließt ihr Clearinghaus. Sie baut eine betreute Wohngemeinschaft für unbegleitete minderjährige Flüchtlinge auf, in ihrer Straße, ein Stück den Hang hinauf. Zwei ihrer ehemaligen Schützlinge leben heute dort, sie machen eine Ausbildung, spielen Fußball im örtlichen Verein, gießen bei Nachbarn, die verreisen, den Garten, werden zum Grillen eingeladen, bekommen Nachhilfeunterricht. Anfangs sei die Stimmung oft euphorisch, erklärt Aßländer, die Geflüchteten seien froh, in Sicherheit zu sein. Erst im Alltag zeige sich, wie mühsam es sei, in einem fremden Land neu anzufangen, eine Sprache zu lernen, einen Beruf, ein soziales Netz aufzubauen, eine zweite Existenz. Alles dauere. Auch die Asylverfahren zögen sich über Monate hin und mit ihnen die Unsicherheit. Außerdem kämen nun Erinnerungen hoch an Krieg und Verfolgung, Gewalt und Bomben, an Terror und traumatische Erlebnisse während der Flucht, an Angst, Hunger, Hilflosigkeit. Zum Glück, sagt Judith Aßländer, sei die Anteilnahme groß. Mit einer Freundin hat sie außerdem einen Verein gegründet, in dem Eingewanderte und Eingeborene gemeinsam etwas unternehmen: ein Picknick am Main, ein Fußballspiel, ein Volleyballturnier – meist braucht es nur einen Anstoß, der Rest ergibt sich von allein.

In Aßländers Haus am Hang lebt heute nur noch Mahdi aus Aleppo. Er kommt aus einer Mittelschichtsfamilie, ging in Syrien zur Schule, sprach bei seiner Ankunft fließend Englisch, er mag Eminem und den Film *Matrix*, Basecaps und coole Jogginghosen. »Mahdi und meine Söhne waren sich von Anfang an nahe und keiner wollte, dass er wieder auszieht.« Judith Aßländer neigt ein wenig den Kopf. »Ich denke, wir sollten unseren Kulturbegriff etwas erweitern. Kultur ist nichts, was an der Landesgrenze aufhört. Es gibt eine Großstadtkultur, eine Jugendkultur, die über Grenzen hinweg bestehen und Menschen verbinden, auch wenn sie in verschiedenen Ländern aufgewachsen sind.«

Die Aßländers sind froh über ihre Zeit mit den Jugendlichen aus Eritrea, Afghanistan, Somalia, Syrien. »2015 hat Deutschland sich verändert. Plötzlich zeigte sich – nicht bei allen, aber bei vielen – eine ungeahnte Mitmenschlichkeit, Fremde packten an, Vorschriften und Bürokratie traten in den Hintergrund, es ging darum zu helfen. Meine Söhne sind schon ein bisschen stolz, Teil dieses Aufbruchs gewesen zu sein.«

»Macht helfen glücklich, Frau Aßländer?«

Wieder lacht sie, auf diese offene, entwaffnende Art, und hebt dabei abwehrend die Hände. »Ich bin nicht die Mutter Teresa von Würzburg. Ich habe gegeben – und ich habe bekommen! Ich habe nicht aus Selbstlosigkeit gehandelt, mit Selbstlosigkeit kommt man ja im Leben nicht so richtig weiter. Außerdem ist Geben viel einfacher als Nehmen. Es ist leicht, sich auf die Schulter zu klopfen, weil man ein paar alte Klamotten spendet. Diese Mildtätigkeit finde ich schrecklich, denn sie zwingt Geflüchtete in eine Opferrolle. Wie sollen sie wieder auf die Beine kommen und das gute Gefühl erleben, für sich selbst sorgen zu können, wenn man ihnen ständig mildtätig Sachen zuschiebt? Diese Art Hilfe ist auch eine Entmündigung und passiert, finde ich, leider zu oft. Es ist wichtig, das eigene Handeln, die eigene Motivation immer wieder zu hinterfragen.«

»Lohnt es sich, ein guter Mensch zu sein?«

Ein kurzes Zögern. »Ich weiß nicht, ob ich ein guter Mensch bin«, sagt Judith Aßländer, ein wenig zurückgenommener. »Ich möchte einfach dazu beitragen, dass die Welt ein bisschen besser wird. Wir leben in Deutschland ein wahnsinnig privilegiertes Leben und das auch auf Kosten anderer, da brauchen wir uns nichts vorzumachen: Kriege, Erdöl, Waffenlieferungen – am Elend anderer Länder sind wir oft beteiligt. Natürlich könnte ich noch mehr tun und neige auch schnell dazu zu denken, das ist alles bloß ein Tropfen auf dem heißen Stein. In solchen Momenten sage ich mir: Versuch einfach, innerhalb deiner Möglichkeiten das Bestmögliche zu machen. Und das …« Sie zuckt mit den Schultern. »Das macht mich auch glücklich, ja. Es würde mich definitiv nicht glücklich machen, mir die Nägel zu feilen, meine Wohnung auf Hochglanz zu bringen und teures Porzellan zu sammeln.«

Geben macht seliger als Nehmen, das belegen zahlreiche Studien. Soziales und ehrenamtliches Engagement, so der Magdeburger Soziologe Jan Delhey, gebe uns ein gutes Lebensgefühl, im Gehirn würde das Belohnungszentrum aktiviert, genau wie bei einem guten Essen. Der Mensch ist ein soziales Wesen, schreibt der Psychiater und Theologe Manfred Lütz: Sein Dorf sei glücklicher, seit dort Flüchtlinge lebten, es gebe mehr ehrenamtliche Helfer als Asylsuchende und manch einer, der zuvor für sich allein gelebt habe, organisiere jetzt Deutschkurse, spende Kleidung und betreue MigrantInnen. Wer Menschen in Not helfe, erlebe das als etwas unmittelbar Sinnvolles. Oder, mit dem Philosophen Wilhelm Schmid gesprochen: Wo Sinn erfahrbar wird, ist Glück die Folge.

»Glück«, sagt Judith Aßländer, »ist so relativ. Die Flüchtlinge haben meiner Familie und mir vor Augen geführt, *wie* glücklich wir sind. Meinen Söhnen ist bewusst geworden, dass für sie selbstverständlich ist, wovon andere nicht einmal träumen. Die Jugendlichen haben Geschichten aus ihren Dörfern erzählt, wo eine kranke Mutter drei Tage mit dem Esel zum Arzt reiten musste – während meine Jungen über die Straße laufen zum Arzt. Und wenn sie nicht laufen können, fährt die Mama sie. Man lernt sein Glück zu schätzen, wenn man das Unglück der anderen sieht.«

Im Juli 2016, als Zeitungen, Fernsehsender, Onlineportale über den Axtangriff in einem Zug nach Würzburg berichten, versucht Louis Aßländer, die Nachricht vor seiner Mutter geheim zu halten. »Er wollte mich schonen, das fand ich sehr rührend.«
»Hat die Nachricht Sie getroffen?«
»Ja.«
»Der Jugendliche hätte auch bei Ihnen leben können.«
»Wahrscheinlich schon. Man denkt immer, man selbst hätte etwas gemerkt, aber das dachte die betroffene Familie sicher auch. Wahrscheinlich war der Angriff auch ein großer Rückschlag für die Flüchtlingshilfe, wahrscheinlich denken seither mehr Menschen: Wen hole ich mir da ins Haus? Und öffnen ihre Türen lieber nicht.«
»Wie haben die Jugendlichen, Mahdi, der noch bei Ihnen wohnte, und andere, die Sie besuchten, mit denen Sie immer noch Kontakt hatten, reagiert?«
»Sie hatten Angst, dass man sie nun auch für Terroristen halten würde. Sie fragten, ob sie jetzt immer das Gartentor abschließen sollten. Ich dachte: Soll ich ihnen erklären, dass man, wenn man uns angreifen würde, sicher Brandsätze werfen würde? Dass ein verschlossenes Gartentor keinen Brandstifter abhält? Das machte mir Angst ... obwohl ich sonst keine Angst habe.«
»Haben Sie gezögert, weiterhin Geflüchtete in Ihr Haus einzuladen?«
»Nein. Weder ich noch meine Söhne noch mein Mann haben gezweifelt. Der Angriff war furchtbar, doch er ändert nichts an unserer Überzeugung, dass es wichtig ist, sich um unbegleitete minderjährige Flüchtlinge zu kümmern. Viele haben Schlimmstes erlebt, und wenn ich sehe, wie selten etwas passiert, denke ich, die allermeisten haben sich doch ziemlich gut im Griff. Es wäre gut, wenn wir ihnen eine bessere Perspektive bieten würden als der IS.«
Judith Aßländer weiß, dass Glück auch daher rührt, für das einzutreten, was einem wichtig ist, in ihrem Fall: Kinder, Ideale, soziale Moral. Als wir uns verabschieden, entdecke ich im Flur ein gerahmtes Zitat:

Be the kind of woman that when your feet hit the floor each morning the devil says: Oh crap, she's up.

Es beschreibt sie ziemlich gut.

ERNST FRITZ-SCHUBERT
Oberstudiendirektor | 68

Schulfach Glück

In Heidelberg – ausgerechnet im Philosophenweg – lebt ein Mann, dessen Lebenswerk einmal dazu führen könnte, dass die Deutschen in internationalen Glücksstatistiken nicht mehr notorisch auf mittleren oder hinteren Plätzen rangieren.

Ernst Fritz-Schubert ist pensionierter Oberstudiendirektor. 2007 führte er an der Willy-Hellpach-Schule, die er damals leitete, das Schulfach Glück ein. Glück könne man lernen, und darum sollten seine Schüler fortan nicht nur in Deutsch, Englisch und Mathematik ausgebildet werden, sondern auch in Lebenskunst. Sie sollten wissen, dass Glück nie dauerhaft ist. Sie sollten wissen, dass es mit Anstrengung verbunden ist. Sie sollten wissen, dass es in seiner lustbetonten Definition verführbar macht und Marketingstrategen das nutzen, uns Dinge zu verkaufen, die nur scheinbar glücklich machen. Sie sollten wissen, dass das affektive Glück eine vernünftige Schwester hat, die Zufriedenheit, sodass nicht jedem Rausch nachjagen muss, wer tut, was den Menschen seit der Aufklärung ohnehin nahegelegt wird: den eigenen Verstand zu benutzen.

Im Deutschen unterscheiden wir nicht zwischen Zufalls- und Lebensglück. Sprechen die Engländer von *luck* und *happiness*, die Franzosen von *la chance* und *le bonheur*, reden wir schlicht von Glück. Dabei sind sich Philosophen von Sokrates bis Wilhelm Schmid einig, dass wirkliches Lebensglück vor allem auf der Haltung zum Leben basiert. In der Psychologie gilt Glück als ein Zustand intensivster Zufriedenheit; allerdings konzentrieren sich Psychologen mehr auf menschliches Unglück, nur die Positive Psychologie beschäftigt sich seit den 1990er-Jahren intensiv damit, was Menschen stärkt, ihr Wohlbefinden steigert und das Leben lebenswert macht.

Lebensglück, wie der Pädagoge Ernst Fritz-Schubert es versteht, braucht ein gelungenes Zusammenspiel von Kompetenz, Konsistenz und Kohärenz sowie der Befriedigung psychischer Grundbedürfnisse. Er beugt sich vor und stellt ein kleines buntes Tetraeder auf den Tisch. Anhand der vier Seiten erläutert er seine Theorie: Kompetenz resultiert aus Selbst-, Sozial- sowie Fach- und Methodenkompetenz; man kann etwas. Konsistenz basiert auf Selbstwert, Vertrauen und Verantwortungsgefühl; man ist jemand. Kohärenz ergibt sich aus Selbstkonzept, Handhabbarkeit und Sinnhaftigkeit; man weiß, was man tut, wie und warum. Die psychischen Bedürfnisse, die befriedigt sein müssen, sind Freiheit, Sicherheit, Sinn. Glückliche Kinder fühlen sich wohler, lernen leichter, sind kreativer, streiten weniger. Sie können die Welt erobern und ihren Platz in ihr finden – Bildung versteht Fritz-Schubert nämlich ganz im Sinne Humboldts.

»Herr Fritz-Schubert, waren Sie selbst ein unglücklicher Schüler?« Die Sonne scheint in den Wintergarten, in dem wir sitzen, und Fritz-Schubert blinzelt, lehnt sich zurück und schmunzelt. Er trägt ein Poloshirt, Jeans und Slipper, wirkt entspannt und zugleich präsent, ein Mann, der sich seiner selbst, seiner Leistung, seiner Wirkungsmacht bewusst ist.

»Eigentlich war ich in meinem Leben immer sehr glücklich«, antwortet er. Und korrigiert sich dann: »Kein eigentlich – ich war in meinem Leben immer sehr glücklich. Trotzdem waren meine ersten Schuljahre von Unlust und Versagensangst geprägt, so sehr, dass ich mir einen gesunden Blinddarm herausnehmen ließ, um nicht zur Schule zu müssen.«

Ernst Fritz-Schubert wurde 1948 geboren, drei Jahre nach Kriegsende. Er sei ein Kind des Friedens, weil seine Eltern nach dem großen Grauen einen Neubeginn wagten. »Ich hatte immer das Gefühl, vom Schicksal verwöhnt zu sein, weil ich mein Leben gestalte und nicht verzage. Ich bin ein Gestalter, kein Erdulder. Ich habe eine hohe Selbstwirksamkeitserwartung, denn so verstehe ich Glück: Glückliche Menschen realisieren Dinge, die ihnen wichtig sind.«

»Hatten Sie dieses Gefühl schon als Kind oder erst als Erwachsener?«

»Ich habe schon früh die Erfahrung gemacht, dass ich Ziele erreichen kann. Als Jugendlicher bin ich gern Rennrad gefahren, der Sport braucht Kraft, Ausdauer, Willensstärke und Mut, das lag mir. Meine Eltern waren dagegen, es sei zu gefährlich. Mein Vater verbot mir sogar, eine Gangschaltung bei meinem Fahrrad einzubauen. Doch ich wusste, dass sie das Risiko nicht einschätzen konnten, und fuhr weiter. Als ich die ersten Wettkämpfe gewann, gaben meine Eltern schließlich nach. Auch andere Dinge, die mir wichtig waren, habe ich ausprobiert. Es hat nicht immer alles perfekt geklappt, aber ich spürte: Das wird schon. Was mir damals verborgen blieb, war, wie man es schafft, intellektuelle Herausforderungen zu meistern.«

»Welche Rolle spielte Bildung in Ihrem Elternhaus?«

»Meine Eltern gehörten zum unteren Bürgertum, mein Vater war Handwerker. Wie er wäre ich auch gern Dekorateur geworden, doch ich sollte einen Büroberuf lernen. Dabei ertrug ich es kaum, jeden Tag in einem düsteren Raum zu hocken, Zahlen in Maschinen zu tippen, die Luft dick vom Qualm von vier Rauchern. Während meiner Lehre und des anschließenden Wehrdienstes begann ich allerdings, das System zu verstehen: Ich begriff, dass es in der Schule allein um gute Noten, nicht um Erkenntnis ging, und dass mir mit einem mittleren Schulabschluss nicht allzu viele Chancen offenstanden. Also machte ich mein Abitur nach. Ich übersprang sogar eine Klasse. Ich spürte jetzt, welches Potenzial in mir steckte, und wollte es nutzen, wollte Dinge vorantreiben, verändern, Einfluss nehmen. Ich begann, Volkswirtschaftslehre und

Jura zu studieren. Im Studium traf ich Kommilitonen, die ähnlich dachten. Es war eine Begeisterung, die uns alle trug. Einige gingen später an den Bundesrechnungshof und andere Schaltstellen, modernisierten verkrustete Strukturen in der Verwaltung, in der Gesellschaft, in der Bildung. Ich wechselte in den Schuldienst, weil ich mit meiner Frau eine Familie gründen wollte und merkte, dass es schwierig werden würde, einerseits die Welt zu verändern und andererseits pünktlich zu Hause zu sein.«

Ernst Fritz-Schubert mag Kinder, er sieht sie gern wachsen. Er wird Lehrer an einem Wirtschaftsgymnasium und neben BWL und VWL will er seinen SchülerInnen auch vermitteln, dass sie ihres Glückes Schmied sind. Er will sie begeistern, sie stärken – und fragt sich zugleich, warum manche Jugendliche lieber schwänzen, sich verweigern, Mist bauen. Warum ihnen die Schule verhasst ist wie ein Besuch beim Zahnarzt. Er will ihnen helfen, aus ihren Schwierigkeiten herauszufinden, denn es muss ja einen Grund für ihr Unglücklichsein geben. Immerhin zeigen internationale Studien, dass Zufriedenheit zu fünfzig Prozent genetisch ist, zu zehn Prozent aus den Lebensumständen resultiert – und zu vierzig Prozent aus dem eigenen Denken und Handeln. Dieser Gestaltungsspielraum, denkt Fritz-Schubert, lässt sich doch nutzen. Er hätte da eine Idee.

Um sie umzusetzen, lässt er sich zunächst zum Systemischen Therapeuten ausbilden. Die Systemische Therapie schaut nicht zurück, sondern nach vorn, sie ist lösungsorientiert, das gefällt ihm. Im Jahr 2000 wird Fritz-Schubert Schulleiter, was seinen Handlungsspielraum zusätzlich vergrößert. Als seine Frau zufällig in der Zeitung liest, dass am Wellington College in England ein Fach namens *Well-being* unterrichtet wird, setzt er sich hin und schreibt ein Konzept für einen vergleichbaren Glücksunterricht in Deutschland. Dabei geht es ihm nicht um simple Rezepte. Auf der Basis wissenschaftlicher Erkenntnisse und Theorien der Systemischen Pädagogik, der Transaktionsanalyse, der Positiven Psychologie, der Salutogenese und der Soziologie formuliert er grundlegende Fragen: Wie sollten sich Kinder entwickeln? Was fördert sie, intellektuell, seelisch, körperlich? Was hindert sie? Welche Einstellungen, welche verinnerlichten Überzeugungen stützen, welche sabotieren Entfaltungsmöglichkeiten? Was macht ein gelingendes Leben aus, und welches Handwerkszeug braucht der Einzelne dafür? Mit Methoden aus dem Mental- und Motivationstraining, der Bewegungs- und Theaterpädagogik will er seinen SchülerInnen einerseits Wissen zum Thema Glück vermitteln und sie andererseits Glücksgefühle erleben lassen. Er will, dass sie ein Bewusstsein für sich und andere entwickeln. Er will sie motivieren und ihnen zeigen, dass Leistung nicht zwingend Wettbewerb und Druck bedeutet, sondern Spaß macht und sich lohnt. Er will, dass sie ihre Stärken entdecken und ihre Schwächen als Ressource nutzen. Er will ihnen nahebringen, was der Wiener Sozialwissenschaftler Ernst Gehmacher die drei großen F nennt: Fitness, Freunde und Freude an dem, was man tut – die Basis allen Lebensglücks.

Im baden-württembergischen Kultusministerium liest man sein Konzept, prüft, stellt ein paar Bedingungen, ist aber grundsätzlich nicht abgeneigt. Und so beginnt Fritz-Schubert, mit einem interdisziplinären Team aus PädagogInnen, einer Psychologin, einem Erziehungswissenschaftler, einem Familientherapeuten, einer Entspannungstrainerin, zwei Schauspielern und einem ehemaligen Hockeybundestrainer einen Lehrplan zu entwickeln. Gleich im ersten Jahrgang, 2007, melden sich so viele SchülerInnen an, dass er auch drei Kurse füllen könnte.

Im Schulfach Glück kleben Jungen und Mädchen einander nun Zettel auf den Rücken, auf denen steht, was sie am anderen schätzen, und stellen sich selbst Stärkenausweise aus: Sie lernen etwas über sich und ihre Außenwirkung. Sie experimentieren mit Tae Bo, einer Mischung aus Tanz und Kampfsportelementen, mit Stockkampf und laufen einen Halbmarathon: Sie lernen etwas über Angst, den inneren Schweinehund und darüber, dass es sich lohnt, sich anzustrengen. Sie kaufen ein, putzen Obst und Gemüse, bereiten leckere Gerichte zu und decken, bevor sie essen, den Tisch mit schönem Geschirr: Sie kultivieren das Glück im Alltag. Sie spielen Theater, machen Rollenspiele und Entspannungsübungen, sie reflektieren und diskutieren, üben positives Denken und stellen sich allein und in Gruppen neuen Herausforderungen. Sie lernen Selbstfürsorge und soziale Verantwortung, Achtsamkeit und Stressreduktion, Zeitmanagement, gewaltfreie Kommunikation und Lösungsfokussierung. Sie lernen, nicht alles sofort zu wollen, sondern ausdauernd zu sein. Sie erleben, dass Eigeninitiative Spaß macht, bekommen positives Feedback, verlieren Hemmungen.

Sie stellen sich beispielsweise auf eine Holzplatte, die auf einer Kugel liegt, und versuchen, das Gleichgewicht zu halten, sodass die Platte nicht kippt. Sie entdecken, dass sie die Balance leichter halten, wenn die Schweren in der Mitte und die Leichten am Rand stehen. Sie spielen eine Familie, in der immer wieder jemand kommt und jemand geht. Sie albern herum, lachen – und plötzlich sagt ein Schüler: »Wenn einer ausziehen will und die anderen nicht wollen, dass er auszieht, kommt die Familie aus dem Gleichgewicht.«

»Was wäre nötig, um das Gleichgewicht wiederherzustellen?«, fragt Fritz-Schubert.

»Die einzelnen Familienmitglieder müssen sich bewegen.« Das Mädchen, das die Mutter spielt, rückt zur Seite. Der Junge, der den Vater spielt, tritt einen Schritt weiter nach innen. Die Platte, die eben noch schief stand, gerät wieder in Balance.

»Wie war's?«, fragt Fritz-Schubert anschließend.

»Hat Spaß gemacht«, antworten die SchülerInnen.

»Warum?«

»Weil wir das Problem lösen konnten.«

»Weil wir uns gegenseitig geholfen haben.«

»Weil man das im Alltag nutzen kann – zum Beispiel, wenn der Vater die Mutter verlässt.«

Nicht wenige Kinder an Fritz-Schuberts früherer Schule sind, was man gemeinhin Problemschüler nennt: sie kommen aus schwierigen Familienverhältnissen, haben Heim- oder Psychiatrieerfahrung, leiden unter ADHS-Problemen. Im Glücksunterricht erleben sie plötzlich Erfolge. »Die Kinder und Jugendlichen fühlen etwas.« Fritz-Schubert greift nach seinem Tetraeder, deutet auf die grüne Fläche, auf der *Konsistenz* steht: *Selbstwert, Vertrauen, Verantwortung.* »Es geht im Schulfach Glück ja nicht um Wunder, sondern um Veränderungen, die nachwirken. Es geht weniger um die Steigerung des subjektiven Wohlbefindens, als um die Verbesserung der Selbstwirksamkeitserwartung und des Selbstbewusstseins.«

Ein Mädchen sagt: Im Alltag bin ich jetzt ruhiger. Ich finde mich selbst.

Ein Junge sagt: Was wir in Ethik lernen, üben wir in Glück.

2008, ein Jahr nach der Einführung des Schulfachs Glück, bekommt die Willy-Hellpach-Schule eine Trophäe: Der Bundespräsident zeichnet sie als Ort im *Land der Ideen* aus.

»Herr Fritz-Schubert, bei allem Respekt: Was bewirken zwei Stunden Glück pro Woche? In einer Klasse mit zwanzig oder dreißig Schülern? In einem Leben, in dem Jugendliche zu Hause vielleicht ganz andere Botschaften lernen?«

Fritz-Schubert lehnt sich zurück, streicht über seinen Schnurrbart – und freut sich. »Das ist eine sehr berechtigte Frage«, sagt er. »Es sind ja nicht zwei Wochenstunden, sondern zweiundsiebzig Stunden im Jahr, über zwölf Schuljahre also beinahe tausend Stunden Glücksunterricht, in denen SchülerInnen Impulse bekommen und Erfahrungen machen, die nachhallen.« Er hebt den Finger – und lässt ihn wieder sinken; das einzige Mal, dass eine seiner Gesten an einen Lehrer erinnert. »Es ist ja so«, fährt er fort: »In der Regel haben Schüler in der Schule Erfolg, wenn sie reproduzieren, sich taktisch und wenig authentisch verhalten. Doch im Leben zählen andere Dinge. Darum erlaubt die schulische Leistung auch keine Prognose für ein erfolgreiches Leben. Pädagogen denken gern, sie könnten auf der Basis von Leistungen Voraussagen zum Lebensglück abgeben, doch das ist anmaßend. Ich könnte Ihnen einige Fälle nennen, in denen solche Voraussagen völlig danebenlagen. Manchmal werden sie sogar zur *self-fulfilling prophecy*, beispielsweise wenn Mädchen lernen, sie könnten schön schreiben, aber nicht rechnen. Meiner Tochter sagte man das in der Grundschule – später promovierte sie in Neurowissenschaften.«

In Evaluierungen der Universitäten Mannheim, Heidelberg und Wien erwiesen sich SchülerInnen, die am Glücksunterricht teilnahmen, als selbstbewusster und mutiger als Mädchen und Jungen einer Kontrollgruppe, sie fühlten sich wohler, kannten ihre Stärken genauer, konnten sich klarer Ziele setzen. Sie empfanden ihr Leben als sinnvoller und kamen besser mit Unglück zurecht. Und darin liegt wohl die eigentliche Herausforderung, denn bei allem, was wir für unser Glück tun können, liegt manches einfach außerhalb unserer Macht. Lebensglück oder das Glück der Fülle, wie der Philosoph Wilhelm Schmid es nennt, umfasse immer auch das Unangenehme, Schmerzliche, Negative, mit dem wir zurechtkommen müssten. Denn, und das sei durchaus eine Paradoxie: Ein Glücklichsein ist möglich, bei dem das Unglücklichsein nicht ausgeschlossen werden muss, sondern einbezogen werden kann.

Ernst Fritz-Schubert steht auf. Er geht zu einem Tisch, auf dem Unterlagen liegen. Sein Gang ist fest, seine Bewegungen sind effizient. Er steckt voller Energie, ein Mann, den man leicht zehn Jahre jünger schätzt. Über hundert Schulen in Deutschland und Österreich, sagt er und greift nach einem Papier, haben das Schulfach Glück inzwischen übernommen. Unternehmen, Sportvereine, Kliniken, Gemeinden interessieren sich dafür. Er hält Vorträge von Oldenburg bis Südkorea, ist Hochschuldozent und bildet am von ihm gegründeten Fritz-Schubert-Institut LehrerInnen und seit Neuestem auch ErzieherInnen aus. Mit seinem eigenen Leben ist er, scheint es, überaus zufrieden.

»Und wie! Mit dem Schulfach Glück mache ich mich selbst glücklich: Ich bin achtundsechzig Jahre alt, werde noch gebraucht, werde anerkannt, man möchte sich mit mir auseinandersetzen, mit mir diskutieren. Es passiert etwas.« Er strahlt. »Mir geht es wirklich gut. Meine Exfrau sagte mal: Du wirst ein böser, alter Mann. Das war *vor* dem Schulfach Glück.«

»Sie waren in Ihrem Leben also doch nicht immer sehr glücklich?«

Er zögert kurz, schüttelt den Kopf. »Hätte man mir früher gezeigt, worauf es im Leben wirklich ankommt, hätte ich mein Leben wohl anders gestaltet. Dann hätte es das unechte Selbstwertgefühl nicht gegeben, den Angeber, den Gemeinen, den Hinterhältigen, der ich auch immer wieder war. Wahrscheinlich hätte es weniger zu bereuen gegeben.«

»Was bereuen Sie denn?«

»All die Dinge, die nicht zur Selbstachtung beigetragen haben, die bereut man. So viel ist es nicht, aber immerhin.«

»Hätten Sie selbst gern als Schüler Glücksunterricht gehabt?«

»Ja, denn dann hätte ich manches im Leben früher verstanden. Ich habe mich oft an Vorbildern orientiert, an Menschen, deren Haltung mir gefiel, die mich beeindruckten, aber was sie mir beibrachten, hätte man mir auch früher und gezielter vermitteln können. Ich wünschte, man hätte mir beispielsweise früh vermittelt, dass Lernen Spaß macht. Stattdessen wurden, als ich in die Schule kam, Sachen abgefragt, von denen ich dachte, ich würde sie erst lernen. Ich fühlte mich unendlich dumm, was mir die Lust am Lernen auf lange Zeit verdorben hat. Wie gesagt, ich habe mir sogar einen gesunden Blinddarm herausnehmen lassen, nur um nicht in die Schule zu müssen.«

Schulfach Glück. Vielleicht denken und fühlen in ein oder zwei Generationen mehr Deutsche wie Ernst Fritz-Schubert und vielleicht rangieren wir dann eines Tages in internationalen Glücksstatistiken nicht mehr auf mittleren oder hinteren Plätzen. Vielleicht wandelt sich, was in unserer kollektiven DNA zu schlummern scheint, die *German Angst* – jene diffuse Furcht und Verzagtheit, die Neigung zum Bedenkenträgertum, der tief verwurzelte Wunsch, alles möge immer bleiben, wie es ist, das Gefühl, wir dürften uns nicht allzu sehr freuen, weil Unheil immer droht – in *German Glück*?

Ernst Fritz-Schubert gibt Grund zur Hoffnung. »Wir haben in Deutschland gute äußere Voraussetzungen, um glücklich zu sein, und jeder Einzelne trägt in sich eine Menge Eigenschaften, die er nutzen kann, um sich gut zu fühlen. Er muss sie bloß entwickeln und nutzen.«

BRITTA JANZEN
Inhaberin eines Wollgeschäfts | 44

Das Glück ist ein Muskel, den man trainieren kann

Vom oberen Stockwerk ihres Hauses sieht Britta Janzen das Meer. Öffnet sie das Fenster, weht ihr an den meisten Tagen frischer Wind ins Gesicht, es riecht nach Salz und Fisch und weiter Welt, Silbermöwen segeln durch die Luft. Sie mag das. Sie ist hier aufgewachsen, eine Deern von der Küste.

Eine Frau im Land der Glücklichen – denn entgegen der in Bayern beliebten Behauptung, das Leben im Freistaat sei der Himmel auf Erden, wohnt das Glück im Norden: Niedersachsen liegt laut *Glücksatlas 2016* auf Platz 3, Hamburg auf Platz 2 und nirgends ist man so ungetrübt glücklich wie in Schleswig-Holstein. Obwohl die Arbeitslosigkeit ein wenig größer ist und nicht ganz so viele Frauen und Männer in festen Partnerschaften leben wie anderswo, finden die Menschen im Land zwischen den Meeren, dass es ihnen einfach gut geht. Inzwischen hat die Tourismus-Agentur Schleswig-Holstein zum offiziellen Glückswachstumsgebiet erklärt. »Wir haben das Meer in der Stadt«, schwärmt Britta Janzen, »wir haben Schiffe, einen hohen Himmel, einen endlosen

Horizont. Und morgens können wir im Bademantel zum Strand gehen und ins Wasser springen.«

So viel Glück und Seligkeit. Doch dass ich ausgerechnet sie besuche, hat noch einen anderen Grund: Als Britta Janzen im Sommer 2016 in unserem gemeinsamen Netzwerk ankündigte, sie werde sich beruflich neu erfinden und nach fünfundzwanzig Jahren als Journalistin einen Wollladen eröffnen, löste sie einen Joystorm aus: *Wow! – Hut ab vor deinem Mut! – Was für eine aufregende, schöne Entscheidung! – Ich freue mich sehr für dich, dass du etwas gefunden hast, was dich erfüllt ...* In der Mitte des Lebens sehnen sich viele nach Veränderung, denn das Glück ist ein U: Mit sechsundvierzig ist es am Tiefpunkt. Wir spüren erste Anzeichen des Alters; wir sehen, welche Träume wir nicht verwirklicht haben; wir wissen, dass wir die Vergangenheit nicht ändern können; wir ahnen, dass die Zukunft vielleicht nicht mehr viel Veränderung bringt. Eine Möglichkeit, wieder glücklich zu werden, ist, sich damit zu arrangieren. Die andere, etwas zu verändern.

An diesem Vormittag Ende August läuft Britta Janzen vom Wohnzimmer in den Flur in die Küche ins Wohnzimmer, umkreist den langen Tisch mit Laptop, Papieren, Telefonen. Sie trägt ein Ringel-T-Shirt und bequeme Hosen und eine Aura purer Energie umgibt sie. Die braucht sie auch, denn was als Erfüllung eines Traums gedacht ist, hat momentan das Zeug zum veritablen Albtraum: In sechs Wochen soll *Wolle & Wunder* eröffnen und die Handwerker warten immer noch auf neue Fenster, es gibt keinen Strom, keinen Telefonanschluss, der Elektriker macht Urlaub, das neue Kassensystem funktioniert nicht, Buchhaltungsprogramme müssen installiert werden, gleichzeitig gehen ständig Rechnungen ein, das Startkapital schrumpft, erst vor ein paar Tagen hat Janzen für 20.000 Euro Wolle bestellt. »Phhh ... das ist schon ein Risiko!« Sie lacht und ihr Gesicht leuchtet. »Aber ich fühle mich lebendig wie lange nicht.«

Als Kind wollte sie Opernsängerin werden. Später volontierte sie bei einem Zeitungsverlag und wurde mit dreiundzwanzig jüngste Redakteurin der *Schleswiger Nachrichten*. Als man ihren befristeten Vertrag in einen unbefristeten umwandeln wollte, erschrak sie: Bis zur Rente in einer Lokalredaktion? Nein, dachte sie, ich will mehr. Und begann ein berufsbegleitendes Studium. Danach arbeitete sie für Zeitungen, Radio und Fernsehen, war leitende Redakteurin, Ressortleiterin, Chefredakteurin, machte Karriere, machte sich selbstständig. Doch mit den Jahren erlosch ihr Feuer. »Irgendwann war jede Geschichte geschrieben, ich hatte alle Lust, alle Leidenschaft verloren. Und ich wusste, das würde sich auch nicht ändern, denn der Journalismus wird kaputtgespart, die Qualität der Berichterstattung ist im Sinkflug, vielen Redaktionen scheint es egal zu sein, was sie drucken, und den Lesern auch. Zudem hatte der Sparkurs zu dramatischen Umsatzrückgängen geführt, ich konnte kaum noch von meiner Arbeit leben.«

Sie war unglücklich.

Und wurde immer unglücklicher.

Und dann erzählt ihre Schwiegermutter bei einem Familienfest, das Wollgeschäft, in dem sie seit über zehn Jahren arbeitet, werde schließen. Eine Sünde, sagt jemand, der schöne Laden. Könnte man ihn nicht weiterführen?, überlegen alle. Britta, sagt die Schwiegermutter, du bist doch so geschäftstüchtig … Wieder lacht Britta Janzen, ein kraftvolles, mitreißendes Lachen. »Wir haben ein bisschen herumgesponnen und am Ende sagte ich, ich würde mich mal erkundigen, was so etwas kostet.«

Sie recherchiert, das kann sie ja. Wie sieht der Strickmarkt aus? Wie wird man Partnergeschäft eines Wollgroßhändlers? Wie viel Umsatz, wie viel Gewinn ist möglich? Dabei hilft ihr, ironischerweise, dass sie vor Kurzem noch ein Do-it-yourself-Magazin entwickelt hat. Bald nach dem Start stellte der Verlag es wieder ein – in einem übersättigten Markt hatte ihr Herzblutprojekt die Lebensdauer einer Eintagsfliege. »Ich glaube, dieses Scheitern war tatsächlich der Punkt, an dem ich dachte: Gibt es nicht noch was anderes als Journalismus?«

Sie schreibt ein Konzept. Präsentiert es Vermietern, Wollhändlern, Lieferanten. Man kommt ins Gespräch. Bloß die Betreiberin des Geschäfts ist unerreichbar. Kurz vor Weihnachten teilen die Vermieter

Britta Janzen mit, sie hätten sich für einen anderen Mieter entschieden. Man bietet ihr eine andere Fläche an, größer, teurer, auch interessant. Sie verhandelt. Die Verhandlungen laufen gut. Doch es kommt und kommt kein Mietvertrag zustande. Im April schreibt sie eine Mail: Danke, bin nicht mehr interessiert.

Und dann ruft der Makler an. In der Holtenauer Straße, einer beliebten Einkaufsstraße, hatte Britta Janzen einen leer stehenden Laden entdeckt, die Adresse notiert, die Maklerfirma angemailt, auf Antwort gewartet. Nun geht alles ganz schnell. Beim Ortstermin liegen Kartons herum, überall Krempel, nackte Mauern, schmieriger Fußboden, das Geschäft war einmal eine Hähnchenbraterei, später ein Dönergrill. »Aber ich habe eine lebhafte Fantasie und konnte mir vorstellen, wie es einmal aussehen könnte.«

Britta Janzen sagt: Ja.

Sie ruft ihren Mann an und sagt: Es geht los.

Sie sieht mich an und zuckt mit den Schultern, als könne sie nichts dafür. »Ich bin ein optimistischer Mensch. Ich habe ein Grundvertrauen, dass Dinge, die sein sollen, auch passieren.«

»Woher rührt dieses Grundvertrauen?«

»Weiß nicht.« Sie schiebt die Unterlippe vor, überlegt. »Ich weiß nicht, woher das rührt. Wahrscheinlich daher, dass sich schon immer alles zum Guten gewendet hat. Darum gehe ich einfach davon aus, dass es auch in Zukunft so sein wird.«

Britta Janzen wuchs in einem gut situierten Elternhaus auf. In einer Familie, die zusammenhält. Einmal im Jahr trifft sich der engere Kreis, dreißig bis sechzig Tanten, Onkel, Kinder, Enkel, Cousins und Cousinen. Alle zwei Jahre trifft sich die erweiterte Familie – die vier Töchter und Söhne ihrer Urgroßmutter mit all ihren Frauen und Männern, Töchtern und Söhnen, mit Enkeln und Urenkeln, Cousins, Cousinen, Großcousins, Großcousinen, Nichten, Neffen. »Da habe ich gelernt, dass wirklich immer jemand da ist. Wenn es einem von uns schlecht geht, sind die anderen zur Stelle.«

»Du bist also in großer Sicherheit aufgewachsen?«

»Ja, und jetzt, wo ich darüber nachdenke, wird mir bewusst, dass ich auch immer in der Gewissheit gelebt habe, dass irgendwo eine Tür aufgeht. Als ich nach dem Abitur nicht wusste, was ich machen sollte, sagte mein Vater: Du hast immer so schöne Aufsätze geschrieben, wie wäre es mit Journalismus? Blauäugig habe ich mich bei einem Verlag um ein Volontariat beworben. Ziemlich blauäugig, denn ohne Studium bekommt man eigentlich kein Volontariat. Aber ich wurde genommen. Auch später kamen Jobs oft zu mir, selten habe ich mich beworben. Wenn jemand fragt: Können Sie das?, sage ich: Klar kann ich das. Und zack, geht eine Tür auf ...« Sie lächelt, fast ein wenig verlegen. Als sei sie überrascht von der Erkenntnis. »Man könnte sagen, ich habe oft Glück gehabt.«

Anfang August beginnen Bauarbeiter, in der ehemaligen Hähnchenbraterei Wände einzureißen, neue Wände hochzuziehen. Als sie ihr Konzept schrieb, hatte Janzen überlegt: In was für einem Laden würdest du selbst gern einkaufen? Während ihrer Arbeit für das DIY-Magazin war sie oft auf Messen und Internetportalen und hatte gestaunt, mit welcher Begeisterung Menschen stricken, häkeln, basteln. Als seien sie der Welt der global operierenden Ketten mit ihrer industriell produzierten Einförmigkeit überdrüssig, als treibe sie ein Verlangen nach Einzigartigem. Janzen beschloss, in ihrem Laden nicht nur Wolle zu verkaufen, sondern auch Handgemachtes in kleinen Auflagen. »Ich erzähle ja immer allen, was ich vorhabe, und du glaubst nicht, wie viele Leute auf mich zukommen: Guck mal, ich nähe Taschen. Guck mal, ich häkle Cupcakes. Guck mal, ich mache Segelschiffe aus Stoff. Tolle Sachen und so einen Laden gibt's noch nicht in Kiel!«

Ja, sie sei schnell zu begeistern, gibt sie zu. Doch sie ist auch stocknüchtern. Ihr Vorhaben rechnete sie Hunderte Male durch, ließ es von einem Unternehmensberater prüfen, von der Industrie- und Handelskammer. Ein Wollgeschäft?, fragten die Herren skeptisch. Sie holte Luft und präsentierte ihr Konzept. Nach anderthalb Stunden waren alle überzeugt. »Der Unternehmensberater riet mir, ein Franchise-Konzept aus meiner Idee zu machen, in fünf Jahren hätte ich dreißig Filialen in ganz Deutschland. Das fand ich ein bisschen sehr optimistisch, ich wäre zufrieden, wenn erst einmal ein Laden läuft.«

Glückspilze, schreibt der Mediziner und Kabarettist Eckart von Hirschhausen, kämen gar nicht auf die Idee, dass ihr Vorhaben schiefgehen könnte. Und wenn doch: Was soll's? Die Welt ist voller Chancen, stürzen sie sich eben ins nächste Projekt. Dem britischen Psychologen Richard Wiseman zufolge suchen glückliche Menschen ihre Umwelt stärker nach Möglichkeiten ab – Glück ist immer auch eine Frage erkannter Chancen. Und auch Paul Watzlawick wusste, als er 1983 seinen Bestseller *Anleitung zum Unglücklichsein* schrieb, dass die sich selbst erfüllende Prophezeiung die wichtigste Voraussetzung fürs Glück sei.

Glück – wer daran glaubt, hat's!

Wer nicht, der nicht.

Das Telefon klingelt. Janzen wirft einen Blick aufs Display, schüttelt den Kopf.

»Britta, hast du Angst vor dem Neuen?«

»Nein, ich habe schon oft im Leben neu angefangen.«

»Du kannst nicht einmal stricken.«

»Meine Mitarbeiterinnen können stricken. Und ich kann Trends erkennen, Märkte analysieren, PR und Marketing machen, ich habe Geschäftssinn und tausend Ideen.«

»Du übernimmst vier Angestellte aus dem Wollgeschäft deiner Schwiegermutter.«

»Die beschäftige ich auf 450-Euro-Basis.«

»Du hast ein Darlehen aufgenommen.«

»Das finanziert meine Familie, ich habe also keine Bank im Nacken.« Wieder klingelt das Telefon. Ein kurzer Blick, ein Kopfschütteln. »Außerdem habe ich mir einen Mentor gesucht. Ein Unternehmer im Ruhestand, ein toller Mann, sehr erfahren, er berät mich. Er sagte zum Beispiel: Der Eingang Ihres Geschäfts liegt versteckt in einem Seitenweg, da müssen Sie etwas tun. Weil ich auch auf Facebook allen erzähle, dass ich einen Wollladen aufmache, meldete sich eine Bekannte und lud mich zu ihrem Strick- und Häkelstammtisch ein. Dort berichtete ich von dem versteckten Eingang, davon, dass ich einen Wegweiser brauche, etwas Auffälliges. Vielleicht ein Fahrrad, quietschbunt umhäkelt? Toll, riefen alle, machen wir! Und natürlich werde ich auch meine Pressekontakte nutzen.« Sie lehnt sich zurück, sichtlich begeistert. »Früher habe ich zahllose Geschichten über Frauen geschrieben, die sich in der Mitte ihres Lebens neu erfinden – jetzt fragen mich Kollegen, ob *ich* ihnen ein Interview gebe.«

»Ein bisschen inzestuös.«

»Aber großartig.«

Wieder klingelt das Telefon. »Oh!«, ruft Janzen. »Das ist der Handwerker.« Sie springt auf, telefoniert, läuft durchs Wohnzimmer, in den Flur, die Küche, ins Wohnzimmer. Ihre Stimme scheint zu flirren. Vor Aufregung? Vor Freude? Sie hatte nie einen Lebensplan, keine klassischen Ziele wie Familie, Haus, Hund. Alles, was sie wollte, war ein toller Job. Jetzt hat sie ein neues Projekt – und das Feuer in ihr brennt wieder.

Sie legt auf, läuft um den Tisch, sucht Unterlagen, redet mit sich, mit mir, setzt sich wieder, stützt den Kopf in beide Hände und sieht mich freudestrahlend an.

»Worauf freust du dich am meisten?«

»Diesmal mein eigenes Ding zu machen. Als Journalistin hatte ich immer einen Redakteur, eine Chefredakteurin, einen Verleger, jemanden, der reinredete. Wie ich meinen Laden führe, ist meine Sache. Ich entscheide – diese Perspektive macht mich geradezu euphorisch.«

»Bist du je gescheitert?«

Sie lacht. »Einmal, als Chefredakteurin einer Computerzeitung. Ich hatte zu wenig Ahnung von der Materie und konnte mir auch nicht so schnell so viel Wissen aneignen, wie ich gedacht hatte. Nach einem Jahr bin ich gegangen.«

»Das war das einzige Mal?«

Sie schiebt ihre Brille zurück, überlegt. »Ein anderes Mal habe ich eine Stelle aufgegeben, weil ich unterschätzt hatte, wie schwierig es ist, Mutter zu sein und Vollzeit zu arbeiten. Aber sonst ...« Sie schüttelt den Kopf. »Sonst hat immer alles geklappt.«

»Was tust du, wenn der Laden nicht läuft?«

»Ich habe einen Punkt definiert, an dem ich aussteigen würde. Und mit dem Vermieter habe ich eine entsprechende Sonderklausel vereinbart. So viel Sicherheit muss sein.«

»Und dann?«

Ein weiteres Lachen bebt durch ihren Körper. »Dann fange ich noch einmal etwas ganz Neues an!«

Glück braucht auch Stehaufmännchenqualitäten. Britta Janzen scheint sie zu haben. Sie ist wie ein Flummi: Kaum berührt sie den Boden, zack, ist sie schon wieder oben.

»Bist du mutig, Britta?«

»Mhh …« Sie stützt den Kopf in die Hand. »Nein, eigentlich nicht. Aber neu anzufangen wird mit jedem Mal leichter, denn mit der Erfahrung sinkt die Wahrscheinlichkeit, in eine Katastrophe zu schlittern. Irgendwann konnte ich selbst unangenehme Situationen einfach als neue Erfahrung verbuchen. Einmal habe ich beispielsweise für eine Fernsehzeitung gearbeitet, das war nicht so schön, aber dort habe ich meine seither beste Freundin kennengelernt. Ich nehme aus jeder Etappe etwas mit und das ist sozusagen die Basis meines Lebensglücks. Das Glück ist ein Muskel, man kann ihn trainieren.«

»Gibt es ein Risiko, das du scheust?«

»Ja, ich würde nie auf blauen Dunst hin auswandern. Überhaupt würde ich Deutschland ungern verlassen, meine Eltern, meine Familie, die zahllosen Leute, die ich kenne.« Sie denkt nach – und ich kann zusehen, wie das Strahlen aus ihrem Gesicht weicht. Ihre Stimme klingt ein wenig rau, als sie fortfährt: »Als ich damals in der Lokalredaktion gekündigt habe, hatte ich vor, in Göttingen Volkskunde zu studieren. Meine Eltern sagten, von ihnen bekäme ich kein Geld, sie hätten mir bereits eine Ausbildung finanziert. Ich bin hier geblieben.«

»Du hast keine Scheu, dich beruflich immer wieder neu zu erfinden, aber es war dir zu gefährlich, in Göttingen zu studieren?«

Ein Nicken.

Ein Schulterzucken.

»Vielleicht ist das die Kehrseite der Sicherheit. Ich habe mich nicht getraut, aus einer gut bezahlten Festanstellung ins Studentenleben zu wechseln und allein in eine fremde Stadt zu ziehen. Es mag seltsam klingen, aber das Risiko, in Kiel einen Wollladen zu eröffnen, scheint mir deutlich kleiner.«

»Was war das größte Unglück in deinem Leben?«

Wieder denkt sie nach und einen Moment ist es still im Haus. »Mit dreizehn hatte ich eine Knieoperation, danach durfte ich lange keinen Sport machen und wurde ziemlich dick. Wenn man Übergewicht hat – und ich bin ja auch nicht klein –, fällt man auf. Dreiste Blicke, gemeine Sprüche, guck mal, die fette Kuh und so, das war nicht einfach. Eine Zeit lang hatte ich überhaupt keine Freunde mehr. Ich habe Diäten gemacht, vierzig Kilo abgenommen, wieder zugenommen, eine Kur gemacht, wieder abgenommen und immer noch mehr gewogen als andere. Das Selbstbewusstsein, zu sagen: Ich bin, wie ich bin, habe ich mir hart erarbeitet.«

Sie sei ein offensiver Mensch, sagt sie, im tiefsten Inneren jedoch schüchtern. Immer wieder habe sie sich überwunden: Versteck dich nicht, geh raus, trau dich. Geh tanzen, geh an den Strand, auch wenn du die einzige Dicke bist. Lass dir das Leben nicht vermiesen. Du wirst nie fünfzig Kilo wiegen, akzeptiere es. So sei sie allmählich in ihre exponierte Rolle hineingewachsen. »Heute empfinde ich es als Vorteil, nicht übersehen zu werden. Ich spiele damit. Ich nutze es, dass, wenn ich einen Raum betrete, alle aufsehen, dass, wenn ich losrede, alle zuhören. Ich habe auch schon lange keine abfälligen Bemerkungen mehr gehört. Im Gegenteil, neulich erzählte eine Freundin: Wenn Leute über dich reden, heißt es, das ist die Nette mit dem hübschen Gesicht.«

»Du hast jahrelang mit deiner Figur gehadert – und gleichzeitig für Frauenzeitschriften gearbeitet?«

Ein Seufzen. »Das Schlimmste ist, dass ich mich heute schäme, dass ich Diäten entwickelt und Überschriften getextet habe wie *Schlank mit der Nudel, Schnell schlank mit Powerfrüchten, Hack-Diät!* Vorne eine Geschichte über *So kriegst du die perfekte Figur* und hinten Rezepte für

Torten und Crashkurse wie *Selbstbewusstsein in drei Tagen*. Also ... es ist ziemlich gemein, denn all das baut einen enormen Druck bei Frauen auf, die nicht dem propagierten Ideal entsprechen.« Sie schüttelt den Kopf. »Für eine Frauenzeitschrift würde ich definitiv nicht wieder arbeiten.«

Dann schaut sie auf ihr Smartphone, steht auf und gemeinsam gehen wir den Weg hinterm Haus entlang zum Meer. Laufen durch den Sand, zur Fischbrötchenbude, und der Wind bläst uns die Haare ins Gesicht, ein paar Möwen kreisen im Aufwind über der Bucht, die Sonne scheint und der Himmel ist blau und weit. Wenn Forscher das Wohlbefinden vermessen, stützen sie sich auf objektive Faktoren wie Arbeit, Einkommen, Gesundheit, Wohnen, Freizeit und auf subjektive Faktoren, darauf, wie zufrieden Menschen sich selbst in Befragungen einschätzen. Jenseits solcher Koordinatensysteme bleibt Glück jedoch eine zutiefst individuelle Sache, und es fasziniert immer wieder zu sehen, wie einzelne das Glück finden und halten. Wie sie es wiederfinden, wenn sie es verloren haben. Wie sie Unglück überwinden.

Britta Janzen beißt in ihr Fischbrötchen und deutet auf den Strand, der sich scheinbar endlos durch die Bucht zieht. Jeden Tag laufe sie zwei Mal die Strandpromenade entlang, morgens, wenn sie ihren jüngeren Sohn in die Kita bringe, nachmittags, wenn sie ihn abhole. Auch das ist Glück. »Ich habe nie Kinder gewollt und bin erst spät Mutter geworden. Dann habe ich festgestellt: Es ist toll. Nicht immer, es ist auch anstrengend und nervig mit Kindern, und manchmal stört es mich, dass ich nicht einfach machen kann, was ich will, und immer auf jemanden Rücksicht nehmen muss. Aber es geschieht ständig etwas Neues, die Jungs entwickeln sich, und das mitzuerleben ist sehr schön.« Sie blinzelt und lacht. »Außerdem bin ich nach wie vor total glücklich, dass ich meinen Mann gefunden habe. Dass ich genau *diesen Mann* gefunden habe, mit dem das Leben so einfach ist. Als wir uns kennenlernten, im Internet, war ich siebenundzwanzig und er zwanzig. Wir wohnten nah beieinander, auf halbem Weg lag eine Pizzeria, also schlug ich vor, eine Pizza essen zu gehen. Er zögerte. Ich sagte, wenn wir uns doof fänden, könnten wir Pizza zum Mitnehmen kaufen und jeder ginge wieder zu sich nach Hause. Dann passierte, was ich nie für möglich gehalten hätte: Gleich beim ersten Treffen haben wir uns ineinander verliebt und sind seither zusammen. Mathias ist einfach ein Guter, ein ehrlicher, loyaler und rücksichtsvoller Mensch, und wir können wunderbar miteinander lachen. Einmal saßen wir beim Einwohnermeldeamt, es dauerte ewig und wir redeten, lachten und plötzlich hielt er inne und sagte: Selbst langweiliges Warten macht mit dir einfach Spaß … Eine ziemlich schöne Liebeserklärung, oder?«

»In der Tat.«

Britta Janzen beißt wieder in ihr Fischbrötchen und sieht hinaus auf die Ostsee. Das Wasser glitzert, weiße Schaumkronen auf den Wellenkämmen blitzen in der Sonne. »Am Meer zu leben«, sagt sie nach einer Weile, »hat etwas sehr Beruhigendes. Wenn ich den Wellen zusehe, werden alle Sorgen klein und unbedeutend, denn sie rollen seit Millionen Jahren an diesen Strand und werden es auch noch tun, wenn ich längst nicht mehr lebe.«

Diesem Glück kann man in Schleswig-Holstein allerdings tatsächlich kaum entkommen.

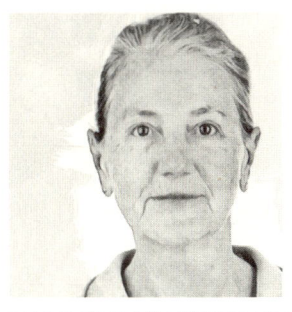

HANNELORE NEUMANN
Unternehmerin | 74

Das Glück der Resilienz

Hannelore Neumann hatte Glück, Überlebensglück.

Sie ist ein kleines Kind, als die Rote Armee im April 1945 in Königsberg einmarschiert. Inmitten von Trümmern, Tod, Gewalt und Hunger versucht die Mutter, sie und den Bruder am Leben zu halten. Der Vater ist seit Langem fort, Soldat an der Front, das Mädchen erinnert sich kaum an ihn. Dann verschwindet auch der Bruder. Und eines Tages die Mutter. Verzweifelt sucht sie sie, ruft ihren Namen, weint, schreit – bis eine fremde Frau sie anherrscht: Sei endlich still, deine Mutter ist tot.

Sie haust in Ruinen, isst, was sie findet, überlebt – wie, kann sie heute nicht mehr sagen. Schließlich bringt man sie in ein russisches Kinderhaus und 1947, als die Militärverwaltung alle noch in der Stadt lebenden Deutschen deportieren lässt, steckt man sie in einen Viehwaggon Richtung Westen. Auf einem Bahnhof in Sachsen-Anhalt fragt ein Mann: Wie heißt du? Sie weiß es nicht. Sie weiß auch nicht, wann sie geboren wurde. Wen hat das dort, wo sie herkommt, interessiert? Ein paar Jungen aus demselben Transport sagen: Das könnte Hannelore Neumann sein, aus Königsberg. Der Mann schreibt das auf und fortan ist sie Hannelore Neumann. Ein Arzt begutachtet das dürre verlauste Mädchen, schätzt sein Alter: fünf Jahre.

Wann möchtest du Geburtstag haben?, fragt er.

Wieder weiß sie nicht, was sie sagen soll. Und murmelt: heute. Es ist der 11. November 1947.

Diese Kleine überlebt das Waisenhaus nicht, sagt der Arzt zu dem Mann, entweder nimmst du sie mit nach Hause oder ich.

An dieser Stelle spüre ich zum ersten Mal einen Hauch Menschlichkeit in Hannelore Neumanns Geschichte.

»Ja«, sagt sie und lächelt ein feines Lächeln, schiebt die Katze von ihrem Schoß und steht auf, holt die Kanne mit dem Tee. Sie ist schlank, beinahe fragil, bewegt sich anmutig wie eine Tänzerin. Das lange graue Haar hat sie zum Pferdeschwanz gebunden. Sie ist eine schöne Frau. Eine agile Frau. Eine, die vor Lebensfreude sprüht. Es fällt schwer, sie in Verbindung zu bringen mit dem Mädchen, von dem sie spricht.

Der Mann auf dem Bahnhof nimmt sie also mit. Er und seine Frau haben bereits zwei Kinder, doch für eine Weile ist auch Platz für sie. Man päppelt sie auf, damit sie wieder zu Kräften kommt. Doch sie kann sich nicht an die regelmäßigen Mahlzeiten gewöhnen, ihr Magen schmerzt, sobald sie isst, sie erbricht; zwei Jahre hat sie von dem gelebt, was sie fand, meist nichts.

Ein halbes Jahr später entscheidet erneut ein Zufall über ihr Schicksal. Eine Bekannte der Pflegemutter nimmt sie mit zu ihren Eltern, die haben eine Kuh, ein Schwein, Hühner, Ziegen, ein bisschen Land, sie können Hilfe gebrauchen. Ab und zu erzählt das Mädchen von Viehwaggons, von Türen, die selten geöffnet werden, und kein Klo, nirgends, und auch kein Wasser und fast nichts zu essen, es erzählt von Kindern, die wie Tiere sind, von kranken Kindern, toten Kindern und von schwarzen Löchern, in die es immer wieder fällt. Das Kind spinnt, sagen die Pflegeeltern. Die hat der Esel wohl im Galopp verloren.

Nach einer Weile verschwinden die Erinnerungen, sinken auf den Grund einer vergangenen Welt.

In den folgenden Jahren bekommt Hannelore Neumanns Leben, was man einen bürgerlichen Rahmen nennt. Sie hat ein Bett, Kleidung, Essen. Sie geht zur Schule. Sie hilft auf dem Hof. Ihre neuen Eltern sind keine schlechten Menschen, sie schlagen sie nicht. Sie nehmen sie auch nicht in den Arm. Sie nehmen ihre Existenz einfach hin. »Ich war wie ein Kuckucksjunges, das in einem fremden Nest aufwuchs«, sagt sie heute. »Meine ganze Kindheit und Jugend hindurch fühlte ich mich unendlich einsam.«

Je älter sie wird, umso stärker wird das Gefühl der Fremdheit. Sie liest gern – ihre Pflegeeltern halten Bücher für Zeitverschwendung. Sie würde gern einmal ins Theater gehen; ihre Pflegeeltern schütteln die Köpfe. Sie fragt sich: Warum bin ich so anders? In den ersten Monaten nach ihrer Ankunft hatte sie noch *Bitte* und *Danke* gesagt, *Darf ich das*, *Ich möchte bitte* … Hatten ihre leiblichen Eltern ihr diese Höflichkeit beigebracht?

Wer ist sie? Woher kommt sie? Wo liegen ihre Wurzeln? Und wer sind die anderen – mit ihrer Selbstverständlichkeit, an diesen Ort zu gehören, zueinander zu gehören, dieser Selbstverständlichkeit, zu der sie nicht dazugehört?

Doch in der Pflegefamilie spricht man über solche Dinge nicht und irgendwann verstummt auch sie. Die Fragen rumoren im Stillen weiter. Nur ihre Aufgaben auf dem Hof geben ihr ein gewisses Gefühl der Zugehörigkeit: Sie zieht Küken auf, hütet Gänse, mischt Futter, füttert Ferkel. Den Kaninchen gibt sie Namen, der Hund folgt ihr auf Schritt und Tritt. Nur bei den Tieren findet sie Wärme und Zuneigung.

Irgendwann schmerzen die wieder- und wiederkehrenden Fragen nicht nur in der Seele, sondern auch in ihrem Körper. Jedes Mal, wenn sie ihre Periode bekommt, leidet sie unter heftigen Krämpfen, Übelkeit, übergibt sich, hat Durchfall. Hinterher ist sie erschöpft, schläft nur noch. Sie wird unleidlich, bockig, sie rebelliert. Die Pflegeeltern drohen mit dem Heim. Wütend setzt sie sich aufs Fahrrad, fährt alle Heime in der Umgebung ab; wenn sie fort muss, will sie diesmal selbst bestimmen, wohin. Und wenn ihre Pflegeeltern sie nicht mehr haben wollen, könnte sie dann nicht zu ihrem richtigen Vater? Die Mutter ist tot, aber er lebt vielleicht ... Über die Jugendhilfe und den Rat des Kreises gelingt es ihr, Kontakt zum Suchdienst des Deutschen Roten Kreuzes aufzunehmen. Sie wartet. Jahr um Jahr. Ab und zu kommen Briefe, ab und zu lädt man sie vor, jedes Mal pocht ihr Herz wild vor Hoffnung. 1961, kurz nach dem Bau der Mauer, teilt man ihr mit, die Akte würde geschlossen, ihr Vater sei nicht zu finden.

Und dann verlässt Peter sie, der schöne Peter, Schwarm aller Mädchen, doch mit ihr war er zusammen, zwei lange Jahre. Seine Eltern haben die Verbindung stets hintertrieben, sie sind schließlich wer im Ort, und nun hat ihr Sohn auch noch das Abitur bestanden, während sie, das Waisenkind, das Findelkind, das Flüchtlingskind, ein Nichts ist, eine, die nicht einmal weiß, woher sie kommt, wer sie überhaupt ist ... Als wäre die Zerrissenheit, die in ihr wütet, nicht schlimm genug, wirft man sie ihr auch noch offen vor ...

Und dann steht am Tag der Entlassung in ihrem Lehrzeugnis: *In der gesellschaftlichen Arbeit muss Neumann noch aktiver werden.* Sie weiß das zu lesen: Sie gilt als nicht linientreu. Vermutlich würde die Stasi sich bald für sie interessieren und ganz sicher würde sie mit diesem Zeugnis keine ihren Fähigkeiten entsprechende Arbeit finden.

Sie fällt

und fällt

und fällt.

Nirgends ein Halt. Sie ist zwanzig Jahre alt (wahrscheinlich), sie hat alles verloren, nur ihr Leben bleibt ihr und würde sie auch das verlieren, es wäre ihr egal ...

Am Tag darauf flieht Hannelore Neumann mit einem Klassenkameraden, der denselben Eintrag bekommen hat, in den Westen, ohne Gepäck, ohne sich zu verabschieden, zwölf Stunden laufen sie Richtung Westen, der Sonne nach, über Land, durch Wälder, die Sperrzone, den Stacheldraht, über ein Minenfeld. »Ein gewagtes Unterfangen«, sagt sie heute, »doch die Flucht führte mich in das Leben, das ich mir seit meiner Kindheit gewünscht hatte.«

Sie landet im Notaufnahmelager Gießen. Weil sie minderjährig ist, bringt man sie in einem Mädchenwohnheim in Frankfurt am Main unter. Noch am Tag der Ankunft bittet sie die Heimleiterin, Kontakt mit dem DRK aufnehmen zu dürfen. Ihr neues Leben beginnt mit der Suche nach dem alten und sie erfährt, dass ihre Akte schon viel früher geschlossen worden war, angeblich auf ihren eigenen Wunsch hin. Ihr wird schwindelig. Man hat sie belogen, jahrelang. Die DDR-Behörden hatten gar nicht nach ihrem Vater gesucht. Umgehend stellt sie einen neuen Suchantrag.

Weil sie nichts besitzt außer den Kleidern, die sie trägt, einer Zahnbürste, einem Kamm, sucht sie Arbeit. Beim Arbeitsamt verweist man sie an eine Firma in der Nähe des Wohnheims. Sie fragt sich zur Personalabteilung durch, sagt, sie sei Industriekaufmann, könne jedoch kein Zeugnis vorlegen, das sei noch in der DDR. Na, antwortet der Personalchef, ein pragmatisch denkender Mann, ob Sie Steno und Schreibmaschine können, lässt sich ja leicht feststellen.

»Ich fühlte mich so winzig in diesem Moment.« Sie schüttelt sich, spürt noch heute die Scham – wieder war sie das Flüchtlingsmädchen, die Kleine, die nichts kann, gerade einmal Steno traute man ihr zu, dabei hatte sie doch so viel mehr gelernt in ihrer Ausbildung. »Aber als der Mann zu diktieren begann, schluckte ich, nahm einen Stift und schrieb mit.«

Anschließend soll sie das Diktat abtippen. Hannelore Neumann schrumpft noch ein Stück. Auf einer elektrischen Schreibmaschine, erklärt sie kleinlaut, habe ich noch nie geschrieben. Die Sekretärin wuchtet ein schwarzes Ungetüm aus dem Wandschrank, eine alte Mercedes mit runden, silber eingefassten elfenbeinfarbenen Tasten. Neumann tippt. Zieht schließlich das Blatt aus der Schreibwalze, reicht es der Sekretärin, die geht damit zum Personalchef.

Zwei Stunden später tritt sie ihre Stelle an.

In der Firma spricht sich schnell herum, dass in der Abteilung für Dienstfahrzeuge nun ein hübsches, blutjunges Mädchen arbeitet, das aus der DDR geflüchtet ist. An ihrem dritten Arbeitstag betritt ein Herr das Büro. Er ist groß, kräftig, elegant gekleidet. Sein Haar ist grau und voll, sein Gesicht offen und freundlich. Ein attraktiver Mann. Ein Mann von Welt. Ein Mann, wie sie ihn sich als Vater gewünscht hätte. Guten Tag, sagt er auf Russisch. (Später erfährt sie, dass er sechs Jahre in russischer Kriegsgefangenschaft war.) Ein paar Tage später verabredet er sich mit ihr. Ein paar Monate später sind sie ein Paar. »Mein Mann war höflich und zuvorkommend, hielt mir die Tür auf und fragte im Restaurant, was ich essen möchte. Plötzlich war ich jemand. Ich wurde geschätzt und geachtet. Ich bedeutete einem anderen Menschen etwas. Das kannte ich nicht.«

Zum ersten Mal im Leben spürt Hannelore Neumann Glück.

»Ich war eingehüllt in Geborgenheit«, sagt sie, ihre Stimme noch immer satt vor Freude. »So fühlt sich wohl ein Kind auf dem Schoß seiner Mutter.« Als könnte sie hören und verstehen, springt im selben Moment ihre Katze auf ihren Schoß. Hannelore Neumann krault das Tier. »Mein Mann wurde auch mein Ersatzvater und es war wunderbar.«

Die beiden bekommen einen Sohn, bauen ein Haus, pflanzen einen Baum. In kurzer Zeit ändert sich ihr Leben von Grund auf: Hannelore Neumann ist Mitte zwanzig (wahrscheinlich), hat eine Familie, sie liebt und wird geliebt. (Ihre Pflegeeltern vermisst sie nicht; erst Jahre später werden sie einander Briefe schreiben – und sich all die Dinge mitteilen, die sie nie zu sagen wagten.)

»Konnten Sie dem plötzlichen Glück trauen, Frau Neumann?«

»Darüber habe ich nicht nachgedacht.«

»Konnten Sie, als Sie zum ersten Mal Liebe erlebten, glauben, dass Sie nicht eines Tages erneut allein zurückgelassen würden?«

»Auch darüber habe ich nicht nachgedacht. Ich habe einfach genossen, was das Leben mir schenkte.«

»Woher nahmen Sie den Mut, eine eigene Familie zu gründen, so ganz ohne gute Vorbilder?«

»Aus der Geborgenheit, die mein Mann mir vermittelte. Wir beide suchten Schutz und Liebe und wir beide gaben einander Schutz und Liebe, es gab keine Fragen, keine Diskussionen, es war einfach da.«

»Sie waren endlich in einen sicheren Hafen eingelaufen?«
Ein Lächeln. Und ein Nicken.

»Wie kamen Sie als ehemals mutterloses Kind damit zurecht, selbst Mutter zu sein?«

Sie lacht auf, lehnt sich zurück und ihre Hände tanzen, während sie spricht: »Die Geburt meines Sohnes war ein unglaublicher, ein berauschender Moment. Plötzlich war da ein Mensch, der Teil von mir war. Plötzlich gehörte jemand zu mir und ich zu ihm, wie ich es noch nie erlebt hatte. Auf eine ungekannte Art fühlte ich mich vollständig. Schon die Schwangerschaft war mir vollkommen natürlich erschienen, es gab keinerlei Probleme und so blieb es auch, als wir zu dritt waren. Später habe ich dann manchmal Bücher gelesen, weil ich niemanden fragen konnte: Was soll ich tun, wenn das Kind weint, wenn es jede Nacht aufsteht, weil es Hunger hat, oder was auch immer. Ich wusste mir zu helfen. Außerdem war mein Mann ein hingebungsvoller Vater. Er war sogar bei der Geburt dabei gewesen, was 1965 äußerst ungewöhnlich war.«

»Haben Sie Ihren Sohn manchmal beneidet?«

Aufrecht sitzt sie auf ihrem Stuhl und ihr klarer, gerader Blick fixiert mich. »Ja, manchmal habe ich ihn um seine Kindheit beneidet. Und zugleich war es ein großes Glück, ihm geben zu können, was ich selbst nie erlebt hatte.«

Über die Jahre bekommt Hannelore Neumann immer wieder Post vom Deutschen Roten Kreuz. Doch keine Spur erweist sich je als substanziell. Im Sommer 1978 – der Sohn ist inzwischen dreizehn und soll die Welt sehen – fährt die Familie nach Österreich. Weil eine Spur einmal nach Wien geführt hatte (auch sie lief ins Leere, der Name sagte Neumann nichts und der Gesuchte war bereits verstorben), nehmen sie die Suchakte mit. Vielleicht würden sie ein Grab finden.

Gleich am ersten Abend in Wien ruft ihr Mann einen alten Kriegskameraden an. Überrascht lehnt der eine Verabredung für die kommenden Tage ab – und steht kurz darauf im Foyer des Hotels. Den ganzen Abend erzählen die Männer vom Krieg und von Russland. Beim Abschied fragt der Kamerad: Und was werden S' in Wien noch Schönes machen, gnädige Frau?

Hannelore Neumann zählt auf: Schloss Schönbrunn, Hofburg und Spanische Hofreitschule, die Jugendstilbauten des weltberühmten Architekten Otto Wagner. Und, fügt sie hinzu, wir wollen nach einem Grab suchen.

Auf welchem Friedhof, gnädige Frau?

Neumann zuckt mit den Schultern.

Uns Wienern sagt man nach, dass wir uns vor'm Sterben weniger fürchten als der Rest der Welt, jedenfalls haben wir sehr viele Friedhöfe. Wenn S' die alle anschauen wollen, sollten S' noch ein bisserl länger bleiben. Aber vielleicht kann ich Ihnen behilflich sein?

Der Zufall will, dass der Mann beim Magistrat arbeitet. Anhand der Suchakte besorgt er eine Kopie der Sterbeurkunde. Den Rest des Tages besichtigt die Familie Schloss Schönbrunn. Am Tag darauf wollen sie zur Spanischen Hofreitschule und abends im Hotel beugt sich der Sohn über den Stadtplan. Plötzlich sagt er: Die letzte Adresse des verstorbenen Mannes ist ganz in der Nähe. Höchstens fünf Minuten Weg.

Fünf Minuten entfernt? Hannelore Neumann wird neugierig.

Nach dem Abendessen läuft sie mit Mann und Sohn durch die Straßen. Schließlich stehen sie vor einer Villa. Sie liegt leicht erhöht, umgeben von einem prächtigen Garten, und leuchtet in der Abendsonne.

Neumann zögert kurz – und klingelt.

Die Haustür öffnet sich. Eine Dame tritt heraus. Sie ist klein, ihr Haar grau. Aufrecht steht sie da und mustert die fremden Besucher. Ihre Hand tastet nach dem Geländer. Nach einer kurzen Ewigkeit nimmt sie langsam Stufe für Stufe, läuft mit festen Schritten den Weg zum Tor hinunter und bleibt vor Hannelore Neumann stehen. »Sie müssen sich nicht vorstellen«, sagt sie. »Sie sind die Tochter vom Franzl.«

Hannelore Neumann stockt der Atem.

Ihr wird schwindelig.

Sie tastet nach dem Arm ihres Mannes, hält sich fest.

»Das war«, sagt sie im Rückblick, »der glücklichste Tag meines Lebens.«

Die alte Dame, die zweite Frau ihres Vaters, bittet Hannelore Neumann und ihre Familie ins Haus. Sie holt Fotoalben hervor und gemeinsam blättern alle durch die Seiten, betrachten Bilder eines fremd-vertrauten Mannes.

Du schaust ihm ähnlich, sagt die Dame.

Wie du dich bewegst, ganz der Papa ...

Als ich dich am Tor stehen gesehen hab, hab ich geglaubt, da steht der Franzl, dabei hab ich ihn selbst beerdigt ...

Stundenlang fügen die Frauen Puzzlestück für Puzzlestück ein Leben zusammen. Hannelore Neumann erfährt, dass ihr Vater in Wien Mathematik, Physik und Elektrotechnik studiert hat (und versteht zum ersten Mal, woher ihr Sohn seine naturwissenschaftliche Begabung hat). Sie erfährt, dass er zur Wehrmacht eingezogen wurde, bei der Luftwaffe in Berlin stationiert war und dort ihre Mutter traf, die in der Hauptstadt Germanistik studierte. Sie erfährt, dass sie in Berlin geboren wurde. Sie erfährt, dass ihr Vater nach Kriegsende nach seiner Familie suchte – seiner Frau, seinem Sohn, seiner Tochter.

Wie im Rausch nimmt sie all das auf, wobei die biografischen Fakten sie kaum erreichen, denn sie ist überwältigt von der Persönlichkeit des Mannes, den sie kennenlernt – ein Mensch, wie sie ihn sich immer als Vater vorgestellt und gewünscht hat, gebildet, klug, höflich. Ein Mensch, dem sie sich nahe fühlt.

Es ist längst dunkel, als sich nach Stunden alle verabschieden. Im Hinausgehen entdeckt ihr Mann im Flur eine Zeichnung. Die ist doch vom Theiss, sagt er, Siegfried Theiss, der bekannte Architekt. Ich habe zwei Semester bei ihm studiert.

Er war mein Vater, sagt die alte Dame.

Nach diesem Tag ist nichts mehr, wie es war.

Am nächsten Morgen fahren Hannelore Neumann, ihr Mann, ihr Sohn und die Witwe ihres Vaters zum Friedhof. »Ich setzte mich auf das Grab – und zum ersten Mal konnte ich weinen.« Sie weint lange und es ist nicht Trauer, die sich ihren Weg bahnt. Es ist alles, was sich aufgestaut hat in über dreißig Jahren Einsamkeit, Verzweiflung, Leere, dieser Leere, die wie ein unveräußerlicher Teil von ihr schien, wie ihr Haar, ihre Hände, ihr Herz. Sie weint und weint und weiß zugleich, dass ihr nun nichts mehr passieren kann, denn sie ist am Ziel und ihre liebsten Menschen sind bei ihr.

Wieder zu Hause in Frankfurt spürt sie ein ungekanntes Selbstbewusstsein. Plötzlich steht sie fest in der Welt. Plötzlich gehört ihr die Welt. Sie ist nicht mehr das Waisenkind, nicht mehr die, die der Esel im Galopp verloren hat, nicht mehr letztes Glied in der Reihe. Sie ist ein Mensch wie alle, eine Frau, die weiß, wer sie ist und woher sie kommt. Sie ist sechsunddreißig Jahre alt (und das ist ihr wahres Alter).

Resilienz nennen Psychologen die psychische Widerstandsfähigkeit, die manche Menschen Traumata scheinbar unberührt überstehen lässt. Was nicht bedeutet, dass sie unverletzlich sind, nie verzweifeln. Doch statt zu zerbrechen, wachsen sie, entwickeln eine hohe Selbstwirksamkeitserwartung, verlassen die Opferrolle. Die Pionierin der Resilienzforschung, Emmy Werner, forschte Ende der 1950er-Jahre bei den Ureinwohnern von Kauai: Zwei Drittel der Kinder wurden als Erwachsene wie ihre Eltern gewalttätig, alkoholabhängig oder psychisch krank – ein Drittel meisterte das Leben erfolgreich. Diese Kinder machte stark, dass sie mindestens einen Menschen hatten, dem sie vertrauten und den sie liebten und der sie liebte und ihnen etwas zutraute. Große Längsschnittuntersuchungen in Deutschland wie die Mannheimer Risikokinder-Studie zeigen ebenfalls, dass ein schlechter Start ins Leben trotzdem zu Glück und Erfolg führen kann. Als wesentliche Schutzfaktoren, die vernachlässigten Kindern helfen, zufriedene Erwachsene zu werden, machten die Wissenschaftler unter anderem eine positive Lebenseinstellung, soziale Kompetenzen, Intelligenz und mindestens eine sichere Bindung aus. Hannelore Neumann sagt der Begriff Resilienz nichts. »Ich hatte«, erklärt sie, »einfach eine starke Persönlichkeit.«

»Was, Frau Neumann, bedeutet Glück für Sie?«

Mit einer fließenden Bewegung schiebt sie die Katze von ihrem Schoß, beugt sich vor und faltet die Hände vor sich auf dem Tisch. »Heute«, sagt sie, »bedeutet Glück für mich, in Harmonie mit Menschen zu leben, die mir etwas bedeuten. Aus dem Nest zu fallen ist grausam, aber mit dem Alter kommt die Weisheit. Inzwischen denke ich: Du hast viel Leid erlebt und viel Schönes, es war, wie es war, noch hast du etwas Zeit, mach das Beste daraus. Man kann sein Leben ja durchaus gestalten und je älter ich werde, desto besser geht es mir.«

»Wie wäre Ihr Leben verlaufen, wenn Sie Ihrem Mann nicht begegnet wären?«

Ein helles Lachen. Ein energisches Kopfschütteln. »Das möchte ich mir gar nicht vorstellen. Ich fürchte, ich würde immer noch durch die Welt irren wie ein einsames Huhn. Nein …« Sie wischt sich eine Strähne hinters Ohr und sieht mich mit ihrem klaren, unverwandten Blick an; auf eine verblüffende Art ist ihr Gesicht alt und jung zugleich. »Mein Mann hat mich geheilt. Er hat mich geheilt mit seiner Liebe und der Geborgenheit, die er mir bis zu seinem Tod gab.«

Nach dem Ende des Kalten Krieges kehrte Hannelore Neumann 1994 zum ersten Mal in die Stadt ihrer Kindheit zurück. Ihren Vater hat sie gefunden, nun sucht sie Spuren ihrer Mutter. Sie hat kaum Erinnerungen an sie, nur das vage Bild einer Frau mit langem Haar, von Händen, die sie streichelt, Fingern, mit denen sie spielt. »Jedes Mal, wenn ich in Königsberg, jetzt Kaliningrad, bin, ist sie mir nah. Ich laufe durch die Straßen und spüre, hier ist der Anfang von allem. Und ich erahne, wie es ihr ergangen sein könnte, was sie geleistet hat, damals, nach dem Krieg, um ihre Kinder und sich am Leben zu halten. Dass ich in der Mitte meines Lebens entdeckt habe, wer mein Vater war und wer ich bin, gibt mir jetzt im Alter die Kraft, auch nach meiner Mutter zu suchen, den Blick noch einmal zurück bis in die früheste Kindheit zu richten, einzutauchen – um dann endgültig loszulassen.«

Im Laufe der Jahre, sagt sie, habe sie viel gelesen und seit einer Weile treffe sie sich auch mit anderen Königsberger Waisenkindern. Gemeinsam arbeiten sie Ereignisse auf, die sich vor langer Zeit zutrugen und alle bis heute prägen. Manche seien auch nach Jahrzehnten kaum zu dieser Auseinandersetzung in der Lage, doch die meisten, sie auch, erlebten sie als eine große Erleichterung.

»Zu wissen, wer man ist und wo man herkommt«, sagt Hannelore Neumann, »das ist Glück.«

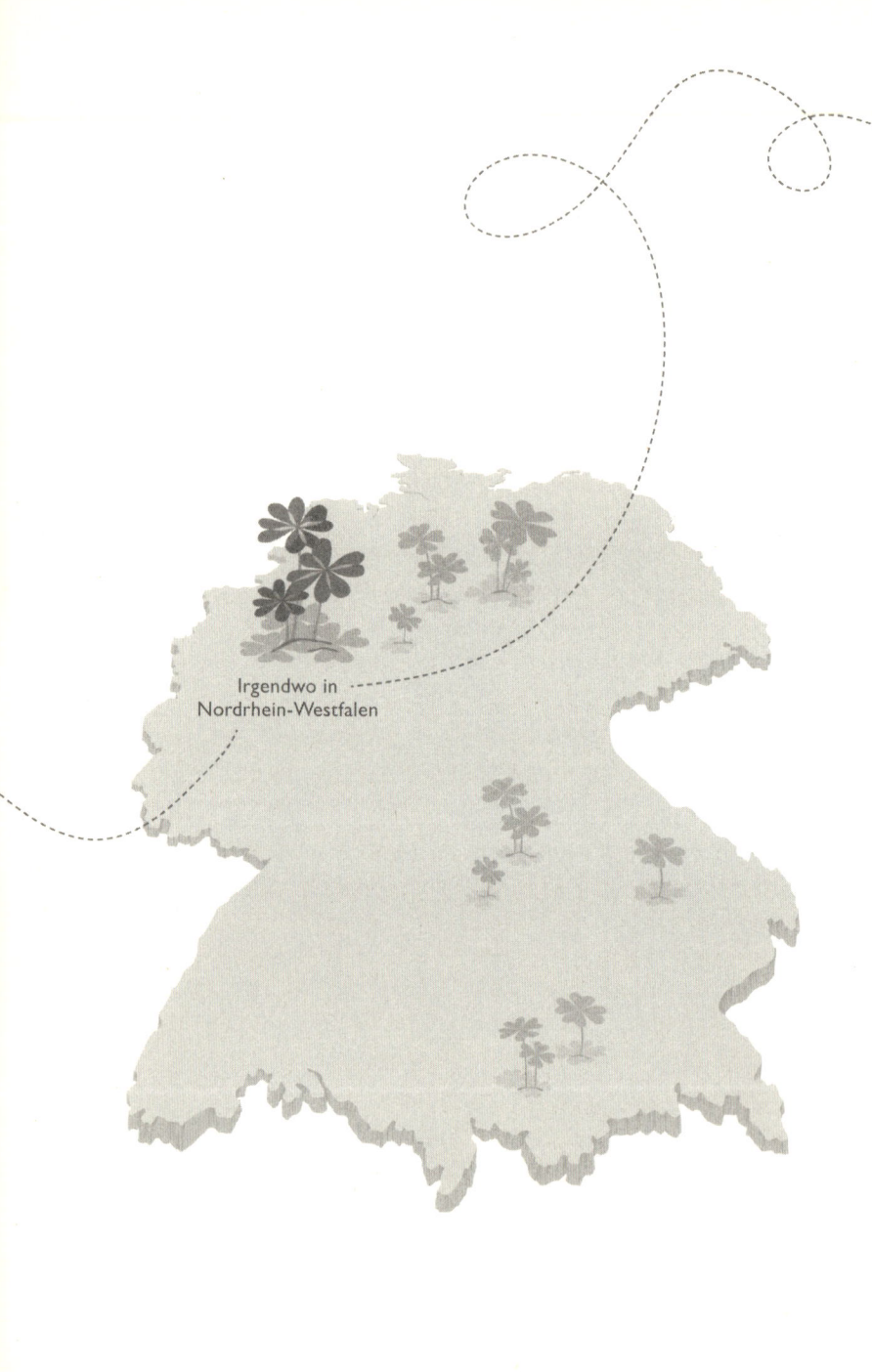

GERMAN*Glück*

ELIAS & MARI ALKHORY*
Angestellter & Hausfrau | 48 & 40

Das Glück der zweiten Heimat

Elias Alkhory ist ein schlanker Mann mit dunklem Haar und tief liegenden Augen. Er trägt ein Kapuzenshirt – *Bruce Springsteen – Born in the USA* –, Jeans und eine Baseballkappe. Er redet nicht viel, wirkt eher wie jemand, der die Dinge mit sich ausmacht. Elias Alkhory, geboren 1968, ist 48 Jahre, beinahe so alt wie ich.

Er hatte ein gutes Leben, damals, in Damaskus. Als Kassierer in einem Kasino verdiente er gut, war ein wohlhabender Mann. Mari kannte er seit seiner Kindheit, beide kamen aus derselben Großfamilie, waren Cousin und Cousine. Sie war seine große Liebe, doch ihr Vater, ein streng gläubiger Katholik, wollte nicht, dass seine Tochter einen Mann heiratete, der in einem Kasino arbeitete. Sie taten es trotzdem und es kam zum Bruch. Sechs Jahre vergingen, bis der Vater seinen Schwiegersohn akzeptierte und die Familie wieder zusammenfand.

Nach der Hochzeit zogen Elias und Mari in die Wohnung, die er gekauft hatte – in Damaskus, dieser Stadt mit den vielen Gesichtern, mit Zeugnissen jahrhundertealter Geschichte, mit Cafés, Bars und Basaren,

---

* Elias und Mari Alkhory sind Pseudonyme. Sie möchten nicht erkannt werden. Assads Anhänger seien überall.

mit Moscheen und Kirchen, syrischen Bewohnern, palästinensischen, kurdischen, europäischen, diese Stadt, in deren Straßen Tag und Nacht Taxis hupten, in der nach Minztee roch und Wasserpfeife. 2006 kam Joni zur Welt. Mari gab ihre Stelle als Büroangestellte auf, um ganz für ihren Sohn da zu sein, und an den Wochenenden fuhr die Familie aufs Land, zu ihrem Wochenendhaus und dem Garten mit den alten Olivenbäumen. Sie führten ein glückliches Leben, die Alkhorys.

Es endete 2011. Während des Arabischen Frühlings gingen auch in Syrien Menschen für mehr Demokratie auf die Straße, demonstrierten gegen Unterdrückung, Menschenrechtsverletzungen und soziale Ungerechtigkeit. Präsident Baschar al-Assad setzte die Armee ein. Bald kämpften Regierungsgegner gegen Anhänger des Regimes und es entbrannte ein brutaler Bürgerkrieg mit zunehmend unklaren Fronten, an dem zahlreiche Milizen beteiligt waren. Später versuchten auch ausländische Mächte, ihre jeweiligen Interessen durchzusetzen. Hunderttausende Menschen starben, wurden verhaftet, flohen. Es gab Massaker und Massenhinrichtungen, Assad setzte Giftgas gegen die eigene Bevölkerung ein, zivile Ziele wurden bombardiert. Einer ihrer Onkel verlor seine Tochter – das Mädchen war auf dem Weg zur Schule, als eine Bombe den Schulbus traf.

Auch mein Kind kann jederzeit sterben, dachte Elias. Wir alle können jederzeit sterben. Es gibt keine Sicherheit mehr in Syrien, keine Zukunft.

Am frühen Morgen des 3. Juli 2015 stieg Elias Alkhory in ein Taxi, fuhr in den nahen Libanon, buchte am Flughafen von Beirut einen Flug in die Türkei, suchte einen Schlepper, der ihn übers Mittelmeer bringen sollte. Das Boot geriet in Seenot. Acht Stunden vergingen, bis ein Schiff die Überlebenden an Bord nahm und auf eine griechische Insel brachte.

Elias Alkhory sitzt mir gegenüber, während er in knappen Worten von seiner Flucht erzählt. Er lächelt und dieses Lächeln ist wie eine Mauer. Eine Mauer, die schützt. Eine Mauer, die trennt. Von den anderen, der Normalität des Alltags, der Unbeschwertheit und der Leichtigkeit, von vielem, was diesen Mann einmal ausgemacht hat, was einmal sein Leben war.

»On July, 21rd I arrived in Germany«, sagt er. »Am 21. Juli kam ich in Deutschland an.«

Elias Alkhory wurde in einer Flüchtlingsunterkunft in Dortmund untergebracht. Beantragte Asyl, sprach vor, legte Dokumente vor, wurde erfasst, fotografiert, untersucht, überprüft.

Und wartete.

Schickte WhatsApps nach Damaskus.

Wartete auf WhatsApps aus Damaskus.

Sah, wie Joni seinen Vater vermisste und weinte.

An einem Abend im Spätsommer 2015 ging Biggi Mestmäcker zu einer Bekannten. Der Asylkreis hatte eingeladen: Einheimische und Flüchtlinge wollten gemeinsam kochen und essen. Ein schlanker Mann fiel ihr auf. Seine Bewegungen hatten etwas Nervöses, Fahriges und immer wieder ging er hinaus, um eine Zigarette zu rauchen.

Später schnippelten sie gemeinsam Tomaten. Elias Alkhory sprach kaum Deutsch und wenig Englisch, doch sie verstanden sich auch ohne gemeinsame Sprache, und so erfuhr Biggi Mestmäcker, dass Elias aus Damaskus kam und eine Frau und einen Sohn hatte, die dort ausharrten und hofften, dass er sie bald zu sich holen würde – sobald er einen Termin für eine Anhörung beim Bundesamt für Migration und Flüchtlinge bekäme, sobald er glaubhaft dargelegt hätte, dass sein Antrag auf Asyl in Deutschland berechtigt war, sobald die deutschen Behörden sein Begehren positiv beschieden und ihn als Flüchtling nach der Genfer Flüchtlingskonvention anerkannt hätten, sobald er mit diesem gesicherten Schutzstatus eine Aufenthaltserlaubnis für drei Jahre bekommen hätte, sobald auch seiner Familie Schutz zustand und es ihm erlaubt war, sogenannten privilegierten Familiennachzug zu beantragen.

Biggi Mestmäcker hörte zu, fragte nach, aß zum ersten Mal in ihrem Leben Falafel und war sich sicher, dass Elias Alkhory noch viel Geduld brauchen würde, bis er, wenn überhaupt, seine Familie eines Tages wiedersehen würde. Doch das sagte sie nicht.

In den kommenden Wochen begegneten sich Biggi Mestmäcker und Elias Alkhory immer wieder. Ihr fiel auf, dass er stets höflich und bescheiden war, oft lächelte und nie etwas forderte. Ihr imponierte, dass er bei jedem Wetter zu Fuß zu einer Flüchtlingsunterkunft am entgegengesetzten Ende des Ortes lief, um keine Stunde des dortigen Deutschkurses zu verpassen. Sie sah auch, dass er sich schwerer tat mit der fremden Sprache als die jungen Leute. Sie wollte ihm helfen, und um ihn nicht zu beschämen, schlug sie ein Sprachtandem vor: Er würde ihr Arabisch beibringen, sie würde ihn beim Deutschlernen unterstützen.

Von nun an trafen sich beide regelmäßig bei Biggi Mestmäcker am Küchentisch, übten Deutsch und Arabisch, lernten sich kennen. Ab und zu besuchte sie Elias Alkhory auch in seiner Unterkunft, in der er sich mit zwei anderen Geflüchteten ein Zimmer teilte. Jedes Mal saß sie auf dem einzigen Sessel und spürte, wie sich eine unerträgliche Schwere auf sie legte. Sie stellte sich vor, wie diese Schwere auch auf Elias' Leben lastete.

All das stumme Warten.

Das Bangen.

Die Sehnsucht.

Unterdessen beschloss der Bundestag das Asylpaket I: Künftig würden Asylbewerber länger in Erstaufnahmeeinrichtungen bleiben, ihre Residenzpflicht würde verlängert, sie durften nicht arbeiten, bekämen Sachleistungen statt Bargeld, Leistungen würden gekürzt, außerdem galten Albanien, der Kosovo und Montenegro als sichere Herkunftsstaaten. Kaum war es in Kraft, folgte das Asylpaket II: Es schränkte den Familiennachzug ein, Asylbewerber aus sogenannten sicheren Herkunftsstaaten würden fortan in gesonderten Einrichtungen untergebracht und Abschiebungen nur noch bei schwerer Krankheit ausgesetzt, außerdem sollten sich die Flüchtlinge an den Kosten ihrer Integrationskurse beteiligen und Marokko, Algerien und Tunesien galten als sichere Herkunftsstaaten.

In Damaskus spitzte sich die Lage weiter zu. Hunderttausende Menschen waren im Krieg gestorben, Millionen auf der Flucht. Ganze Viertel lagen in Trümmern, Gewalt und Angst bestimmten den Alltag. Es gab kein Wasser, der Strom fiel aus, Lebensmittel wurden knapp. Eine Flucht zu dritt übers Mittelmeer war den Alkhorys immer als zu gefährlich erscheinen, auch weil Mari und Joni nicht schwimmen konnten. Darum hatten Elias und Mari beschlossen, dass er vorausreisen und sie so bald wie möglich nachholen würde.

Fielen Bomben, versteckte sich Mari mit ihrem Sohn. Fielen keine Bomben, versuchte sie, ein paar Lebensmittel einzukaufen; die Preise für Wasser, Brot und Gemüse stiegen täglich, kostete eine Flasche Wasser heute umgerechnet einen Euro, kostete sie morgen zwei Euro. Sie kümmerte sich um ihre kranken Eltern, besuchte ihre Geschwister, und wenn sie Joni zur Schule brachte, versuchte sie, nicht an ihren Onkel zu denken, an ihre tote Cousine. In manchen Momenten gab die Großfamilie ihr Halt, in anderen rann die Kraft aus ihr heraus wie Wasser aus einem geplatzten Rohr. Sie waren alle in derselben Situation – sie alle versuchten zu überleben.

Warteten auf den nächsten Tag.

Auf ein Ende der Angst.

Auf ein Ende des Krieges.

Seit ihrer Hochzeit war Mari keinen Tag ohne Elias gewesen, sie vermisste ihren Mann, seine Nähe, die Ruhe, die von ihm ausging, seinen Schutz. Nie in ihrem Leben war sie unglücklicher gewesen als in jenem Augenblick, als Elias in das Taxi nach Beirut stieg. Auch Joni wurde immer wieder von Sehnsucht und Furcht überwältigt und Mari versuchte, ihm Mutter und Vater zugleich zu sein, ihn zu trösten, zu beruhigen. Zu seinem zehnten Geburtstag wünschte sich der Junge nur dass sein Vater zurückkäme.

Im Frühjahr 2016 beschloss Mari Alkhory, ebenfalls übers Mittelmeer zu fliehen.

Elias Alkhory packte blanke Angst, als er das hörte. Er beschwor Mari zu bleiben, schlief nicht mehr und rauchte eine Zigarette nach der anderen. Wenn ihn jemand fragte, wie es ihm ginge, sagte er: »*No problem.*« Und lächelte.

Ein Dreivierteljahr nach seiner Ankunft in Deutschland, am 15. März 2016, bekam er endlich Post vom Bundesamt für Migration und Flüchtlinge:

1. Die Voraussetzungen für die Zuerkennung der Flüchtlingseigenschaft liegen vor. Ein Ausländer ist ein Flüchtling, wenn er sich aus begründeter Furcht vor Verfolgung wegen seiner Rasse, Religion, Nationalität, seiner Zugehörigkeit zu einer bestimmten sozialen Gruppe oder wegen seiner politischen Überzeugung außerhalb des Landes befindet, dessen Staatsangehörigkeit er besitzt oder in dem er als Staatenloser seinen vorherigen gewöhnlichen Aufenthalt hatte und dessen Schutz er nicht in Anspruch nehmen kann oder wegen dieser Furcht nicht in Anspruch nehmen will (§ 3 AsylG). Aufgrund des ermittelten Sachverhaltes ist davon auszugehen, dass die Furcht des Antragstellers begründet ist.

2. Von Feststellungen zum subsidiären Schutz sowie Abschiebungsverboten wird gemäß § 31 Abs. 3 3 Satz 2 AsylG abgesehen.

Elias Alkhory hatte wieder eine Zukunft. »*I was very happy*«, sagt er und für einen Moment hellt sich sein Gesicht auf. Weil nach Artikel 6 des Grundgesetzes Ehe und Familie unter dem besonderen Schutz des Staates stehen, dürfen anerkannte Flüchtlinge ihre engsten Verwandten nachholen. Doch was musste Elias Alkhory nun tun? Wen konnte er fragen, wer würde ihm helfen?

Eine Woche zuvor war er aus der Flüchtlingsunterkunft zu Biggi Mestmäcker gezogen. Sie und ihr Mann bewohnten ein geräumiges Haus, ihre Kinder waren längst ausgezogen. Als sie verreist waren, hatte Elias Alkhory eingehütet, und nach ihrer Rückkehr hatten ihm die Mestmäckers angeboten zu bleiben. Sie waren längst Freunde geworden, verständigten sich mit Händen und Füßen und Google Translate, gingen zu Fußballspielen, machten Ausflüge, feierten Weihnachten und bangten gemeinsam, wenn in Damaskus wieder Bomben fielen und Mari und Joni nicht einmal Wasser und Brot hatten. Biggi begann, sich durch Websites, Anträge und Formulare zu arbeiten. Sie schrieb Mails, scannte Urkunden, füllte Unterlagen aus, die sie manchmal selbst kaum verstand, und fragte sich, wie Menschen, die weder Deutsch konnten noch Deutschland kannten, das je allein bewerkstelligen sollten. Schließlich fand sie heraus, dass Mari Alkhory bei einer deutschen Auslandsvertretung Visa für sich und Joni beantragen musste.

Doch bei welcher deutschen Auslandsvertretung? Die Botschaft in Damaskus war längst geschlossen. Biggi Mestmäcker schrieb ans Auswärtige Amt. Syrische Antragsteller, hieß es, könnten sich an alle deutschen Auslandsvertretungen in der Region wenden.

Doch im Irak herrschte Krieg.

In Jordanien, das bereits Hunderttausende Kriegsflüchtlinge aufgenommen hatte, betrug die Wartezeit für einen Termin zur Visumsbeantragung ein Jahr.

Im Libanon waren die Behörden ebenfalls überlastet.

Die Türkei hatte die Grenze zu Syrien geschlossen.

Ägypten verlangte ein Einreisevisum, Bearbeitungsdauer sechs bis acht Wochen.

Elias lächelte. Rauchte. Lief durchs Haus wie ein gefangenes Tier.

Von anderen Geflüchteten erfuhr er, dass die Vertretung in Indien innerhalb weniger Wochen Termine vergab. Biggi Mestmäcker schrieb eine Mail. Die deutsche Botschaft in Neu-Delhi teilte mit, wegen des großen Andrangs vergebe man nur noch Visa an Antragsteller, die bereits seit mindestens sechs Monaten im Land lebten.

Sie schickte Mails an die Vertretungen in Singapur, im Iran, in Ankara, in Istanbul, in Armenien. Alle teilten mit, wegen des großen Andrangs vergäben sie nur noch Visa an Antragsteller, die bereits seit sechs Monaten im Land lebten.

Biggi Mestmäcker heulte vor Wut. Und fragte sich, warum die Behörden den privilegierten Familiennachzug so schwer machten? Elias Alkhory hielt sich nicht illegal in Deutschland auf, er war anerkannter Flüchtling und wollte nur, was ihm qua Gesetz zustand: die Möglichkeit, seine Frau und sein Kind aus dem Krieg zu retten.

Elias lächelte. Rauchte. Schlief kaum. Hatte Magenschmerzen, Schwindel, Tinnitus. Immer wieder kam er mit Telefonnummern nach Hause, die er von anderen Geflüchteten bekommen hatte: Mittelsmänner, die für eine Aufwandsentschädigung – nicht selten vierstellig – gewiss etwas tun konnten. Jedes Mal schüttelte Biggi den Kopf, grub sich weiter durch Websites, hörte sich in Netzwerken um. Weil sie nirgendwo einen Termin bekamen, der privilegierte Familiennachzug aber voraussetzte, dass die Zusammenführung innerhalb von drei Monaten nach Erhalt des Aufenthaltstitels beantragt wurde, reichte sie eine sogenannte fristwahrende Anzeige nach § 29 Abs. 2 Nr. 1 Aufenthaltsgesetz beim zuständigen Ausländeramt ein. Und schickte sie außerdem an sämtliche deutschen Auslandsvertretungen, mit denen sie inzwischen in Kontakt stand. Und an den Sultan von Oman. Und an die Botschaft in Jakarta.

Nachts, wenn beide nicht schlafen konnten, standen sie auf der Terrasse, Elias rauchte und sie betrachteten den Mond und dachten daran, dass weit weg von ihnen Mari und Joni denselben Mond sahen. Der Gedanke gab ihnen, trotz all seiner Abstraktheit, Trost. Biggi war stets darauf bedacht, ihre Zweifel angesichts der eigenen Ohnmacht zu verbergen. Elias lächelte. Sie sagte immer wieder: »Alles wird gut.« Er antwortete: »*No problem.*« Und zündete eine neue Zigarette an.

Eines Tages gab Elias auf. Er würde nach Syrien zurückkehren, erklärte er, und seine Familie nicht länger sich selbst überlassen. Gemeinsam zu sterben wäre besser als noch länger getrennt zu sein. Biggi, die sich vor diesem Moment schon lange gefürchtet hatte, redete inständig auf ihn ein, beschwor ihn, nicht aufzugeben, beschwor ihn zu warten.

Am Morgen des 10. Mai landete eine Mail in ihrem Postfach: Es täte ihm leid, schrieb ein Mitarbeiter der deutschen Vertretung in Jakarta, bis Ende Juni seien alle Termine vergeben und ab dem 1. Juli würde man auch in Indonesien nur noch Antragsteller berücksichtigen, die bereits im Land lebten.

Wütend starrte Biggi auf den Bildschirm. Und war froh, dass Elias wegen seines Tinnitus gerade beim Arzt war.

Zehn Minuten später ertönte erneut ein helles Pling:

Betreff: AW: Fristwahrende Anzeige
Sehr geehrte Frau Mestmäcker, im Nachgang zu meiner Antwort von heute möchte ich Ihnen mitteilen, dass kurzfristig (durch Absage) Termine für den 26.05.2016 frei geworden sind. Bitte teilen Sie mir umgehend mit, ob diese von der Familie von Hrn. Alkhory wahrgenommen werden oder ob wir sie anderweitig vergeben sollen.

Nie zuvor war Mari Alkhory im Ausland gewesen, von ein paar Ausflügen in den nahen Libanon abgesehen. Nie zuvor hatte sie in einem Flugzeug gesessen – und nun würde sie mit Joni in den Fernen Osten fliegen, nach Jakarta, eine Stadt, das hatte sie aus den Worten ihres Mannes herausgehört, die groß war, chaotisch und nicht ungefährlich für eine alleinreisende Frau.

Mari hatte Angst.

Und sie hatte einen Termin: Am 26.5.2016 um 8.00 Uhr würde sie in der deutschen Botschaft Visa für sich und Joni beantragen. Doch erst musste sie in der indonesischen Botschaft in Damaskus Visa beantragen, damit sie überhaupt einreisen durfte. Ihr blieben gerade einmal zwei Wochen, um die nötigen Papiere zu bekommen. Glücklicherweise war die indonesische Vertretung eine der wenigen Repräsentanzen, die noch nicht geschlossen worden war, darum machte sich Mari Alkhory umgehend auf den Weg; alle nötigen Unterlagen hatte sie längst zusammengestellt, ins Englische übersetzen und beglaubigen lassen.

Unversehens geriet sie in einen Pulk aufgelöster syrischer Frauen, die soeben mit ihren in der indonesischen Botschaft ausgestellten Visa auf dem Flughafen von Jakarta abgewiesen und nach Syrien zurückgeschickt worden waren. Mari Alkhory erschrak zutiefst – und beschloss, trotzdem alles daranzusetzen, Visa für sich und Joni zu bekommen. Hartnäckig fragte sie sich durch, bis sie den zuständigen Sachbearbeiter gefunden hatte.

Er sagte: »Sie kommen zu spät, in so kurzer Zeit können wir die Papiere nicht ausstellen.«

Eine innere Stimme riet ihr, trotzdem zu bleiben.

Als der Sachbearbeiter, ein Indonesier, eine Weile später das Büro verließ, kam ein Kollege, ein Syrer. Mit ihm kann ich reden, dachte Mari Alkhory, er wird verstehen, was auf dem Spiel steht …

Der Botschaftsmitarbeiter staunte, als sie ihm die Terminbestätigung der deutschen Botschaft in Jakarta zeigte. Er stand auf und ging ins Nebenzimmer. Sie hörte Stimmen, jemand telefonierte. Sie schwitzte. Ihr Puls pochte gegen ihre Schläfen.

Als der Mann zurückkam, räumte er verblüfft ein, dass das Papier echt sei, und gab ihr Visitenkarten von Reisebüros, die ihr helfen würden, alle für ein indonesisches Visum erforderlichen Unterlagen zusammenzustellen. Mari Alkhory griff nach den Karten.

»Außerdem«, sagte der Mann, »brauchen Sie noch einen Bürgen, jemanden, der Sie nach Indonesien einlädt.«

Das Pochen an der Schläfe wurde zum Hämmern. Wer sollte sie einladen? Sie kannte niemanden in Indonesien.

Wieder zu Hause schickte Mari Elias eine Nachricht. Auch er war ratlos. Und schrieb zurück: *No problem*. Wochen später in Deutschland würde Biggi Mari erzählen: »Ich saß am Küchentisch und sah, wie Elias auf das Display seines Smartphones starrte. Wie er schließlich aufstand und mit schleppenden Schritten über die Terrasse ging, wie ein sehr alter Mann. Wenn er sich so bewegte, wusste ich, es gibt ein Problem.«

Biggi Mestmäcker setzte alle Hebel in Bewegung, um jemanden in Indonesien zu finden, der Mari Alkhory einlud. Und hatte Glück.

Am Tag darauf fuhr Mari mit sämtlichen Unterlagen und der Einladung einer fremden Frau auf Bali zum Reisebüro. Ihr Mann, der am selben Tag seinen ersten Arbeitstag hatte, würde telefonisch nicht zu erreichen sein, doch Biggi Mestmäcker saß mit Smartphone, Tablet, Notebook und Laptop, mit Zugriff auf alle je geschriebenen Mails und gescannten Dokumente der Familie Alkhory am Küchentisch, jederzeit bereit, Mari online zu unterstützen.

Nervös sah diese zu, wie ein Mitarbeiter des Reisebüros ihre Unterlagen prüfte. »Das ist eine Einladung nach Bali«, sagte er.

Mari nickte.

»Sie brauchen aber eine Einladung nach Jakarta.«

Mari öffnete den Mund. Schloss ihn wieder. Und schickte eine WhatsApp an Biggi.

Die antwortete: *Oh, shit!* Und setzte ein weinendes Emoji dahinter.

Mari Alkhory holte Luft, straffte die Schultern und tippte: *Stop crying, he will help me, if I pay him.* Der Mann hatte eine Schublade geöffnet und eine Einladung nach Jakarta herausgezogen – sie kostete sie nur 100 US-Dollar.

»Außerdem benötigen wir noch eine Kopie des Passes Ihres Mannes«, sagte der Reisebüromitarbeiter.

Wieder öffnete Mari den Mund. Schloss ihn und schickte eine WhatsApp an Biggi.

Der Pass ist beantragt, aber noch nicht ausgestellt, antwortete die und schickte eine Kopie von Elias' vorläufigem Pass. Das Dokument lag längst in den Unterlagen, doch der Mann prüfte ausgiebig und gründlich die digitale Datei. Schließlich nickte er und erklärte, er würde alles Nötige für einen Visumsantrag vorbereiten, Mari solle die Kopie des endgültigen Passes schnellstmöglich nachreichen.

Mari und Elias Alkhory hatten Glück: Zwei Tage später bekam Elias in Deutschland seinen Pass. Und vier Tage später bekam Mari in Damaskus Visa für Indonesien. Sie buchte einen Flug. Sie packte ihre Sachen. Sie verabschiedete sich von ihrer Familie. Es war der zweite unglücklichste Moment in ihrem Leben – würde sie ihre Verwandten je wiedersehen? Würden ihre Eltern noch leben, sollte sie eines Tages zurückkehren? Würden sie und all ihre Geschwister, Tanten, Onkel,

Cousinen, Cousins, Nichten, Neffen, Freunde und Bekannten die Bomben und den Hunger überleben?

Am 23. Mai stiegen Mari und Joni Alkhory in ein Taxi. Sie passierten sämtliche Polizeiposten, passierten die Grenze zum Libanon und kamen unbeschadet am Flughafen in Beirut an. Erleichtert kaufte Mari ihrem Sohn ein Sandwich und einen Kakao. Joni war überglücklich und voller Ungeduld, seinen Vater wiederzusehen, und sie machte ein Foto und schickte es nach Deutschland.

Dann gingen sie an Bord des Flugzeugs. Mari stellte ihr Smartphone aus. Und war auf sich gestellt.

Am frühen Morgen landete das Flugzeug in Jakarta. Das Flughafenpersonal führte alle syrischen Passagiere in einen separaten Bereich – Mari Alkhory blieb beinahe das Herz stehen: Würden sie zurückgeschickt wie die Frauen, die sie an jenem Morgen in der indonesischen Botschaft in Damaskus getroffen hatte?

Nach endlosem Warten durften sie und Joni die Passkontrolle passieren. Ihre Papiere, ihr Gepäck wurden akribisch geprüft. Schließlich traten die beiden aus dem Flughafengebäude. Von Deutschland aus hatten Elias und Biggi dafür gesorgt, dass man sie abholen und in ein Hotel bringen würde, in dem ein Zimmer für sie reserviert war – und tatsächlich, der Mann, ein Bekannter jener unbekannten Frau, die sie nach Bali eingeladen hatte, wartete noch immer auf sie. Er brachte sie ins Hotel und war auch in den folgenden Tagen immer zur Stelle, organisierte Fahrten, begleitete sie zu Behörden, tauschte Geld, besorgte eine indonesische SIM-Karte, spielte mit Joni. »*I am happy to help you*«, sagte er, wenn sie versuchte, ihm zu danken.

Am Morgen des 26. Mai 2016 fuhr Mari Alkhory zur deutschen Botschaft. Um fünf Uhr, drei Stunden vor ihrem Termin, reiht sie sich in die Schlange der Wartenden ein. Sie tippt eine Nachricht in ihr Smartphone: *I'm at the embassy now*. In Deutschland ist es 23 Uhr, und Elias und Biggi sitzen am Küchentisch, mit Smartphones, Tablet, Notebook und Laptop, mit Zugriff auf alle je geschriebenen Mails und gescannten Dokumente. Mit Zigaretten und zum Zerreißen gespannten Nerven.

Auch Mari ist nervös. Sie schwitzt. Immer wieder sieht sie, dass Frauen, die nach ihr kamen, vor ihr aufgerufen werden. Alle tragen ein Kopftuch. Biggi hatte ihr geraten, ebenfalls ein Kopftuch zu tragen, Indonesien beziehungsweise die Insel Java, auf der Jakarta liege, sei muslimisch geprägt. Doch Mari hatte sich geweigert. Warum sollte sie ein Kopftuch tragen? Sie war Christin. Nun bekommt sie Angst. Sie spürt, wie Schweiß ihren Rücken und ihre Brust hinabrinnt. Die Botschaft ist nur vormittags geöffnet – was, wenn sie so lange warten muss, dass man sie nicht mehr drannimmt? Wenn ihr Termin verstreicht? Sie wendet sich an einen Mann, der aus einem der Zimmer tritt. Er ist Syrer. Zufällig kann er auch Indonesisch. Er erkundigt sich, spricht mit verschiedenen Beamten. Schließlich wird auch Mari Alkhory aufgerufen.

Um 12.25 Uhr verlässt Mari die Botschaft und schreibt eine WhatsApp an Elias: Alles ist gut gegangen. Ihre Unterlagen seien auf dem Weg nach Deutschland, wo sie online bearbeitet und anschließend wieder nach Indonesien überstellt würden. In spätestens fünf Tagen könne sie ihre Visa für die Einreise nach Deutschland abholen.

Am 2. Juni bekommt Mari Alkhory eine Mail: *Dear Sir/Madam, we would like to inform you, that your visa are ready to collect. Please bring your passport along with the receipt and this email, from Monday till Friday before 10:00 a.m. to German Embassy (Counter 5). Thank you very much and have a nice day. Best regards, Visa section.*

Wieder fährt sie zur Botschaft. Bevor sie die Visa bekommt, muss sie noch Gebühren bezahlen. Sie besitzt nicht mehr viel Geld, doch es würde reichen.

»*Sorry, Madam, you need to pay in Rupies*«, sagt der Kassenwart hinter dem Schalter. Maris Herz beginnt zu rasen. Wie selbstverständlich waren Elias und sie davon ausgegangen, in einer internationalen Botschaft mit US-Dollar bezahlen zu können. Sie atmet schwer. Sieht sich um. In zwanzig Minuten würde die Botschaft schließen – sie läuft hinaus auf die Straße, auf der Suche nach einem Geldautomaten, einer Wechselstube, einer Bank, stößt mit einem Fußgänger zusammen, entschuldigt sich, in heller Panik. »*May I help you?*«, fragt der Mann. Es stellt sich heraus, dass er ebenfalls Syrer ist. Und dass er genügend Bargeld bei sich trägt, um Mari den gewünschten Betrag in indonesische Rupien zu wechseln. »Sie hat Gott geschickt«, stammelt sie, nimmt die fremden Scheine und rennt zurück in die Botschaft.

Später schickt Mari eine Nachricht an Elias. Biggi öffnet eine Flasche Sekt und bucht einen Flug von Jakarta nach Deutschland. Noch am selben Tag besteigen Mari und Joni Alkhory das Flugzeug. Am 4. Juni 2016 landen sie in Düsseldorf – knapp ein Jahr nachdem Elias Alkhory in Damaskus in ein Taxi stieg.

»Es war der überwältigendste Moment meines Lebens«, sagt Biggi Mestmäcker ein halbes Jahr später. Sie sitzt in ihrer Küche am Tisch, der über Monate das *Family Reunion Office* war, und sieht hinaus in den Garten, wo herbstbunte Pflanzen die Terrasse säumen.

An jenem Morgen im Juni, als sie, ihr Mann und Elias zum Flughafen fuhren, war sie übernächtigt und so erschöpft, dass sie nicht einmal weinen konnte, als sie sah, wie Joni seinem Vater in die Arme flog und Elias den Jungen an sich drückte, wie er noch nie einen Menschen umarmt hatte. Ihr Mann machte ein Foto – ein Foto von der Liebe. Später, als die wiedervereinte Familie Alkhory durch die Straßen des Ortes lief und Elias Joni und Mari das neue Zuhause zeigte, als die drei strahlten und sich an den Händen hielten, machte auch Biggi ein Foto – ein Foto vom Glück.

»Noch nie in meinem Leben«, sagt sie, »habe ich mich so sehr für andere Menschen gefreut.«

Über Monate hatte Biggi Mestmäcker alles getan, damit die Alkhorys wieder zusammenkamen. »Ich hatte Elias versprochen: Alles wird gut«, sagt sie, »aber manchmal hatte ich wirklich Angst, ich könnte zu viel versprochen haben. Wir hatten schließlich nur diese eine Chance, den Termin in der deutschen Botschaft in Jakarta.« Sie lacht, ein Lachen, das noch immer nach großer Erleichterung klingt. Biggi Mestmäcker ist Mitte fünfzig, hat kurze Haare und ein offenes Gesicht, sie wirkt wie jemand, der mit beiden Beinen auf dem Boden steht, keine

Frau, die Wert auf neueste Nagellackfarben oder Designerhandtaschen legt, eher eine, mit der man die viel zitierten Pferde stehlen kann. Und sie hat ein großes, kluges Herz.

Sie winkt ab. »*Nach lieben ist helfen das schönste Zeitwort*«, sagt sie, »dieses Zitat stammt von Bertha von Suttner und es stimmt: Den Alkhorys zu helfen hat mich sehr glücklich gemacht. Wobei ich es nicht als Flüchtlingshilfe begreife – ich habe einfach einem Freund geholfen. Nicht alle meine Freunde haben so existenzielle Sorgen, aber bei Elias war es so, und ihm zu helfen war für mich Ehrensache. Natürlich war die Verantwortung groß und manchmal hat sie mich auch belastet – trotzdem war, was ich getan habe, nicht großartig, auch wenn manche Leute das heute sagen.« Sie schüttelt den Kopf und deutlicher noch als ihre Worte vermittelt ihre Stimme wirkliches Unverständnis. Es ist nicht großartig, wenn du einem Freund hilfst – es ist selbstverständlich.

Am 1. August 2016 sind die Alkhorys in eine eigene Wohnung umgezogen. Trotzdem ist die Erinnerung, wie Elias auf der Terrasse saß, rauchte und WhatsApps nach Syrien schickte, noch sehr präsent. »Er sagte immer *No problem!*«, sagt Biggi Mestmäcker, »aber ich habe gesehen, wie verzweifelt er war. Ich habe gehört, wie er und Mari telefonierten, und obwohl ich kein Wort verstand, habe ich die Anspannung gespürt, die Angst. Manchmal habe ich gefragt: Was gibt's Neues in Damaskus?

No problem, sagte Elias, alles gut.

Du lügst, sagte ich.

Und er lächelte. Er wollte mich nicht belasten. Aber manchmal hat er doch ein bisschen erzählt ...«

Biggi mustert mich einen Augenblick. »Ein einziges Mal«, fährt sie fort, »hat er auch von seiner Flucht übers Mittelmeer erzählt. Es hat mir den Atem geraubt. Wir können uns gar nicht vorstellen, was für eine Angst Menschen wie Elias und Mari ausgestanden haben. Danach habe ich beschlossen, zu tun, was ich kann, um die Familie wieder zusammenzubringen. Den Gedanken, Elias könnte nach Syrien zurückkehren, habe ich nicht ertragen – Himmel noch mal, der Mann hat um Haaresbreite überlebt! Das kann doch nicht umsonst gewesen sein.«

Ein Blick, lodernd, zutiefst empört.

Und dann wieder ein erleichtertes, breites Lachen. »Wir haben auch so unfassbares Glück gehabt. Manchmal hat uns wirklich eine unsichtbare Macht geholfen.« Es ist still im Haus, die Welt weit draußen.

»Was, Biggi, hast du in dieser Zeit über Glück und Unglück gelernt?«

»Ich habe gelernt«, antwortet sie nach einer Weile, »dass ich noch nie wirklich unglücklich war. Abgesehen von Todesfällen war ich allenfalls unzufrieden.« Ihr Blick wandert durch die Küche, das angrenzende Wohnzimmer, über Möbel, Pflanzen, Bilder. »Ich habe zu essen«, sagt sie, »ein schönes Zuhause in einer friedlichen Umgebung und Menschen, die ich liebe und die mich lieben. Mehr braucht es nicht, um glücklich zu sein.«

»Bist du demütiger geworden?«

»Ich bin ein freundlicherer Mensch geworden. Der Umgang mit Elias und anderen Geflüchteten, mit verschiedenen Kulturen, hat mich weicher werden lassen, offener und, ich gebe es zu, auch reflektierter. Ich war nie ein Mensch, der zum Philosophieren neigte, ich bin durch die Welt gelaufen, habe die Dinge genommen, wie sie waren, hatte meine Meinung, und wer damit nicht klarkam, hatte eben Pech. Ich war ziemlich direkt und etwas bollerig. Heute nehme ich mich eher zurück und frage mich, warum mein Gegenüber denkt und handelt, wie es denkt und handelt. Die Menschen sind so unterschiedlich und jeder hat das Recht zu sein, wie er ist.« Sie zuckt mit den Schultern – als wäre nichts simpler als diese Erkenntnis. Oder zumindest nichts selbstverständlicher.

»Elias bedankt sich oft für das, was ich für ihn getan habe und noch tue. Hör auf, sage ich jedes Mal, ich habe auch so viel von dir bekommen.«

Es scheint, als bräuchten wir den Kontrast, das Fremde, um das Eigene zu erkennen. Es scheint, als bräuchte es existenzielle Erfahrungen, um das Gute der eigenen Existenz wirklich zu schätzen. Jehuda Bacon, ein israelischer Künstler, der Auschwitz überlebte, sagte vor einer Weile im Gespräch mit dem Psychiater und Theologen Manfred Lütz: Man kann auch im Leiden einen Sinn erleben und zwar, wenn man so tief erschüttert ist, dass man erlebt, dass jeder Mensch so ist wie man selbst.

Oktober 2016. Ein schmales Haus mit Garten, eine steile Treppe, zwei ineinander übergehende Zimmer: das vordere rustikal-deutsch mit schweren Möbeln, das hintere modern-international, klare Linien, transparente Gardinen, blühende Orchideen. Die alte Dame, die hier wohnte, hat den Alkhorys, als sie dement und pflegebedürftig ins Heim zog, einen halben Haushalt hinterlassen. Andere Dinge haben sie selbst angeschafft, haben renoviert und sich eingerichtet.

Wir setzen uns an einen Eichentisch. Mari trägt Jeans, einen gestreiften Pulli, ein schmaler Reif hält ihre Haare aus dem Gesicht. Sie hat sehr schöne Augen mit langen Wimpern und kühn geschwungene Brauen. Elias setzt sich neben sie. Beide wirken ein wenig nervös und ich stelle ein paar Fragen, darauf bedacht, ihnen nicht zu nahe zu treten, nicht an allzu Schmerzhaftem zu rühren. Mari Alkhory, die sich selbst Englisch beigebracht hat und nun Deutsch lernt, antwortet offen, wird schnell sehr lebhaft. Elias Alkhory ist zurückhaltender, hört zu, lächelt. Es braucht nicht viele Worte, um zu verstehen, wie froh sie sind, beieinander zu sein. Sie betonen, wie gut es in Deutschland sei: Demokratie, Menschenrechte, Frieden. Sie betonen, wie dankbar sie seien, hier sein zu dürfen. Sie hoffen, dass sie, wenn sie Deutsch lernen, arbeiten und Steuern zahlen, gute Bürger sind, auch bleiben dürfen.

Doch da ist die Familie, die in Damaskus ausharrt.

Da sind Freunde, Kollegen, Nachbarn.

Da sind die alte Wohnung, das alte Leben, die Schule, in die sie einst gingen, das Wochenendhaus mit den Olivenbäumen oder Bāb Tūmā, das christliche Viertel in der Altstadt von Damaskus, mit seinen Gassen, Kirchen, Studenten, der Universität. Ein Leben, ein Stück Identität, ist verloren.

»*It hurts*«, sagt Mari, »es tut weh. Ich denke jeden Tag an meine Familie, und nachts träume ich von Syrien. Wir chatten, sind auf Facebook, doch es kann sein, dass wir uns nie wiedersehen werden. Es kann sein, dass wir nie wieder nach Damaskus können, denn wenn Assad den Krieg gewinnt, wird er sich rächen: an denen, die für Demokratie demonstriert haben, an den Rebellen und an denen, die geflohen sind und die er für Vaterlandsverräter hält.«

Elias reibt über sein Kinn, ein raues Kratzen der Bartstoppeln. »Wir haben keine Wahl«, sagt er. »*But: No problem.*«

»Solange ich mich um meine Familie sorge«, sagt Mari und wirft einen schnellen Blick auf ihr Smartphone, das auf dem Tisch liegt, »solange kann ich nicht aufhören zu rauchen. Wenn ich nur daran denke, ich müsste aufhören, wird mein Herz nervös.« Dann sieht sie zu Biggi, die neben ihr sitzt, legt eine Hand auf ihren Arm und sagt mit fester Stimme: »*We are family.*«

Noch leben die Alkhorys zwischen den Welten, versuchen, zur Ruhe zu kommen. Zugleich haben sie begonnen, sich ein neues Leben aufzubauen: Sie lernen Deutsch, Elias hat einen Minijob und wird nächstes Jahr vielleicht fest angestellt, Joni geht zur Schule.

»*I am eager to learn German, to participate and to integrate myself into the German society*«, sagt Mari Alkhory. Vieles sei neu, die Sprache, die Schrift, Joni müsse Schulbücher nun von links nach rechts lesen. Doch Syrien sei ein modernes Land, das Leben in Damaskus nicht so anders als in Deutschland. »Mein Sohn wird hier eine gute Ausbildung machen, er wird studieren, einen tollen Beruf haben, ein gutes Leben.« Sie lächelt, voller Zuversicht (und doch frage ich mich einen Moment, ob sie mich oder sich überzeugen will).

»Neulich«, fährt Mari fort und plötzlich klingt ihre Stimme eine Spur rauer, »neulich hat Joni gesagt, ich solle ihn nicht mehr von der Schule abholen. Alle Kinder in seiner Klasse hätten goldene Haare, ihre Eltern auch, er wolle nicht, dass sie wüssten, dass wir schwarze Haare hätten. Seine eigene Haarfarbe wolle er auch ändern. Einen Moment dachte ich: Warum sagt der Junge so etwas? Ich habe ihm erklärt, dass Menschen überall auf der Welt unterschiedlich aussehen. Er hat es verstanden.« Sie streicht über die Tischdecke, als lägen dort Krümel. »Es ist nicht einfach für ein Kind, wenn es anders ist als seine Freunde«, räumt sie ein. Aber er wird sich daran gewöhnen. Sie berührt das kleine silberne Kreuz an ihrer Halskette. »Gott hilft uns. Er hat uns geholfen herzukommen, er wird uns auch in Zukunft helfen. Ich habe keine Angst.«

»Was haben Sie beide für Pläne? Wie möchten Sie in zwei, fünf oder zehn Jahren leben?«

»Wir wissen nicht, wie lange wir bleiben dürfen«, sagt Mari Alkhory.

»Ich denke nicht so weit voraus«, sagt Elias Alkhory.

»Wenn wir bleiben können, werden wir eine gute Zukunft haben. Ich würde gern einen Cateringservice für arabisches Essen eröffnen, ich kann sehr gut kochen.«

»*Maybe*. Wir wissen es nicht.«

»Und«, sagt Mari, »ich wünsche mir noch ein Kind, ein deutsches Baby.« Sie lacht wieder sehr zuversichtlich. Und legt erneut ihre Hand auf Biggis Arm. »*We are family.*« Es klingt beinahe beschwörend.

Elias, Mari und Joni Alkhory hatten großes Unglück, weil sie in einem Land lebten, dessen Präsident einen Krieg gegen das eigene Volk führt. Und sie hatten großes Glück, weil sie mutig genug waren, zu fliehen, und in der Fremde auf Menschen trafen, die ihnen halfen. Weil es immer wieder glückliche Fügungen gab, Zufallsglück. Was bedeutet das heute für sie – Glück?

»*Peace*«, antwortet Mari Alkhory, ohne eine Sekunde zu zögern.

»Wenn ich meinen Sohn lachen sehe«, antwortet Elias Alkhory. Elias Alkhory, ein schlanker Mann mit dunklem Haar und tief liegenden Augen, mit Kapuzenshirt und Baseballkappe. Elias Alkhory, geboren 1968, 48 Jahre, beinahe so alt wie ich.

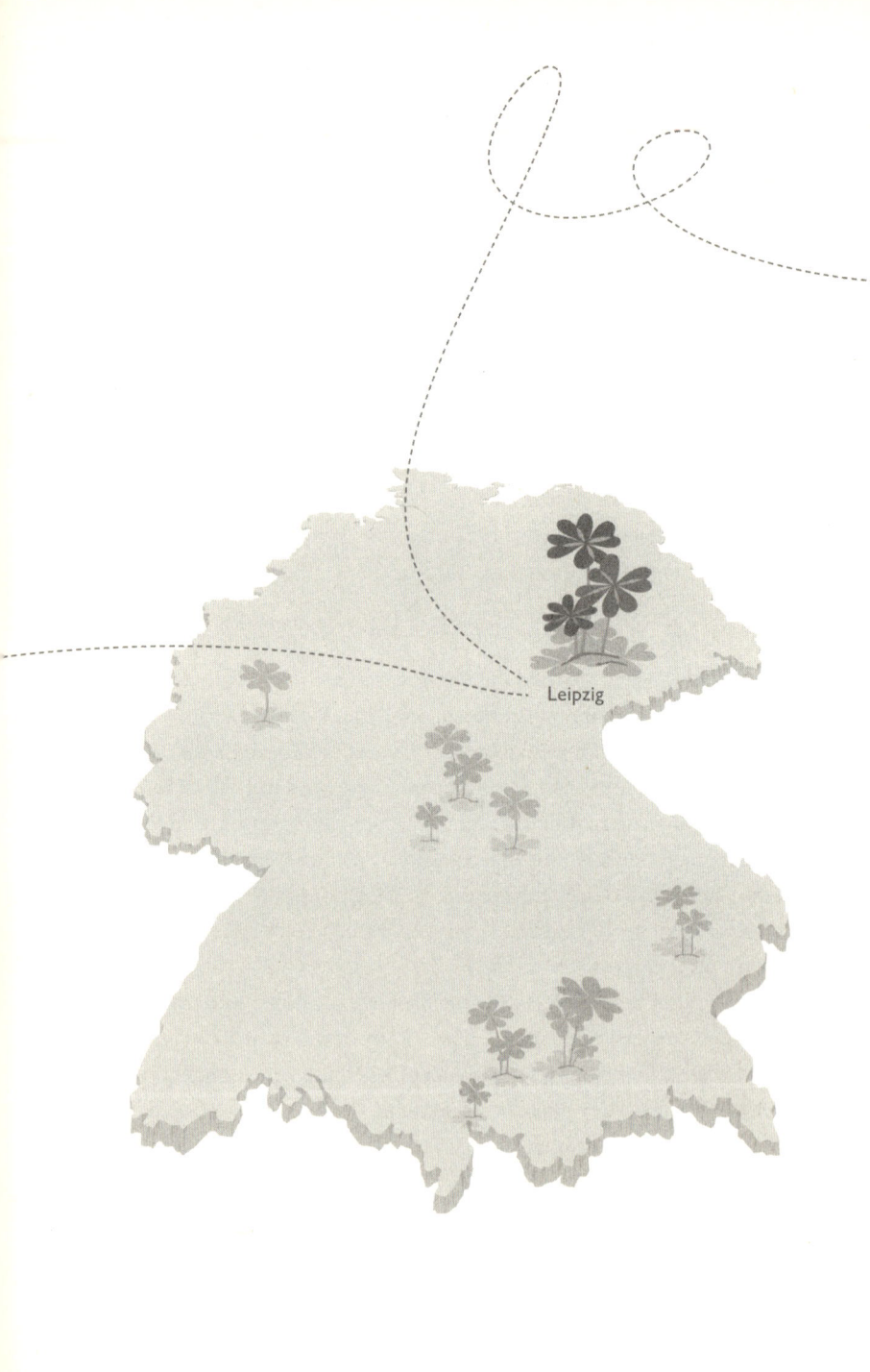

JOHANNA WARGENAU
Schülerin | 9

Kinderglück

»Glück«, ruft Johanna und hüpft um den Tisch, »Glück ist, dass ich heute keine Hausaufgaben machen muss!«

Johanna Wargenau ist neun Jahre alt und lebt mit ihrem kleinen Bruder Justus und ihren Eltern in Leipzig. Sie mag Ponys und Omas Schokoladenkuchen, sie reitet gern, malt und bastelt. Und sie liebt Bücher. Sie hat sogar schon eins geschrieben: *Lieschen*, eine Geschichte über ein Pony, das Angst vor Autos hat, vor Schmetterlingen und dem Winter. Doch eines Tages merkt Lieschen, dass es sich vor Schmetterlingen gar nicht fürchten muss und sogar mit ihnen spielen kann. Dann wird es Winter und Lieschen ist traurig, weil die Schmetterlinge verschwinden. Es freut sich auf den Frühling. Doch im Frühling verschwindet der Winter und auch das findet Lieschen nun schade, denn eigentlich, hat es gemerkt, ist der Winter ganz schön, auch ihn muss es gar nicht fürchten. Johannas Mutter hat geholfen, sie ist Lektorin. Als sie von meinem Glücksbuch hörte, erzählte sie ihrer Tochter davon. Da mach ich mit!, rief Johanna.

Jetzt hüpft sie also um den Tisch. »Wenn ich glücklich bin, muss ich lachen«, ruft sie und lacht. »Und manchmal, wenn ich ganz doll glücklich bin, wackeln meine Beine ein bisschen.« Sie schaut auf ihre Beine. Doch die wackeln nicht.

»Johanna, was macht dich glücklich?«

Unvermittelt bleibt sie stehen. Setzt sich auf einen Stuhl am Kopfende des Tischs. Ihr Blick wird ernst. Sie betrachtet das Aufnahmegerät, meinen Zettel, mich.

Und schweigt.

Liebe und Vertrauen machen Kinder glücklich. Sie fühlen sich wohl, wenn ihre Eltern mit ihnen lachen, spielen, lernen, ihnen Sicherheit und Schutz geben. Sie fühlen sich wohl, wenn sie im Kindergarten und in der Schule Freunde haben. Sie fühlen sich wohl, wenn sie sich selbst als unverwechselbare Persönlichkeit erleben. Der Sozialwissenschaftler Klaus Hurrelmann war beeindruckt, als er 2007 und 2010 die *World-Vision*-Studien leitete, die Kinder nach ihrem subjektiven Wohlbefinden befragten: Die überwiegende Mehrheit fühlte sich sehr wohl oder zumindest ziemlich wohl. Entscheidend sei allerdings, in welche Gesellschaftsschicht ein Kind hineingeboren werde. Bei Mädchen und Jungen, die in sozial schwierigen Verhältnissen aufwüchsen, zögen sich Benachteiligung und Stigmatisierung wie ein roter Faden durchs ganze Leben.

Johanna streicht sich ihre glatten blonden Haare aus dem Gesicht. »Glück«, sagt sie und das Wort huscht über ihre Lippen wie ein Sonnenstrahl, »Glück ist, wenn Mama und Papa zu Hause sind und mit mir spielen. Oder wenn sie was Schönes sagen, zum Beispiel, dass ich nächste Woche schulfrei habe. Dann schreie ich, weil ich so glücklich bin.«

Johanna war ein Wunschkind. Als sie zwei war, zog die Familie von Kassel zurück nach Leipzig; sie sollte aufwachsen, wo ihre Eltern verwurzelt waren. Die Wargenaus fanden eine Altbauwohnung nicht weit von Gewandhaus, Nikolaikirche und Universität. Johanna und ihr Bruder haben ein großes Kinderzimmer, mit Hochbett, Spielecke und viel Spielzeug: Mal- und Bastelbücher, Lego, Plüschtiere, eine Holzeisenbahn, ein Bauernhof mit Tieren. »Als ich sieben geworden bin, war ich auch glücklich, weil mein Papa ein Holzpferd für mich geschnitzt hat. Das hatte einen Zettel um den Hals, auf dem stand *Jetzt geht das Reiten los!* Reitunterricht hab ich mir eigentlich schon immer gewünscht.«

»Anfangs warst du noch sehr klein«, sagt Johannas Mutter. »Wir wollten erst einmal abwarten, ob es dir wirklich ernst ist.«

»Beim Reiten gibt's ein Mädchen, die Lara, die ist erst drei! Oder vier. Und die Nellie ist auch erst vier! Oder fünf. Die sind sehr klein, finde ich.«

Johanna geht in die dritte Klasse. Ihre Lieblingsfächer sind Kunst und Sport. Sie rennt viel, kann Spagat, und Kopfstand ist ihr Hobby. Nach der Schule geht sie in den Hort und dienstags zur Artistik, wo sie jonglieren lernt und Flickflack. »Beim Sport bin ich auch glücklich.« Ihre Augen leuchten und sie rutscht vom Stuhl und hüpft wieder durchs Zimmer. Ein paar ihrer Freundinnen und Freunde gehen in ihre Klasse, ruft sie: Lilli, Paula, Maria, Anna, Konstantin, Florian …

»Florian macht viel Quatsch«, murmelt Justus.

»Darum finde ich ihn so lustig! Außerdem ist er ganz schön wild und richtig stark. Er hat mich auf seinen Rücken genommen und durch den ganzen Garten getragen. Und Flo spielt beim Nachwuchs von RB Leipzig.«

»Ist Konstantin auch stark?«

Johanna hält inne, runzelt die Stirn, sieht mich an. Und schüttelt den Kopf. »Nee, der ist eigentlich nicht stark und auch nicht so gut in Sport. Aber der ist nett und ruhig und lacht ganz viel.«

»Gehst du gern zur Schule?«

»Ja, und als ich in der Mathearbeit letzte Woche eine Eins hatte, war ich auch glücklich. Die war nämlich schwer. Wir mussten Plusaufgaben, Minusaufgaben, Geteiltaufgaben und Malaufgaben lösen.« Mit den Fingern demonstriert sie plus und minus. Ihr Bruder sieht zu; dann zählt er auch durch seine Finger. »In der zweiten Klasse hatte ich außerdem im Halbjahreszeugnis nur Einsen. Einsen zu haben ist schön, denn da freuen sich immer alle mit.«

»Bist du eine gute Schülerin?«

Kopfschütteln.
Nicken.
»Strengst du dich an, um gute Noten zu bekommen?«
Sie setzt sich wieder auf ihren Stuhl, schiebt die Unterlippe ein wenig vor, überlegt und erklärt dann mit tiefer Ernsthaftigkeit: »Ich habe mich nie so richtig angestrengt. Das ist irgendwie von ganz alleine gekommen.«

Neben Liebe und Vertrauen macht Geld Kinder glücklich. Viele der Sechs- bis Elfjährigen, die der Kinder- und Jugendforscher Hurrelmann befragte, sagten, arm sein sei schrecklich, etwas, das sie fürchteten. Die Mädchen und Jungen, die sich nicht wohlfühlten, kamen oft aus sozial benachteiligten Familien, hatten früh Armut kennengelernt und vermissten als Gegenpol zu ihren verunsicherten Eltern Bezugspersonen, die sie stärkten und stabilisierten.

»Warst du schon einmal unglücklich, Johanna?«
»Gestern beim Abendbrot. Mama hat erzählt, dass unser Haus verkauft wird und wir vielleicht umziehen müssen. Sie hat gesagt, es ist unwahrscheinlich, aber ich war trotzdem unglücklich. Später hat unser Nachbar den Vermieter angerufen und der hat sagt, dass das Haus doch nicht verkauft wird.«

»Er hat gesagt«, stellt Johannas Mutter richtig, »dass wir keine saftige Mieterhöhung bekommen.« Justus bekommt Schluckauf und klettert auf den Schoß seiner Mutter.

Ein wirklich großes Unglück in Johannas Leben war, als am Ende des ersten Schuljahres ihre Freundinnen Clara und Carolina nach Wyhra zogen, einen kleinen Ort dreißig Kilometer von Leipzig entfernt. Vorher wohnten sie in der Nachbarstraße, die drei Mädchen haben oft zusammen gespielt, Clara und Johanna gingen in dieselbe Klasse. »Die sind vier Geschwister und haben in Wyhra ein größeres Haus gekriegt. Aber als sie weggezogen sind, war ich unglücklich.« Ihr Gesicht ist ernst. Ein stummes Nicken.

»Und dann ...«, Johannas Blick hellt sich auf, als ginge ein Licht in ihr an, »dann war ich wieder glücklich, weil wir diesen Sommer einen

Garten in der Nähe von Borna gekriegt haben. Von da ist man in zehn Minuten bei Clara und Carolina. Jetzt fahren Mama und Papa mich hin, oder sie kommen zu uns, und wir spielen im Garten.«

Kinder sind im Moment verhaftet, Glück liegt für sie im Augenblick. Doch auch sie müssen manches aushalten: Ein Haustier stirbt, ihre Großeltern sterben, ein plötzlicher Unfall, Eltern trennen sich oder verlieren ihre Arbeit. Sichere Beziehungen kompensieren äußeres Unglück. In seinem Essay *Was bedeutet Glück für Kinder* zitiert Forscher Hurrelmann den Roman *Wenn das Glück kommt, muss man ihm einen Stuhl hinstellen* der Jugendbuchautorin Mirjam Pressler: Halinas Mutter ist vom Krieg traumatisiert, sodass sie sich nicht um ihre Tochter kümmern kann und Halina im Heim aufwächst. Das Leben dort ist bedrückend und manchmal Furcht einflößend, doch ihre Tante besucht sie regelmäßig. Nach einer Weile findet Halina im Heim auch eine Freundin. Diese beiden Menschen helfen ihr, sich zu behaupten, das Leben in die eigenen Hände zu nehmen und sich als wertvoller Mensch zu fühlen. Wissenschaftliche Studien bestätigten die Fiktion: Kinder, die unter ungünstigen Bedingungen aufwachsen, aber eine oder mehrere verlässliche Bezugspersonen in ihrem Leben haben, können durchaus Selbstwirksamkeit entwickeln und Glück erleben.

»Katharina aus meiner Klasse war neulich unglücklich, weil ihr Opa gestorben ist. Obwohl sie den gar nicht gekannt hat, weil er in Russland wohnt. Katharinas Mutter kommt aus Russland.«

»Magst du von unserem Opa erzählen?« Isabel Buchwald-Wargenau beugt sich vor und streicht ihrer Tochter eine Strähne aus dem Gesicht.

Mutter und Tochter wechseln einen wortlosen Blick. Dann sagt Johanna: »Opa hat einen Gehirntumor. Der kann jetzt nicht mehr laufen, darum hat er einen Rollstuhl. Das macht mich traurig.«

»Was tust du, wenn du traurig bist?«

Sie sieht mich an – und zuckt mit den Schultern.

»Ist traurig sein so schlimm wie unglücklich sein? Oder geht das schneller vorbei?«

»Traurigsein geht schneller vorbei. Wenn ich unglücklich bin, bedrückt mich das und manchmal kriege ich Bauchschmerzen oder mir wird übel.«

»Kannst du etwas tun, damit die Traurigkeit verschwindet? Kennst du einen Trick?«

»Nicht so richtig ...«

»Ein Bild malen?«, schlägt Justus vor.

»Ein Bild malen ...« Johanna überlegt. Und schüttelt den Kopf. »Manchmal lege ich mich ins Bett und weine. Oder ... oder wenn wir dann eine Arbeit schreiben und ich wieder eine Eins habe, dann vergesse ich den Opa auch ein bisschen und bin nicht mehr so traurig.« Justus schmiegt sich an seine Mutter und sieht zu seiner Schwester – in seinen Augen liegt Traurigkeit über ihre Traurigkeit.

Großes Unglück wie Tod oder Trennung hat Johanna mit ihren neun Jahren noch nicht erlebt. Doch dass Glück auch relativ ist, weiß sie. »Paula, meine Freundin, ist ein bisschen unglücklich, weil sie nicht so gut in Mathe ist. Als wir die Arbeit wiedergekriegt haben, in der ich eine Eins hatte, hat die Lehrerin zu ihr gesagt: Bist du bereit? Dann hat sie ihr das Heft gegeben und Paula hat übers ganze Gesicht gestrahlt. Ich hab gedacht, sie hat bestimmt auch eine Eins. Oder eine Zwei. Ich war richtig baff, als sie mir ihre Note gezeigt hat: eine Drei! Also ich wäre überhaupt nicht glücklich über eine Drei.«

Wenn sie groß ist, will Johanna Illustratorin werden und auf einem Bauernhof leben. »Auf jeden Fall mit Pferden und Ziegen, Kaninchen müssen auch da sein, vielleicht noch zwei Schweine, ein paar Hühner. Meine Freundin Marlene und ich wollen den Bauernhof zusammen machen, damit es nicht so viel Arbeit ist. Und wenn Florian vielleicht mein Mann wird ... Ich habe ihn heute gefragt, ob er mit mir auf dem Bauernhof leben will, aber der ist richtig ausgeflippt und hat NEIN gesagt. Dann ist er so lustig rumgesprungen. Aber ich finde das ein bisschen schade, weil ich schon gern auf einem Bauernhof wohnen möchte.«

»Kannst du ja trotzdem machen«, sagt Justus und schiebt einen Finger in die Nase.

»Aber wenn der Flo nicht will?«

Justus zuckt mit den Schultern. »Konstantin?«

»Konstantin ist auch nicht SO glücklich darüber. Konstantin habe ich sogar zuerst gefragt.« Johanna rollt mit den Augen. »Phh, ich weiß nicht, ob ich Konstantin oder Florian heirate oder jemand ganz anderen. Aber so stelle ich mir das vor.«

»Und wo soll der Bauernhof sein?«

»Darüber habe ich schon nachgedacht«, sie rutscht auf ihrem Stuhl ganz nach vorn und legt die Hände vor sich auf den Tisch, »vielleicht an der Nordsee? Wie bei *Benjamin Blümchen*, als der Pirat ist, fährt er auch an die Nordsee. Und Kinder möchte ich auf dem Bauernhof auch haben. Marlene will keine Kinder, die hat dann eben nur einen Mann und keine Kinder, aber ich finde es schön, Kinder zu haben.«

»Die sind niedlich«, murmelt Justus.

»Es ist schön, eine Familie zu haben.«

»Johanna, eine letzte Frage: Sind Mädchen glücklicher als Jungen?«

Sie sieht mich an. Ihr Blick wechselt von fragend zu prüfend zu zweifelnd. Schließlich sagt sie: »Na ja, ich weiß nicht, wie es ist, ein Junge zu sein.«

Johanna Wargenau ist neun Jahre alt und die Weichen fürs Glück sind in ihrem Leben schon gut gestellt.

Hamburg

DANIEL LEBEL
Chiropraktor | 48

Vom Glück des guten Sterbens

Die meisten Menschen fürchten den Tod. Daniel LeBel nicht. »Ich bin in einer großen Familie aufgewachsen und habe schon als Kind mitbekommen, wie Verwandte starben. Der Tod war Teil des Lebens und hat mich nie geängstigt, eher hat er mich beeindruckt.«

Daniel LeBel wuchs in Kanada auf. Der Vater hat sechzehn Geschwister, die Mutter sechs – Daniel und sein Bruder haben allein dreiundfünfzig Cousins und Cousinen. »Ich würde nicht sagen, dass ich eine perfekte Kindheit hatte, mein Vater trank öfter, ein paar Onkel ebenfalls, doch im Kreis meiner Familie habe ich mich immer geschützt und behütet gefühlt. Viele meiner Kindheitserinnerungen sind Erinnerungen an Momente unbeschwerten Glücks. Weihnachten beispielsweise gingen wir in die Mitternachtsmesse, anschließend trafen wir uns bei meiner Oma, sie war das Zentrum der Familie, die, die alle zusammenhielt, und sie kochte und wir aßen und feierten bis fünf Uhr früh, machten Bescherung, fuhren Schlitten und Snowboard und wärmten uns die Hände an einem großen Lagerfeuer. Es war immer schön, es war immer fröhlich.«

Er ist dreißig, als seine Oma im Sterben liegt. Fünfzehn Jahre zuvor war sie an Brustkrebs erkrankt, wurde operiert. Nun ist der Krebs zurück und innerhalb kurzer Zeit breiten sich überall in ihrem Körper Metastasen aus. »Oma war meine allerbeste Freundin. Sie nannte mich immer *mon petit* oder *mon petit dernier*, als wäre ich ihr jüngster Sohn, wir standen uns sehr nahe. Sie war die Erste, die ich beim Sterben begleitet habe.«

Daniel und ich kennen uns über eine gemeinsame Freundin; im Jahr 2000 zog er nach Hamburg. An einem Abend im Oktober sitzen wir in seinem großen, offenen Wohnzimmer, wenige, ausgewählte Möbel, im hinteren Teil ein Flügel. Es ist still, sehr still in der Wohnung, obwohl ringsherum viele Menschen wohnen und sich wenige Meter Luftlinie entfernt zwei mehrspurige Straßen kreuzen. Seine Oma, erzählt Daniel, hatte ein langes, reiches Leben. »Doch den Tod hat sie immer gefürchtet. Mit Krankheiten wollte sie nichts zu tun haben und solange sie lebte hat sie nie ein Beerdigungsinstitut betreten. Leider ist sie so auch gestorben, voller Angst.«

»Ich stelle es mir schwierig vor, jemanden zu begleiten, der sich vorm Sterben fürchtet.«

Er überlegt einen Moment, schüttelt den Kopf. »Es war traurig, dass sie solche Angst hatte, doch für mich war es nicht so schlimm. Oma lag auf einer Palliativstation, in Kanada war man damals weiter in der Versorgung von Schwerstkranken, darin, ihnen eine letzte Zeit in Würde zu ermöglichen. Die Atmosphäre dort war sehr freundlich und zugewandt und die ganze Familie kam, um Abschied zu nehmen, alle ihre Kinder, Schwiegertöchter, Schwiegersöhne, Enkel versammelten sich um Omas Bett. In der Nacht, als sie starb, war ich allein bei ihr. Ich legte mich zu ihr, hielt sie im Arm, sprach mit ihr. Und irgendwann war die Welt still und in ihren letzten Momenten konnte sie sich lösen, die Angst hinter sich lassen und in Frieden gehen. Das war sehr schön.«

Dabei kam der Tod, als er zum allerersten Mal in Daniels Leben trat, jäh und roh daher. Er war acht, als ein Schulkamerad starb – der Vater hatte geraucht, war eingeschlafen, das Haus brannte nieder. Er war elf, als einer seiner Cousins starb – zu Halloween lief er Hand in Hand mit Daniels Bruder die Straße entlang, als der Bruder plötzlich einen Schritt zurück machte und der Cousin einen nach vorn und ein Auto ihn erfasste. »Damals habe ich verstanden, dass der Tod allgegenwärtig ist. Wir werden mit ihm auf der Schulter geboren und er begleitet uns durchs ganze Leben.«

Daniel LeBel ist Chiropraktor, hat in Kanada studiert. Schon länger interessierte er sich für die Hospizbewegung, als er Mitte der Nullerjahre den Pflegeleiter eines Hamburger Hospizes kennenlernt. Am Ende eines langen Gesprächs rät ihm der Mann: Such dir ein nettes Ehrenamt, mach was Schönes mit Kindern. Doch Daniels Interesse bleibt. 2013 liegt eine seiner Patientinnen im Sterben und eine Freundin sagt, sie sei ausgebildete Sterbebegleiterin. »Das war wie eine Fügung.«

Sterbebegleitung – in Abgrenzung zur Sterbehilfe – meint die pflegerische und menschliche Unterstützung Todkranker, das Bemühen, ihnen einen Abschied in Würde und ohne Schmerzen zu ermöglichen. Die Ausbildung zum Sterbebegleiter ist nicht einheitlich geregelt, Daniel entscheidet sich für ein Seminar mit anthroposophischem Hintergrund. Neun Monate sprechen die Teilnehmer über Leben und Tod, über das Sterben als Prozess und den Tod als sein natürliches Ende, über Religion und Ethik. Sie machen Rollenspiele und versuchen, sich in einen bevorstehenden Abschied einzufühlen – als Sterbender, als Angehöriger, als Sterbebegleiter. Und immer wieder und vor allem reflektieren sie eigene Erfahrungen mit Tod und Trauer, sprechen über sich, über ihre Endlichkeit, denn ähnlich wie Psychotherapeuten sollten Sterbebegleiter nicht das Eigene auf andere projizieren. »Mir war klar, dass ich mich in der Hospizbewegung engagieren wollte, darum habe ich die Ausbildung wie eine Probezeit empfunden. Und ich merkte, dass ich auf dem richtigen Weg war, dass ich gefunden hatte, was ich suchte. Der bewegendste Moment war wohl, als ich während einer Meditation verstand, dass sterben wie geboren werden ein Prozess ist, in die entgegengesetzte Richtung. Während in der Schwangerschaft ein Embryo entsteht, zum Fötus wächst, ein Baby auf die Welt kommt, verschwindet der Mensch im Sterben, er zieht sich Stück für Stück wieder aus der Welt zurück, er erlischt.«

Am Ende des Seminars fragten ihn die Ausbildungsleiter: Was tust du, wenn dein Arzt dir morgen eröffnet, dass du nur noch ein Jahr leben wirst?

Einen Monat?

Einen Tag?

»Eine schwierige Frage«, räumt er ein, seufzt und lacht. »Hätte ich noch einen Tag zu leben, ich hätte gar keine Zeit, in Panik zu verfallen, ich könnte gerade noch entscheiden, was ich an diesem Tag tun möchte und mit wem. Hätte ich ein Jahr Zeit, wäre die Gefahr groß, mich in Plänen und Wünschen zu verlieren.« Er schiebt seine Brille zurück, streicht über seinen sauber gestutzten Bart. »Am schwierigsten finde ich bis heute die Frage, was ich tun würde, wenn ich noch einen Monat leben würde. Zeit und doch keine Zeit zu haben, diese Aussicht lähmt mich geradezu, sie hemmt meine Gedanken, macht mich handlungsunfähig.«

Nach dem Ende der Ausbildung spricht Daniel erneut mit dem Pflegeleiter des Hospizes. Diesmal überreicht er ihm einen zwanzigseitigen Fragebogen: Was motiviert Sie, im Hospiz zu arbeiten? Was denken Sie über Tod und Sterben? Was könnte Sie an die Grenzen Ihrer Belastbarkeit bringen? Welche Art von Begleitung könnte Ihnen schwerfallen? »Es wirkt ein bisschen bürokratisch, aber sie müssen einschätzen können, ob man stabil ist. Ob man psychischen Belastungen gewachsen ist, ob man sich zurücknehmen kann, ob man Sterbenden frei und unbefangen begegnen wird.« Die Leitung des Hospizes lädt ihn zum Gespräch. Danach geht alles recht schnell: Im Juli 2015 nimmt Daniel LeBel an einer Supervisionsrunde teil, im August begleitet er zum ersten Mal einen Bewohner.

Der alte Herr leidet an Krebs im Endstadium. Seine Frau lebt nicht mehr, doch seine Kinder besuchen ihn täglich. Auch als Daniel an die Tür des Zimmers klopft, sind sie bei ihm. Der alte Mann nickt ihm freundlich zu – seine Haut ist fahl, beinahe grau, sein Gesicht aufgedunsen, doch seine Augen leuchten. Man stellt sich einander vor und es dauert nicht lange und der alte Mann bietet Daniel das Du an. Aber seine Kinder prüfen mich, denkt er. Irgendwann gehen die Söhne und die Tochter in die Cafeteria. Der alte Mann kommt umstandslos zur Sache: Ich habe Krebs, ich werde nicht mehr lange leben, mit den Kindern will ich nicht darüber reden, vor allem meine Tochter hat große Angst davor, dass ich sterbe, aber mit Ihnen kann ich offen sprechen. Ja, antwortet Daniel, das können Sie. Als die Kinder zurückkommen, verabschiedet er sich bald darauf. Vielleicht, sagt der alte Mann und aus seinen Augen blitzt Freude, können wir bei Ihrem nächsten Besuch ein wenig spazieren gehen?

Doch sein Gesundheitszustand verschlechtert sich rapide, drei Wochen später stirbt er. »Ich ging hin, um mich zu verabschieden. Die Kinder waren sehr dankbar. Nach meinem Empfinden hatte ich kaum etwas getan, doch sie empfanden es als Trost, dass ich ihrem Vater diese Ehre erwies.«

Im Herbst klopft Daniel an die Tür einer Frau Mitte sechzig. Sie leidet an Leberzirrhose. Auch sie hat Kinder, doch das Verhältnis ist zerrüttet. Der einzige Mensch, der sie besucht, ist er. »Diese Frau war ein schwieriger Mensch. Sie war sehr intelligent, sehr wütend und revoltierte gegen alles. Sie beschwerte sich über das Essen, das Hospiz, die anderen Bewohner, das Personal, den Staat, die Welt, sie hasste alle und alles.« Seine Gesichtszüge verspannen sich, fast beißt er die Zähne zusammen, als er von der Frau erzählt.

Doch er kommt wieder. Hört zu, versucht, sich auf die fremde Frau einzulassen, ihre Welt zu erfassen, versucht zwischen ihren wütenden Tiraden herauszuhören, was sie bedrückt und worüber sie nicht sprechen kann. Er begleitet sie, als sie ein letztes Mal nach Hause zurückkehrt, um ihre Wohnung aufzulösen, schiebt sie im Rollstuhl von Zimmer zu Zimmer, hält ihre Bitterkeit aus, ihre Bösartigkeit, ihr Misstrauen. Manchmal sitzt er an ihrem Bett, während sie sediert zwischen den Welten dahindämmert. Ich hasse alle Männer, raunt sie eines Tages und er erfährt, dass sie und ihre Töchter einst vergewaltigt wurden, dass die Täter nie gefasst, nie verurteilt wurden, dass sie die Ungerechtigkeit nie verwunden haben. »Ein hartes Schicksal, und es ist schwer, so unversöhnt mit dem Leben zu sterben. Ich habe versucht, das Vertrauen der Frau zu gewinnen, sie noch einmal spüren zu lassen, dass es auch Menschen gibt, die es gut meinen.« Kurz bevor sie im Februar stirbt, gelingt es ihm: Plötzlich ist da eine Verbindung zwischen beiden, etwas fließt, Daniel nennt es eine Art von Liebe. »Damals habe ich gelernt, immer wieder auf einen Menschen zuzugehen und zugleich eine gesunde Distanz zu halten. Ich sagte mir: Es ist *ihr* Leben, *ihr* Hass – doch an manchen Tagen fand ich kaum in meinen Alltag zurück. Einmal traf ich mich anschließend mit Freunden, wir wollten Kostüme für Halloween basteln. Irritiert saß ich da und dachte: Ein Mensch liegt im Sterben – und ich bastle Fledermäuse? Aber beides ist richtig und wichtig. Es ist richtig und wichtig, das Leben zu feiern, zu seiner Zeit, und es ist richtig und wichtig, es zu verlassen, zu seiner Zeit. Das auf einer tiefen Ebene zu verstehen und akzeptieren zu können hat mich beglückt.«

Seit einem Dreivierteljahr begleitet er einen Mann, der an Aids erkrankt ist; eine ungewöhnlich lange Zeit, die meisten Bewohner bleiben drei, vier Wochen im Hospiz. Auch dieser Mann hat keine Familie, nur ein Freund besucht ihn ab und zu. »Er ist sehr dankbar. Er versucht, alles, was das Leben ihm noch gibt, zu genießen. Ich kann nicht viel für ihn tun, nur kommen und da sein. Wenn Menschen am Ende ihres Lebens einsam sind, kommt man sich sehr nahe. Wenn sie zurückschauen, Bilanz ziehen, wenn sie realisieren, dass ihr Leben unausweichlich zu Ende geht, gibt es Momente ungewöhnlicher Intimität und Wahrhaftigkeit.«

»Was fürchten Menschen im Licht des Todes am meisten?«

»Loszulassen.«

»Kannst du ihre Angst lindern?«

»Ich kann da sein, ihnen zuhören. Immer wieder merke ich auch, dass Texte, Gedichte, Lieder, mit denen wir uns in der Ausbildung beschäftigt haben, trösten. Ich bringe sie mit, lese daraus vor, wir sprechen darüber, hören Musik.«

»Sterbende, scheint mir, brauchen ein furchtloses Gegenüber.«

»Ja, es hilft, keine Angst vor dem Tod zu haben. Aber ich will ehrlich sein: Ich finde nicht immer die richtigen Worte, ich kann niemandem einen Rat geben, ich bin nicht klüger als andere, ich weiß nicht mehr. Das Einzige, was ich tun kann, ist, einem sterbenden Menschen die Sicherheit zu geben, dass ich bei ihm bin. Und bei ihm bleibe. Dass ich den Weg mit ihm bis zum Ende gehe.«

»Warum bist du so unerschrocken?«

Daniel holt tief Luft. Atmet wieder aus. Denkt nach. Lange ist nichts zu hören, nur die dichte Stille in der Wohnung. Die Lampe über unseren Köpfen wirft einen Lichtkegel, der genau uns beide erfasst, alles andere verschwindet im Dunkel. »Vielleicht«, sagt Daniel schließlich, »weil ich irgendwann meine Heimat gefunden habe.« Er legt beide Hände auf seine Brust, als wolle er zeigen, wo die Heimat sitzt. »Ja, ich bin sicher: Dass ich in mir ein Zuhause gefunden habe, gibt mir die nötige Festigkeit für alles.«

Damals in Kanada, erklärt er, sei er tief verwurzelt gewesen: Er hatte seine große Familie, seine Frau, seinen Beruf, seine Praxis, sein Haus, seinen Hund. Als er nach Deutschland kam, hatte er nichts, war plötzlich und zum allerersten Mal vollkommen wurzellos. »Markus und ich hatten uns 1997 bei einer Akupunkturfortbildung auf Sri Lanka kennengelernt und ineinander verliebt. Nachdem wir zwei Jahre über den Atlantik gependelt waren, beschloss ich, zu ihm nach Hamburg zu ziehen. Am 1. Januar 2000, am ersten Tag des neuen Jahrtausends, kam ich an. Doch es sollte Jahre dauern, bis ich wirklich ankam und mich in Hamburg zu Hause fühlte.«

In dieser Zeit zwischen den Kontinenten, zwischen zwei Leben, in dieser Zeit des Übergangs wächst langsam, sehr langsam das Bewusstsein in ihm, dass Zuhause, das Zentrum seines Seins, weniger ein Ort – in Kanada, in Deutschland – als ein Zustand ist: dass seine Heimat zuallererst in ihm selbst liegt. Wieder drückt er eine Hand gegen die Brust. »Seit ich in dieser engen Verbindung mit mir selbst lebe, bewege ich mich anders durchs Leben. Dieses Wissen gibt mir Sicherheit, Halt, Kraft.«

Trotzdem fliegt Daniel einmal im Jahr nach Kanada, zur Wurzelpflege, wie er es nennt. »Das Bemerkenswerte ist, dass ich schon als Kind wusste, dass ich fortgehen würde. Ich wurde katholisch erzogen und eines Sonntags nach der Kirche erklärte ich meiner Mutter, dass ich es wie Jesus machen und in die Welt hinausziehen würde. Ich hatte keine Ahnung, wohin, aber dass ich fortgehen würde, stand fest.«

»Viele wünschen sich die familiäre Eingebundenheit, die du erlebt hast – warum hast du dein Glück darin gesehen, sie hinter dir zu lassen?«

Er zuckt mit den Schultern. Lächelt dann vielsagend, blinzelt. »Abenteuerlust? Neugier? Es ist auch ein wenig beengend, wenn immer viele Leute um dich herum sind. Es ist immer laut, du bist nie allein. Wer sich entwickeln will, muss seine vertrauten Kreise manchmal auch verlassen.«

Daniel LeBel hat, scheint es, einen feinen Sinn fürs Transitorische. Ein Wanderer zwischen den Welten. Wohl auch deshalb kann er die Zwischenwelt zwischen Leben und Tod vermessen, diese Welt, in der Raum und Zeit sich allmählich auflösen.

»Daniel, manchmal ist der Tod roh und sehr hässlich. Fürchtest du ihn dann?«

Er neigt den Kopf und in seinem Gesicht liegt diese ruhige, konzentrierte Ernsthaftigkeit, mit der er schon über meine allererste Frage nachgedacht hat. »Nein, eigentlich nicht. Allerdings habe ich im Hospiz erst fünf Menschen begleitet, ich weiß noch nicht, wo meine Grenzen sind, manches ist noch theoretisch. Wie werde ich beispielsweise reagieren, wenn ich jemanden begleiten soll, der so alt ist wie ich?« Wobei, fügt er hinzu, er jederzeit eine Begleitung ablehnen könne, die Leitung des Hospizes achte sehr darauf, dass Sterbende und Begleitende einander sympathisch seien, keine Differenzen den Kontakt beschwerten. »Der Mann, den ich zurzeit begleite – es nimmt mich mit zu sehen, wie Aids seinen Körper zerstört, da hilft es nicht einmal, dass ich in einem Heilberuf arbeite. Trotzdem kann ich es aushalten, denn ich begleite einen Menschen, und dieser Mensch ist so viel mehr als seine Krankheit.«

Eine wichtige Voraussetzung für viele äußere Zusammenhänge, so der Philosoph Wilhelm Schmid, seien die *inneren* im eigenen Selbst.

Sich zu befreunden mit sich selbst, vielleicht sogar zu lieben, sei Sinnstiftung, die Beziehung zu sich die Basis für die Beziehung zu anderen, für die Gründung und Pflege der verschiedensten sozialen Zusammenhänge.

»Gibt es einen guten Tod, Daniel? Gibt es das Glück des guten Sterbens?«

Er überlegt einen Moment – und erzählt von einer Frau Mitte dreißig, sie litt an Lymphdrüsenkrebs, eine Frau, die sehr gläubig war, sich nicht wehrte, den Tod annahm, ihn schließlich erwartete. »Sie litt auch unter einer leichten Angststörung, bekam manchmal Angstzustände, dann wünschte sie sich, dass jemand bei ihr war, einfach nur an ihrem Bett saß. Sie müssen gar nicht mit mir reden, sagte sie, bringen Sie sich ruhig ein Buch mit. Wir haben aber immer viel miteinander geredet, wir haben gelacht, wir hatten richtig Spaß. Es war sehr angenehm in ihrer Gesellschaft. Diese Frau, denke ich, ist gut gestorben.«

»Dann hat gutes Sterben viel mit Akzeptanz zu tun?«

»Mit Akzeptanz und der Fähigkeit, loslassen zu können. An der Grenze des Lebens annehmen zu können, dass alles war, wie es war, und ist, wie es ist, macht das Sterben leichter.« Einer seiner Onkel in Kanada, fügt er hinzu, leite ein Pflegeheim und sage oft, jeder Mensch stürbe, wie er gelebt habe. »Und manchmal liegt Glück auch in der Traurigkeit. Wenn es mir gelingt, jemanden in seiner Angst zu erreichen, wenn es mir gelingt, ihn kurz vor dem Abschied im Innersten zu berühren, dann sind das schöne Momente, für den Sterbenden und für mich. Es macht mich glücklich, etwas geben zu können. Es macht mich glücklich zu leben.«

»Haben die Erfahrungen im Hospiz – inmitten von Unglück könnte man meinen: Tod, Trauer, Verlust, Abschied – deinen Blick aufs Glück verändert?«

Ein Nicken, kein Zögern. »Die Nähe zum Tod bewirkt, dass ich im Leben nichts mehr selbstverständlich nehme. Nicht bei der Arbeit in der Praxis, nicht mit meinem Mann oder im Zusammensein mit Freunden – ich genieße viel mehr, was das Leben mir schenkt, ich nehme Details genauer wahr, ich bin dankbarer für schöne Momente. Glück hat viel mit Dankbarkeit zu tun.«

»Du bist also ein glücklicher Mensch?«

»Oooch ...« Daniel lehnt sich zurück und lacht und von einer Sekunde auf die andere ist alle Ernsthaftigkeit wie weggewischt. »Sagen wir, ich gebe mir Mühe.«

Jetzt muss ich lachen.

»Doch«, lenkt er ein, »ich bin glücklich. Ich bin dankbar für meine Herkunft, diese große Familie und die Geschenke, die sie mir bis heute macht. Ich bin glücklich in meiner Beziehung. Ich bin froh, dass ich gesund bin. Und inzwischen bin ich auch glücklich, in dieser hübschen Stadt gelandet zu sein.« Er macht eine Pause, dann fügt er hinzu: »Dabei liegt so viel Zufall in all dem. Ich könnte auch in Syrien geboren sein, dann würde ich jetzt versuchen, einen Krieg zu überleben, wäre vielleicht auf der Flucht oder längst tot ...«

»Was war die unglücklichste Zeit deines Lebens?«

Stille.

»Die Trennung von meiner Frau«, antwortet er. »Der Übergang von meinem Leben mit einer Frau in Kanada zu meinem Leben mit einem Mann in Europa ...« Er schüttelt den Kopf. »Nein. Nein, das war eine schwierige Zeit, aber ich war nicht unglücklich. Wirklich unglücklich war ich am Ende meines ersten Jahres in Hamburg. Ich war bei Markus eingezogen und wir merkten, dass es nicht funktionierte, dass es uns beiden viel zu eng war. Also zog ich wieder aus. Damals war nicht sicher, ob wir zusammenbleiben würden, ob ich in Hamburg bleiben würde, ich wusste nur, dass ich nicht nach Kanada zurückwollte.« Es dauerte lange, bis er das Unglück überwunden hatte – bis er Deutsch sprach, sich einen Freundeskreis aufgebaut, seine Praxis etabliert hatte, bis er Sicherheit gewann in der neuen Welt, bis er sich, unabhängig von Markus, ein eigenes Leben aufgebaut hatte.

Heute sind Daniel und Markus seit fast zwanzig Jahren ein Paar, 2002 haben sie sich verpartnert. Und vor Kurzem haben sie Patientenverfügungen aufgesetzt, einander Generalvollmachten ausgestellt, über ihr Testament nachgedacht. Sie haben über den Tod gesprochen, das Sterben verhandelt, um das Leben, das sie haben, unbeschwerter zu genießen.

»Wie möchtest du selbst sterben, Daniel?«

Er holt tief Luft, lacht. »Glücklich.« Ein weiteres Mal legt er die Hände auf die Brust, diesmal liegt fast ein wenig Inbrunst in der Geste. »Wenn es so weit ist, hoffe ich, dieses Zuhause in mir nicht zu verlieren. Ein Gefühl von Heimat auch im Tod zu haben wäre ein großer Trost.«

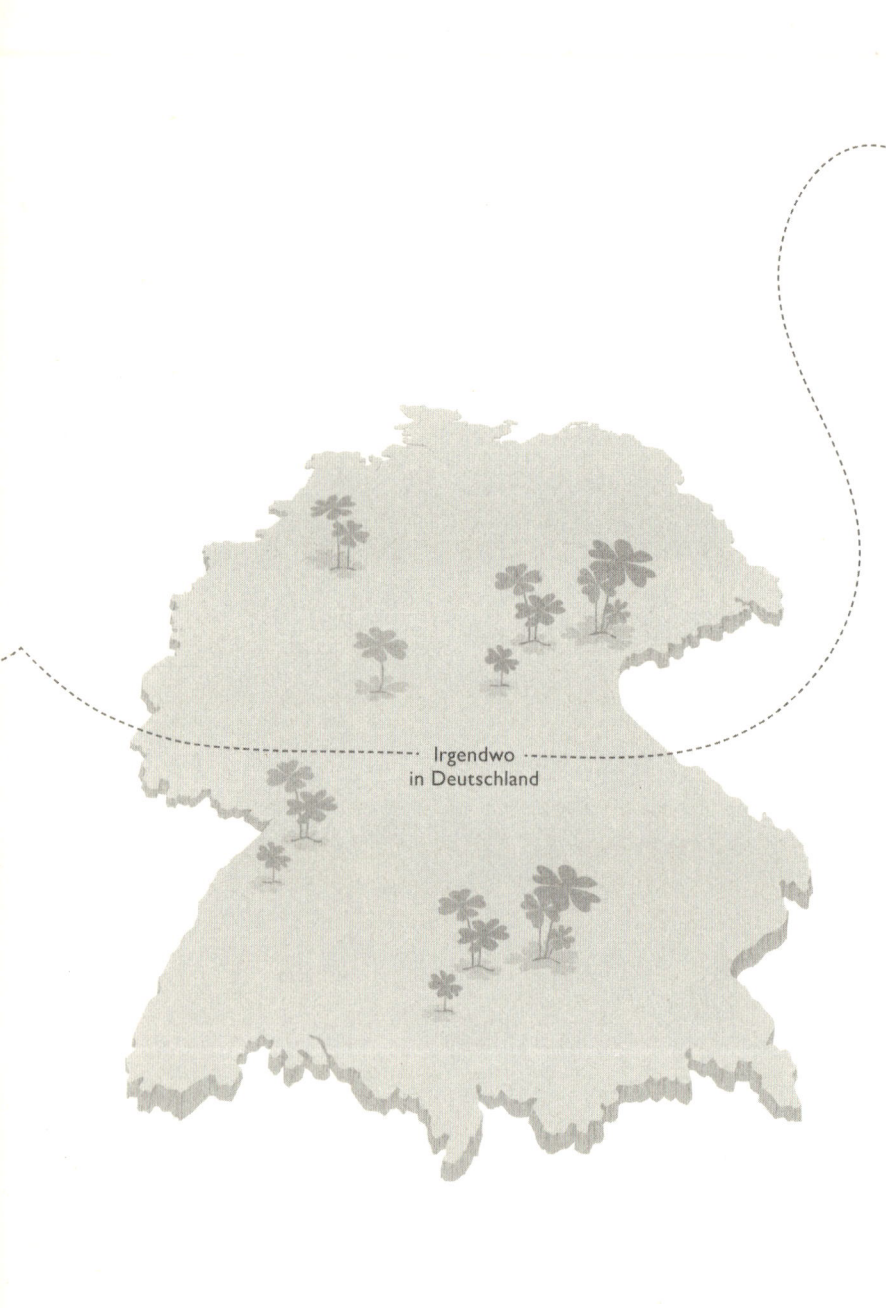

SEBASTIAN SEIDEL*
Musiker | 28

Das Glück des zweiten Lebens

Seit vier Jahren ist Sebastian Seidel auf der Suche nach Sebastian Seidel.

Er war dreiundzwanzig, hatte gerade sein Musikstudium beendet, spielte erfolgreich in Trios, Quartetts und Bands, doch ein Leben als Profimusiker, das schaffen die wenigsten, und darum beschloss Sebastian Seidel, ab dem Herbstsemester 2012 zusätzlich Sinologie zu studieren. Bis dahin würde er sich in Ecuador in einem von *Musiker ohne Grenzen* initiierten Sozialprojekt engagieren und Kindern und Jugendlichen Saxofonunterricht geben. Im April 2012 landete er in Guayaquil. »Ich bin mir nicht sicher, wie lange ich in der Stadt war. Aber ich weiß, dass ich in einer Familie untergebracht war und dass mir die Arbeit großen Spaß gemacht haben soll.«

Sebastian Seidel hat dunkle Haare, ein offenes, freundliches Gesicht, einen wachen Blick. Wenn er von seinem ersten Leben spricht, wirkt er wie ein Suchender, wie einer, der sich mit verbundenen Augen vorwärts tastet, um zu erspüren, ob sich einzelne Versatzstücke in seine Biografie

---

* Sebastian Seidel ist ein Pseudonym, er möchte nicht erkannt werden.

fügen, in seine verlorene Existenz. »Sebastian-1 steckt in mir, er bewegte sich im selben Körper. Doch ich kenne ihn nicht. Sebastian-1 ist ein Fremder.«

In Ecuador bekam Sebastian Seidel eines Tages Kopfschmerzen und Fieber, immer wieder wurde ihm schwindelig. Du solltest dich untersuchen lassen, sagte Caroline, eine klassische Geigerin, die er bei *Musiker ohne Grenzen* kennenlernte. Ach was, das ist nur eine Grippe, erwiderte Sebastian – und reiste lieber mit Caroline auf die Galapagosinseln. Er mochte sie nämlich. Und sie ihn, so schien es. Als er schließlich doch in eine Klinik ging, stellte ein Arzt eine unpräzise Diagnose und empfahl Tabletten gegen die Kopfschmerzen.

Im September 2012 kehrte Sebastian Seidel nach Deutschland zurück. Arbeitete weiter als studentische Hilfskraft an der Musikhochschule, probte mit seinen Trios, Quartetts und Bands und bereitete sich ansonsten auf sein Sinologiestudium vor. Die Grippe hielt sich hartnäckig. Mal ließen die Symptome nach, dann wurden sie wieder stärker. Du solltest dich untersuchen lassen, sagten seine Freunde. »Ich weiß nicht, ob ich zum Arzt gegangen bin«, sagt Sebastian Seidel.

An einem Wochenende Ende Oktober war er zu Hause in seiner WG, als plötzlich ein Freund vor ihm stand, der vorübergehend bei ihnen wohnte. Der Freund sprach mit ihm. Seine Worte klangen seltsam, wie unter Wasser … Sebastian hörte: kreidebleich … rote Augen … wirr … Er wollte etwas erwidern, doch alle Wörter waren wie verknotet in seinem Kopf, fanden nicht den Weg in seinen Mund, über seine Lippen …

Als er fünf Tage später wieder erwacht, blickt er in das bleiche Gesicht seiner Mutter. Hinter ihr steht sein Vater, noch bleicher, Ringe unter den Augen. Wer sind wir?, fragt er ihn.

Papa und Mama, antwortet Sebastian, erstaunt über die Frage. Seine Eltern weinen. Auch die Ärzte des Universitätsklinikums hatten nicht erwartet, dass ihr Patient aus dem künstlichen Koma, in das sie ihn umgehend versetzt hatten, erwachen würde, in siebzig bis hundert Prozent aller Fälle führt eine unbehandelte Herpes-simplex-Enzephalitis zum Tod. Fast noch mehr verblüfft die Mediziner, dass er gehen kann, sprechen kann. Dass er immer noch fließend Englisch, Spanisch, Französisch, ein bisschen Chinesisch spricht. Er hat nur keine Erinnerung mehr an den Menschen, der er vierundzwanzig Jahre lang war.

Eine Herpes-simplex-Enzephalitis ist eine durch Herpesviren ausgelöste Gehirnentzündung, deren Symptome von Fieber und Kopfschmerzen bis zu Lähmungen, Wahrnehmungs- und Persönlichkeitsstörungen reichen. Über das zentrale Nervensystem dringen die Viren vor allem in Temporal- und Frontallappen, jene Bereiche des Gehirns, die Sprache, Erinnerung, Psyche und Sozialverhalten steuern, es kommt zu Einblutungen, Gewebe wird zerstört, umliegende Bereiche schwellen an, diese Hirnödeme führen zum Tod. Die Wahrscheinlichkeit, an einer von Herpesviren ausgelösten Gehirnentzündung zu erkranken, ist gering, statistisch erkranken in Westeuropa pro Jahr fünf von einer Million Menschen. In Sebastian Seidels Fall zerstörten die Viren ein golfballgroßes Areal. Eigentlich müsste er tot sein. Zumindest müsste er wegen schwerer und dauerhafter neurologischer Ausfälle ein Pflegefall sein. »Der 28. Oktober 2012«, sagt er heute, vier Jahre später, »ist mein zweiter Geburtstag.«

Neben der Enzephalitis diagnostizieren die Ärzte eine akute Hirnhautentzündung, eine Lungen- und eine Rippenfellentzündung, ein Versagen des Immunsystems und einen drohenden Ausfall der Nieren. Man untersucht ihn auf HIV (negativ), auf tropische Erreger (negativ), punktiert sein Rückenmark, analysiert den Liquor, erstellt Elektroenzephalografien, Magnetresonanztomografien, Computertomografien, gibt ihm Medikamente gegen das Herpesvirus, gegen die Entzündungen. Er kann sprechen – doch er spricht mal langsam, mal ohne Punkt und Komma, wechselt den Sprachduktus, macht wilde Sprünge vom Wetter über Politik zu Fußball. Dann wieder fällt er unvermittelt in tiefes Schweigen. Er wirkt verwirrt. Er wird aggressiv. Er öffnet fremde Türen, stiehlt anderen Patienten Essen, verletzt sich selbst. »All das hat man mir erzählt, ich selbst erinnere mich an nichts, auch was die Zeit nach dem Koma angeht, habe ich Erinnerungslücken«, sagt er und stößt einen tiefen Seufzer aus, halb ratlos, halb erleichtert. »Ehrlich gesagt bin ich auch froh, dass ich mich an solche Szenen nicht erinnere.«

Aus dem Uniklinikum wird Sebastian Seidel in verschiedene Spezialkliniken überwiesen. Auch hier staunen die Ärzte über ihren ungewöhnlichen Patienten. Viele seiner Symptome weichen von allen Erfahrungswerten ab, widersprechen ihnen sogar. In der Rehaklinik rettet ihm eine aufmerksame Ärztin ein weiteres Mal das Leben, als in einer Autoimmunreaktion sein Körper beginnt, sein Gehirn zu zerstören. Umgehend wird er wieder ins Uniklinikum verlegt, bekommt Kortison in höchsten Dosen und erneut ein Medikament gegen Herpes. Er erholt sich – doch nun will er nicht mehr leben. Die Ärzte verordnen Psychopharmaka, und ein Psychologe erklärt ihm, wenig einfühlsam, sein Leben, wie wer es kenne, sei für immer vorbei.

Im April 2013 wird er schließlich entlassen. Anfangs wohnt er bei seinen Eltern – er ist immer noch Sebastian Seidel und zugleich ein anderer Mensch in einem vollkommen neuen Leben. Er muss wieder lernen, wie man kocht, ein Bad putzt, wie man sich anderen Menschen gegenüber benimmt. Mit der Zeit spürt er Veränderungen in seinem Körper, in seinem Kopf: Sein Wahrnehmungsvermögen scheint zu wachsen, seine Kraft, seine Aktivität. Er zieht zurück in seine WG. Er kann immer noch Fahrrad fahren, schwimmen, kennt sich mit Windows und Mac OS X aus, mit Word und Powerpoint, arbeitet wie selbstverständlich mit Sibelius, einer Notensatz-Software. Doch seine 450 Freunde bei Facebook kennt er nicht mehr. In seinem Postfach entdeckt er Mails von Nina, sie lesen sich nett, er findet auch Nachrichten, die er ihr geschickt hat – doch er erinnert sich an keine Nina.

Sorry, ich weiß nicht, wer du bist, tippt er.

Lass uns einen Kaffee trinken, antwortet sie.

Als er zum verabredeten Zeitpunkt in die Mensa kommt, sitzen zwei Frauen an einem der weißen Resopaltische. Die eine sieht zu ihm hinüber. Er schlendert auf die beiden zu, sagt: Hi. Ein paar Floskeln gehen hin und her. Er ist entspannt. Die Frauen sind es nicht. Schließlich sagt Nina: Ich dachte, wenn du aus der Klinik entlassen wirst, würde alles wieder normal … aber irgendwie … der Kontakt mit dir … ich kann so nicht weitermachen …

Gut, antwortet Sebastian. Er ist sich nicht sicher, ob er alles erfasst, aber er will nichts verkomplizieren. Lass uns Freunde bleiben, schlägt er vor.

Nina sieht ihn an – und bricht in Tränen aus.

Du Idiot, zischt ihre Freundin, wie kannst du sie so behandeln, nach allem, was sie für dich getan hat?

Getan hat?

Sie hat dich im Krankenhaus besucht, Sylvester ist sie mit dir zu deinen Eltern gefahren, sie hat sich wirklich bemüht um eure Beziehung ...

Beziehung?

Sebastian ist perplex. Nina und er ... hatten eine Beziehung? Stumm und staunend sieht er den Frauen nach, sieht zu, wie die Freundin Nina aus der Mensa zieht, ihr den Arm um die Schultern legt, sie tröstet.

»Damals konnte ich mich nicht nur nicht erinnern, dass ich eine Beziehung hatte. Ich hatte auch keine Vorstellung davon, was es bedeutet, verlassen zu werden. Diese Erfahrung hatte ich in meinem neuen Leben noch nicht gemacht und aus meinem alten Leben hatte ich keine Erinnerung an Trennungen. Mein Gehirn war wie eine Festplatte, von der man alle Daten gelöscht hatte.«

Heute weiß Sebastian-2, dass Sebastian-1 Nina in den ersten Tagen seines Sinologiestudiums kennenlernte. Er sagt, er sei ihr dankbar, dass sie »diesen Menschen«, wie er sich selbst in der Zeit nach seinem Zusammenbruch nennt, nicht hängen ließ, dass sie ihn in den verschiedenen Kliniken besuchte, dass sie da war.

»Es ist erstaunlich, dass Sie Ihre Eltern sofort erkannten, aber nicht die leiseste Erinnerung an Ihre Freundin hatten.«

Er lacht, unsicher, fast verlegen. »Mit meinen Eltern war es einfacher. Ich wusste nicht, was meine Mutter von Beruf ist, aber ich hatte sofort einen emotionalen Bezug zu ihr, auch zu meinem Vater. Inzwischen weiß ich, wenn ich jemanden treffe, ob ich ihn oder sie kenne. Ich weiß bloß nicht, welche Art von Kontakt wir hatten, wie gut wir uns kennen, wie persönlich wir in der Vergangenheit miteinander umgegangen sind.«

»Das heißt, Sie haben eigentlich keine Freunde mehr, weil Sie alle Menschen neu kennenlernen?«

»Ja ...« Er nickt, ist sich der Skurrilität der Situation bewusst. »Erst neulich«, erzählt er, »fragte mich ein Freund: Soll ich dir mal X und Y vorstellen? Mit denen warst du in der Schule total eng befreundet.«

Auf der Suche nach seinem alten Ich läuft Sebastian-2 durch Straßen, in denen Sebastian-1 wohnte, betrachtet Häuser. Er folgt seiner alten Joggingstrecke, die er drei Mal in der Woche entlanglief. Er geht zur Musikhochschule, streift durch Seminarräume, Übungsräume, Säle. Und erinnert sich an nichts. Hier hast du vier grandiose Jahre verbracht, sagt sein Mitbewohner, der ihn begleitet.

»Das tut weh«, sagt Sebastian.

Er trifft sich mit früheren Kommilitonen, mit anderen Musikern. »Bei zwei Pianisten und einem Schlagzeuger, mit denen ich oft Musik gemacht habe, spürte ich auch sofort eine Verbindung.« Auch sie haben ihn im Krankenhaus besucht. Auch sie haben gestaunt, dass er sie nicht erkannte, dass er Essen stahl, sich selbst verletzte. »Es war mir peinlich. Ich habe mich immer wieder entschuldigt.« Der Pianist erzählt ihm von gemeinsamen Auftritten, schwärmt von genialen Jamsessions. Sebastian-2 schüttelt bloß den Kopf. »Auch an mein Bachelorabschlusskonzert habe ich keine Erinnerung – obwohl ich immer noch Klavier und Saxofon spielen kann, Querflöte und Klarinette, obwohl ich immer noch weiß, was eine Blue Note oder ein heptatonischer Tonskalenaufbau ist.«

Mit der Zeit werden einige Freunde von Sebastian-1 auch zu Freunden von Sebastian-2. Andere Kontakte enden; nicht alle kommen damit zurecht, dass er sich nicht an sie erinnert, dass alles Gemeinsame aus seinem Kopf gelöscht ist. »Ich verstehe, wenn Leute deswegen auf Distanz gehen. Aber es tut weh.«

Im Mai 2013 öffnet Sebastian eine Mail: *Komme bald aus Ecuador zurück. Wollen wir uns treffen?* Über seine Gastfamilie in Guayaquil und seine Familie in Deutschland hatte Caroline von seinem Zusammenbruch erfahren. Sie wusste, dass er sich an nichts erinnerte, auch nicht an sie, schrieb ihm trotzdem. Sebastian fragt seine Eltern: Wer ist Caroline? Oh, antworten die, von ihr hast du oft geschrieben, als du in Ecuador warst. Ihr wart gemeinsam auf den Galapagosinseln. Sie muss sehr nett sein, du klangst ziemlich verliebt …

Verliebt?

Er war in Caroline verliebt – und hat eine Beziehung mit Nina angefangen?

Oh, Mann …

Sebastian Seidel fährt sich durch seine kurzen Haare. Wieder sieht er aus wie ein Suchender – wie jemand, der am Tisch sitzt, vor sich einen Teller, in den Händen das Besteck, doch er weiß nicht, was er damit tun soll, hat nicht die geringste Ahnung, wozu ein Messer gut ist, wozu eine Gabel. Er zuckt mit den Schultern, lacht. Er lacht oft, vor allem, wenn sein Gegenüber lacht. Er weiß, dass Lachen eine gesellschaftliche Konvention ist, dass er mit einem Lachen auch komplizierte Situationen entschärfen kann.

Ungefähr zu der Zeit, als Carolines Mail kommt, spürt er erneut, dass etwas in seinem Kopf geschieht. »Ich konnte fühlen, wie mein Gehirn stärker zu arbeiten begann.« Er berührt eine Stelle über den Ohren; immer wieder, wenn er von seinem Gehirn spricht, berührt er seinen Kopf. »Jedenfalls habe ich zurückgemailt und mich mit ihr verabredet.«

Am 21. Mai 2013 läuft er die Straße entlang zum vereinbarten Treffpunkt. Schon von Weitem sieht er Caroline an einer Ampel stehen – und plötzlich explodiert etwas in ihm. »Was in dem Moment in meinem Körper geschah, ist unfassbar. Alle neurologischen Messinstrumente wären durchgeknallt bei dieser Eruption der Endorphine. Eine unglaubliche Liebe durchfloss mich, meine Beine zitterten, mein Herz war plötzlich so groß wie mein Brustkorb und hämmerte wild.« Dieser Tag, sagt Sebastian Seidel, sei sein dritter Geburtstag – denn von nun an hilft ihm Caroline, zu ergründen, wer er war, damit er versteht, wer er ist.

Scheinbar nahtlos knüpft sie an, wo die beiden sieben Monate zuvor aufgehört haben. Tagelang, nächtelang sehen sie sich Fotos an, Videos, reden, lesen Carolines Tagebuch – Notizen vom Tag ihrer Ankunft in

Ecuador, als Sebastian sie am Flughafen abholte, denn zu diesem Zeitpunkt war er schon vier Monate im Land und im Projekt zum Supervisor aufgestiegen, und sie verliebte sich auf den ersten Blick in ihn, obwohl sie mit Liebe gar nichts im Sinn hatte, sie kam gerade aus einer Beziehung und wollte ihre Freiheit genießen. Aus all diesen Versatzstücken setzt sich Sebastian eine neue, alte Identität zusammen – irrlichterte er bisher durch die Tage, stets bemüht, Dinge in eine logische Ordnung zu bringen, fügt sich nun manches wie von selbst und er lernt staunend jenen Menschen kennen, der er im Sommer 2012 in Ecuador war. »Caroline hat mich wiederbelebt.« Er lacht und diesmal klingt es nicht unsicher, nicht verlegen, sondern leicht und froh. »Inzwischen erinnere ich mich an die vergangenen dreieinhalb Jahre meines Lebens. Ich bin ungefähr dreieinhalb Jahre alt – auch wenn ich für einen Dreijährigen einen recht ausgeprägten Bartwuchs habe.«

Bis heute hat Sebastian Seidel allerdings keinerlei Erinnerung an die Zeit seines Lebens, bevor er Caroline begegnete. Ab und zu blitzen Fetzen auf: Eines Tages, als sein Blick auf den Basketballkorb am Haus seiner Eltern fällt, steht eine Sekunde lang ein Bild vor seinen Augen: wie er springt, sich streckt, den Ball in den Korb wirft ... Ein anderes Mal, während einer Autofahrt über eine Landstraße, sieht er eine alte Burg und erinnert sich eine, zwei Sekunden lang an einen Familienausflug ... Einmal, als er ein Treppenhaus betritt, sieht er sich zwei, drei Sekunden lang eine Treppe hinauflaufen, zur Probe des Knabenchors, in dem er als Junge sang ... Doch mehr gibt sein Hirn nicht her. Und so bewegt er sich weiter Tag für Tag wie ein Nichtschwimmer in Untiefen, in steter Angst, Fehler zu machen, Situationen falsch einzuschätzen, unterzugehen.

Im Supermarkt greift er nach einer Tüte. O ja, lass uns Gummibärchen kaufen, sagt Caroline. Er hat keine Ahnung, was Gummibärchen sind. Ein Kürbis fällt zu Boden, landet krachend auf den Fliesen. Er fährt herum: War ich das? Was passiert jetzt? Werden wir rausgeworfen, kommt die Polizei? Nein, beschwichtigt seine Mutter, niemand ruft wegen eines heruntergefallenen Kürbisses die Polizei.

Auf der Straße streiten ein Mann und eine Frau – was bedeutet das? Was muss er tun? Soll er weglaufen, soll er eingreifen?

»Ich bin heute sensibler als früher und reagiere emotionaler. Meine Familie und meine Freunde staunen, wie offen ich über persönliche Dinge rede – woraus ich ableite, dass Sebastian-1 ein ziemlich verschlossener Typ gewesen sein muss. Diese Emotionalität bedeutet aber auch, dass es mich anstrengt, wenn ich in eine emotional aufgeladene Situation gerate, wenn ich Verhaltensweisen nicht deuten, Reaktionen nicht einordnen kann. Ich bin dann ... ja, ich bin dann einfach hilflos.« Wieder zuckt er mit den Schultern und fügt etwas leiser hinzu, dass es auch seltsam sei, sich als erwachsener Mann von seiner Freundin erklären lassen zu müssen, was Gummibärchen sind. Ehrlich gesagt sei es deprimierend. »Manchmal werde ich schroff und fahre Caroline an. Später tut es mir leid.« Er seufzt und wirkt plötzlich sehr erschöpft. »Meine Freundin erklärt mir, was ich mir nicht erklären kann, jeden Tag, immer. Sie hat eine geradezu übermenschliche Geduld mit mir.«

»Es ist ein bisschen, als hätte man es mit einem Kind zu tun oder mit einem Greis.«

Ein stummes Nicken. Und das Eingeständnis, dass Caroline seine Stimmungsschwankungen manchmal kaum aushalte. Doch dann richtet sich Sebastian Seidel auf, strafft die Schultern. Menschen, die er heute kennenlerne, erklärt er, verschweige er seine Krankheit, seine Behinderung. »Man sieht sie mir nicht an und ich würde gern leben wie andere Menschen auch. Ich würde gern ein ganz normales Leben führen.«

Im Frühjahr 2014 eröffnen ihm die Ärzte, dass er nun nicht mehr damit rechnen könne, dass noch einzelne Erinnerungen aus seinem früheren Leben auftauchen. Gegen die ständigen Kopfschmerzen, unter denen er leidet, seit er aus dem Koma erwacht ist, verordnen sie weiter Medikamente, ebenso gegen den Schwindel, die Persönlichkeitsveränderungen. Doch irgendwann setzt Sebastian Seidel sie ab; zu gravierend sind die Nebenwirkungen: Die Kortisonpräparate greifen seine Knochen an, die Psychopharmaka die Zähne, die Menge der Medikamente macht ihn müde und kraftlos. Stattdessen sucht er einen Heilpraktiker auf, eine Homöopathin, versucht es mit traditioneller chinesischer Medizin. Im Frühjahr 2015 beschließt er, sein Sinologiestudium abzubrechen: Die Kopfschmerzen werden umso stärker, je länger er vor einem Bildschirm sitzt, übt er eine halbe Stunde chinesische Schriftzeichen, platzt ihm beinahe der Schädel. »Ich spüre heute, mit welchem Teil meines Gehirns ich denke.« Wieder berührt er seinen Oberkopf, streicht von der rechten Seite Richtung Mitte. »Wenn ich rechne, zum Beispiel $E = mc^2$« – er grinst und erklärt, er sei heute viel besser in Mathe und habe zudem ein fantastisches Zahlengedächtnis –, »spüre ich ein Klopfen, es ist, als würde mein Gehirn zucken. Wenn ich Musik höre, spüre ich ein Pochen hinten links, einen wachsenden Druck, manchmal wird der Druck so stark, dass ich mitten in einem Konzert hinausgehe.« Einmal habe er Caroline davon erzählt und sei aus allen Wolken gefallen, als sie entgegnete, sie spüre nichts, wenn sie denke. Niemand spüre sein Gehirn, wenn er denke.

Im Sommer 2015 fliegen Sebastian und Caroline noch einmal nach Ecuador. Sebastian hat sich lange dagegen gewehrt. Es war unklar, ob er überhaupt fliegen könne, ob der Druck seinem Gehirn nicht zu sehr zusetze. Doch vor allem bedrückte ihn die Vorstellung, in ein Land zu reisen, in dem Sebastian-1 mehrere Monate gelebt hat, ohne dass Sebastian-2 sich daran erinnerte. Er hatte einen Punkt erreicht, an dem er sich nur noch auf sein neues Leben konzentrieren, die Vergangenheit vergessen, das Vergessen vergessen, nicht mehr täglich auf seine Unzulänglichkeit hingewiesen werden wollte. »Als wir dann in Guayaquil ankamen, hat meine Gastmutter mich umarmt, hemmungslos vor Glück, dass ihr deutscher Sohn lebte und vor ihr stand, immer wieder drückte sie mich an sich, und da war auch ich sehr froh, dass ich zurückgekommen war.« Noch einmal besucht er mit Caroline Sehenswürdigkeiten, Orte, an denen sie gern waren, sie reisen auf die Galapagosinseln. Und entgegen allen Prognosen tauchen Erinnerungsfetzen auf: Als sie von einem Berg auf die Stadt hinunterblicken, erinnert Sebastian sich an diese Aussicht – fünf, sechs lange Sekunden. »Der längste Film meines erstens Lebens.« Und als sie eines Abends mit anderen von *Mu-*

siker ohne Grenzen feiern, sieht er sich plötzlich im selben Raum stehen, sieht denselben Billardtisch und Caroline auf der gegenüberliegenden Seite, ihre Blicke begegnen sich ...

Im Herbst 2016, wenige Wochen vor unserem Gespräch, beginnt Sebastian Seidel noch einmal eine Ausbildung. Diesmal entscheidet er sich für eine betriebliche Ausbildung zum Medienkaufmann. »Ich komme zurecht«, sagt er, »ich bin sehr motiviert.« Natürlich sei es belastend, wenn immer der Kopf schmerze, er in Unterhaltungen keine Erinnerung an sein früheres Leben habe und im Umgang mit Kollegen und Kolleginnen manchmal nicht wisse, wie er sich verhalten solle. »Andererseits gibt es Verbesserungen, auch wenn sie klein sind: Seit ich traditionelle chinesische Medikamente nehme, lassen die Kopfschmerzen manchmal stundenweise nach. Ich habe neue Freunde gefunden. Und ich kann mich an die vergangenen dreieinhalb Jahre meines neuen Lebens erinnern.«

»Empfinden Sie Sebastian-1 als Teil Ihres Ichs?«

Sebastian-2 überlegt. »Nein«, sagt er und schüttelt den Kopf. »Aber ich wüsste gern, wer er war. Am meisten würde mich interessieren, was ich gedacht habe, als ich er war.«

Sebastian Seidel, achtundzwanzig Jahre, ringt darum, nach dem Überleben zu überleben. Je mehr ich mich auf die Vorstellung einlasse, nicht mehr zu wissen, wer ich bin, wer ich war, desto mehr spüre ich, wie alles ins Gleiten gerät. Es ist, als hinge ich im luftleeren Raum, unfähig, A und B und C sinnvoll zu verknüpfen, weil ich nichts über A und B und C weiß, nicht weiß, ob A zu B passt und wie C reagiert, wenn ich es mit A verbinde, nicht weiß, was passt, was geht, was sich gehört, was möglich ist, was nicht. Immer angestrengter jongliere ich mit A und B und C, bemüht, sie in Bewegung zu halten, weder das eine noch das andere fallen zu lassen, denn wer weiß, was dann geschieht.

»Genau so«, sagt Sebastian Seidel, »fühle ich mich.«

Wer bin ich und wenn ja wie viele – dieser lustige, viel zitierte, ursprünglich im Rausch formulierte Satz ist für ihn das tägliche Leben.

»Herr Seidel, was bedeutet Glück für Sie?«

Er muss trotz allem nicht lange überlegen. »Glück ist, dass ich lebe. Glück ist, dass der Freund mich in jener Nacht fand, den Krankenwagen rief, ohne ihn wäre ich tot. Glück ist, dass die medizinische Versorgung in Deutschland so gut ist. Glück ist, dass meine Eltern zu mir halten, dass sich Freunde von ›diesem Menschen‹, der ich in der Klinik war, nicht haben abschrecken lassen. Glück ist auch, dass ich jung genug bin, noch einmal neu anzufangen, dass ich ein zweites Leben geschenkt bekommen habe.« Er hält kurz inne. Und fährt dann fort, sagt mit fester, sicherer Stimme in die Stille hinein: »Doch das größte Glück ist mein dritter Geburtstag, der Tag, an dem ich Caroline wiederbegegnet bin.« Er schüttelt sich, zieht seine Ärmel hoch. »Wenn ich daran denke, bekomme ich heute noch Gänsehaut.«

Sebastian Seidel hat ganz schön viel Glück.

Doch es muss ja auch für zwei Leben reichen.

SABINE EICHHORST
Autorin | 54

Das Glück des Schreibens

Ein Buch übers Glück zu schreiben ist ein Glück.

Wie sollte es anders sein?

Nicht weil alles schön, leicht und sorglos ist. Manchmal standen den Menschen, mit denen ich sprach, Tränen in den Augen. Oder mir. Was beglückte, war die Intensität der Gespräche, die Begegnungen mit nicht selten Fremden, die dennoch ihre Gedanken mit mir teilten, ihre Erlebnisse, Erkenntnisse, ihren Schmerz und ihre Freude. Ich habe viel gelernt über die Pfade, denen Menschen folgen, die sie durch manchmal dichtes Gehölz schlagen, durch unwirtliches Gelände, auf denen sie durchs Dunkel mäandern, um schließlich ins Licht zu gelangen.

Schreiben ist Suchen. Es ist der Versuch zu verstehen, den Dingen einen Sinn zu geben. Der Versuch auch, eine Heimat zu finden. Ich war Anfang dreißig, als ich erkannte: Im klassischen Sinn habe ich kein Zuhause, keine tiefen Wurzeln an einem einzigen Ort – doch ich habe ein geistiges Zuhause: in den Büchern. Diese Erkenntnis war ein Glück, mein Glück. Solange ich zurückdenken kann, haben mich Bücher gerettet: Sie bewahren vor Einsamkeit, vor Lieblosigkeit, vor Mangel, emotional und intellektuell. Wobei ich nie vorhatte, Autorin zu werden, es ergab sich. Doch längst bin ich froh, dass es sich so fügte. Dass ich mich der Welt lesend und schreibend nähern kann, sie erforschen und meinen Platz in ihr suchen und finden kann. Immer wieder neue Themen, immer wieder andere Blicke auf Bekanntes oder Fremdes. Manchmal, wie in diesem Fall, kommen Themen auch zu mir. Ich war weder besonders glücklich noch besonders unglücklich, als sich die Möglichkeit bot, mich dem Glück zu widmen. Ich war einfach nur neugierig.

Natürlich wurde übers Glück schon viel gesagt, von klügeren Menschen, Philosophen, Theologen, Psychologen, Soziologen, Volkswirtschaftlern. Es gibt Untersuchungen, Statistiken, Zeitungsartikel, Bücher (und inzwischen auch zahllose Ratgeber mit Rezepten zum Glücklichwerden – als sei Glück eine Frage von Rezepten und nicht von Haltung). Spannender als das Objektive ist jedoch das Subjektive, sind Menschen, die das Glück einladen, es auch in schwierigsten Zeiten zu halten wissen, die es wiederfinden, wenn es sie verlässt. Glück, heißt es, gebe dramaturgisch wenig her, in Katastrophen stecke mehr Potenzial – mag sein, doch zum einen greifen Glück und Unglück oft ineinander, zum anderen interessieren mich, wenn ich schreibe, die stillen, die scheinbar unscheinbaren Geschichten viel mehr, immer wieder sind gerade sie irritierend berührend und bereichernd.

Natürlich wurde auch über das Glück und die Deutschen schon geschrieben: Regelmäßig wird, mal frustriert, mal selbstmitleidig, mal leicht masochistisch, beklagt, die Deutschen hätten kein Talent zum Glück. Als das Land 2006 während der Fußballweltmeisterschaft ein Sommermärchen feierte, staunte die Welt – und noch mehr staunten wohl die Deutschen über die Deutschen. Spätestens mit der Finanz- und Schuldenkrise verging ihnen das Lachen wieder und längst blicken sie, trotz robuster Wirtschaft, Steuereinnahmen auf Rekordniveau und gut gefüllter Staatskasse, gewohnt verdrossen in die Zukunft. Erst die Arbeit, dann das Vergnügen: Diese preußisch grundierte Lebenshaltung half nach dem Krieg, ein Land wiederaufzubauen und ein Wirtschaftswunder zu schaffen. Die Baby-Boomer-Generation brach damit und die folgenden Generationen X und Y prägt ein Hang zum Hedonismus.

Doch grundsätzlich zufriedener scheinen die Deutschen über die Jahrzehnte nicht geworden zu sein.

Der *Glücksatlas* der Deutschen Post vermisst seit 2011 die Befindlichkeit in Nord und Süd, Ost und West, auf der Basis von Daten aus dem Sozioökonomischen Panel (SOEP), in dem Bundesbürger jährlich zu ihrer sozialen und finanziellen Situation befragt werden, außerdem fließen Erhebungen des Instituts für Demoskopie Allensbach ein. Doch spiegeln Glücksstatistiken stets äußere Umstände: Wie zufrieden sind die Menschen mit Arbeit, Einkommen, Gesundheit, Freizeit? Das eigentlich Faszinierende zeigen sie nicht: wie Menschen jenseits äußerer Umstände das Glück suchen und finden. Darum habe ich die Statistiken zwar gelesen, sie dann aber zur Seite gelegt und mich auf die Suche gemacht.

Diese Suche wurde zu einer beglückenden Expedition durch ein angeblich freudloses Land. Ein Entdecken, Herantasten, Staunen, ein mich Einlassen, Spiegeln und Gespiegeltwerden. Das Eigene und das Fremde in ständiger Beziehung –und ich hoffe, das vermittelt auch dieses Buch, denn nicht nur das Schreiben, auch das Lesen ist ja Begegnung und Entdeckung. Die meisten Frauen und Männer, die ich besucht habe, kannte ich vorher nicht. Ich lernte sie über Freunde, Kolleginnen, über gemeinsame Bekannte kennen, zwei oder drei Mal las ich auch in der Zeitung von einem Leben, das mich neugierig machte. Doch von allen, zu denen ich kam, denen, die ich kannte, und denen, die ich nicht kannte, ging ich beeindruckt wieder fort. Bestimmte Voraussetzungen und Umstände befördern das Glück, ja: Liebe und verlässliche Beziehungen, geordnete finanzielle Verhältnisse, Sinn und Fülle sind eine solide Basis für ein gelingendes Leben – und zugleich ist Glück unendlich vielfältig und individuell (und außerdem ansteckend). Vor allem diese Eindrücke sind es, die nachhallen. Und sie werfen Fragen auf.

Wie weit bin ich selbst gekommen? Was habe ich geschafft, wenn ich zurückschaue – auf meine Anfänge, meine Startbedingungen, mein Zufallsglück, meinen Willen, meine Kraft, meine Anstrengungen, ein gutes Leben zu führen?

Den Glücklichen, scheint es, sind bestimmte Eigenschaften und Verhaltensweisen gemein: Sie machen sich auf die Suche, statt zu warten, dass das Glück sie findet. Sie nutzen Chancen, wagen Neues, gehen Umwege, sie übernehmen Verantwortung und verpflichten sich der Gemeinschaft, nicht nur sich selbst. Sie haben Vertrauen und Humor, zeigen einen gewissen Pragmatismus und verzichten auf Perfektionismus. In einem Land im Wandel lassen sie ein paar sehr deutsche Tugenden hinter sich und finden ihr Glück – wie die Menschen in diesem Buch. Für Glücksmomente wie Walzer tanzen, Sand unter den Füßen, eine Umarmung oder Mozarts Flötenkonzert in D-Dur kann man sorgen, doch Lebensglück erfordert mehr. Lebensglück braucht Tapferkeit. Mut. Kraft. Disziplin. Lauter Eigenschaften, die man erst einmal gar nicht mit dem Begriff verbindet. Zuweilen ist Glück harte Arbeit, doch bedeutet das nicht im Umkehrschluss, dass wer sich anstrengt, Schwierigkeiten auch überwinden kann? Selbst ein problematischer Start ins Leben, eine lieblose Kindheit, ein Aufwachsen ohne Sicherheit und Geborgenheit, schließt Lebensglück nicht aus. Es ist vor allem diese Entdeckung, die mich beim Schreiben am stärksten berührt hat. In ihr steckt die größte Hoffnung.

Nach Wochen draußen in der Welt dann allein am Schreibtisch zu sitzen und all die Geschichten zu sortieren und aufzuschreiben, die Intensität der Begegnungen, des Austauschs in Worte zu bringen, in Sätze, in einen Fluss, wirkt auf Außenstehende oft trostlos, wie eine einsame Tätigkeit. Ich empfinde es nicht so, überhaupt nicht. Die Welt draußen und die Welt im Schreibenden (es geht ja nicht nur mir so) sind beide geprägt von Reichtum, der Fülle der Begegnung steht die Fülle der eigenen Erfahrungen, Gedanken, Gefühle gegenüber, beide Welten schwingen unterschiedlich, doch würde die eine ohne die andere nicht existieren. Mich beglückt das Suchen, Schreiben, Finden, dass ich meiner Neugier folgen darf, eintauchen in Begegnungen, in Beziehungen, in intime Kommunikation. Das Erschaffen von Welten durch Wörter, das zugleich ein Abtasten von Innenwelten ist, macht mich zutiefst zufrieden – auch wenn es von außen aussehen mag, als geschähe nichts …

Mich in beiden Welten schreibend zu bewegen, zu verstehen zu versuchen, was sie zusammenhält, und das dazugehörende Ringen um die richtigen Worte sind mein großes Glück. Die britischen Schriftsteller Ian McEwan und Julian Barnes sagten es treffend, als sie in einem Interview vom Trost sprachen, der in sprachlicher Genauigkeit und in Wahrhaftigkeit liege. Literatur ist Verdichtung und ich hoffe, in den Geschichten dieses Buches, auch wenn sie real sind, nicht fiktiv, blitzt hier und da auch etwas Allgemeingültiges auf. Etwas Welthaltiges.

Sinn.

Schönheit vielleicht.

Glück.

Danke

Ich danke meinen GesprächspartnerInnen von Herzen für ihr Vertrauen, ihre Offenheit, für das Glück der Begegnung. Zu erleben, wie viele Wege zum Glück führen, wie reich das Leben sein kann, macht demütig, zuversichtlich und froh.

Ich bedanke mich beim weltbesten Netzwerk, das mich mit Freude, Wissen, klugen Ideen und guten Kontakten unterstützt hat: Heike Abidi, Nessa Altura, Petra A. Bauer, Petra Berthold, Jutta Bissinger, Isabel Buchwald-Wargenau, Daniela Dreuth, Eva Engelken, Momo Evers, Britta Freith, Martina Freyer, Snezana Galijas, Andrea Görsch, Lisa Graf-Riemann, Susanne Gurschler, Simone Harland, Ulrike Hartmann, Claudia Heinrich, Christine Heinzius, Katja Heimann-Kiefer, Claudia Hilgers, Cäcilie Kowald, Katharina Kunz, Silke Leibner, Jana Männig, Stefanie Möller, Eva Maria Nielsen, Birgit Nußbaum, Katharina Pavlustyk, Christine Peter, Daniela Pucher, Gudrun Puhr, Nataša Rupert-Herlth, Ruth Scheithauer, Jutta Scherer, Sabine Schlimm, Friederike M. Schmitz, Dagmar da Silveira Macedo, Heike Steinmetz, Heike Virchow, Ina von Brunn, Dunja Voos, Ulrike Zecher. Und ganz besonders danke ich Biggi Mestmäcker. Eine Plattitüde, aber wahr: Glück wächst, wenn man es teilt.

Ich danke auch Amelie Gräf. Petra Wiedersprecher. Constanze Schell. Monika Letzel und Carmen Eickhoff. Petra Hermanns und Annika Balser: Es ist ein Glück, euch an meiner Seite zu wissen. Martina Eisele und Isabel Klett für die schöne Gestaltung. Und beinahe auf Knien danke ich Angelica Schwab und Andrea Kunstmann – ständige Bewohnerinnen meines Lektorenolymps.

Literatur

Glück ...

Better Life Index der OECD, http://www.oecdbetterlifeindex.org/de/topics/life-satisfaction-de/

World Happiness Report 2016, herausgegeben von John Helliwell, Richard Layard und Jeffrey Sachs, https://static1.squarespace.com/static/5735c421e321402778ee0ce9/t/57e0052d440243730fdf03f3/1474299185121/Briefing+paper+-+HPI+2016.pdf

World Happiness Report 2017 (Hrsg. dieselben), http://worldhappiness.report/ed/2017/

BAT Stiftung für Zukunftsfragen Newsletter Ausgabe 265, 36. Jahrgang, 16. Dezember 2016, www.stiftungfuerzukunftsfragen.de/newsletter-forschung-aktuell/265.html#c3705)

Das Glück der Möglichkeiten

Michael Saur, Der weite Weg zum Glück, in: Süddeutsche Zeitung Magazin 13/2013, http://sz-magazin.sueddeutsche.de/texte/anzeigen/39739/Der-weite-Weg-zum-Glueck

Jan Delhey in: http://magazin.spiegel.de/EpubDelivery/spiegel/pdf/90
975284

Das Glück der kleinen Schritte
Glücksatlas der Deutschen Post 2016, http://www.gluecksatlas.de/
https://www.destatis.de/DE/ZahlenFakten/GesellschaftStaat/Soziales/
  Sozialberichterstattung/Tabellen/Armutsgefaehrdungsquote
  Bundeslaender.html
Stefanie Kara, Kann man Glück lernen?, in: Die Zeit 01/2012,
  http://www.zeit.de/2012/01/Glueck-lernen/seite-3

Gott will mich so – zum Glück!
Wilhelm Schmid, Glück – Alles, was Sie darüber wissen müssen, und
  warum es nicht das Wichtigste im Leben ist, Frankfurt a. M./
  Leipzig, 2007, S. 30

Das Glück im Verschwinden
Hildegard Hamm-Brücher im Interview mit Tobias Haberl:
  Ich bin immer gegen den Strom geschwommen, wollte aber
  hübsch dabei aussehen, in: Süddeutsche Zeitung Magazin
  10/2012, http://szmstat.sueddeutsche.de/texte/anzeigen/
  37093

Glücklich gescheitert
Ulrich Schnabel, Die Kraft aus der Krise, in: Die Zeit 45/2015:
  http://www.zeit.de/2015/45/resilienz-forschung-
  krisenbewaeltigung/komplettansicht

Das Glück der Wende
Wilhelm Schmid, Glück – Alles, was Sie darüber wissen müssen,
  und warum es nicht das Wichtigste im Leben ist, Frankfurt a. M./
  Leipzig, 2007, S. 13-14
Glücksatlas der Deutschen Post 2016, www.gluecksatlas.de

https://www.destatis.de/DE/PresseService/Presse/Pressekonferenzen/
2015/25_Jahre_D_Einheit/Statement_25_Jahre_D_Einheit.
pdf?__blob=publicationFile)

Vom Glück, plötzlich reich und berühmt zu sein
http://www.faz.net/aktuell/gesellschaft/menschen/inder-ueberlebt-
unfall-und-gewinnt-dann-im-lotto-14382793.html?xtor=EREC-7-
http://www.spiegel.de/einestages/spiegel-reportage-1996-lotto-
millionaer-lothar-kuzydlowski-a-1127962.html
Wilhelm Schmid, Glück – Alles, was Sie darüber wissen müssen, und
warum es nicht das Wichtigste im Leben ist, Frankfurt a. M./
Leipzig, 2007, S. 15
http://www.daserste.de/information/wissen-kultur/w-wie-wissen/
sendung/glueck-112.html
http://magazin.spiegel.de/EpubDelivery/spiegel/pdf/90975284
https://www.brandeins.de/archiv/2008/glueck/wird-schon-schiefgehen/
Michael Saur, Der weite Weg zum Glück, in: Süddeutsche Zeitung
Magazin 13/2013,
http://sz-magazin.sueddeutsche.de/texte/anzeigen/39739/Der-
weite-Weg-zum-Glueck, S. 1
https://www.uni-flensburg.de/fileadmin/content/institute/iim/dokumen-
te/forschung/discussion-papers/14-grimm-gluecksforschung-
gesamt-2.pdf

Das Glück zu helfen
Mehrnousch Zaeri-Esfahani in einem Feature von Judith Burger:
http://www.mdr.de/kultur/themen/feature-das-fluechtlingsheim-
bei-mir-um-die-ecke-100.html
https://www.zdf.de/gesellschaft/sonntags/die-gluecksformel-100.
html
http://www.faz.net/aktuell/feuilleton/buecher/gluecksratgeber-als-
anleitungen-zum-ungluecklichsein-13964275.html?printPaged
Article=true#pageIndex_2

Wilhelm Schmid, Glück – Alles, was Sie darüber wissen müssen, und warum es nicht das Wichtigste im Leben ist, Frankfurt a. M./ Leipzig, 2007, S. 47

Schulfach Glück
Wilhelm Schmid, Glück – Alles, was Sie darüber wissen müssen, und warum es nicht das Wichtigste im Leben ist, Frankfurt a. M./ Leipzig, 2007, S. 39

Das Glück ist ein Muskel, den man trainieren kann
http://www.faz.net/aktuell/gesellschaft/ueber-radikale-aenderungen-in-der-mitte-des-lebens-14333074.html?xtor=EREC-7-[Themen_des_Tages]-20160719&utm_source=FAZnewsletter&utm_medium=email&utm_campaign=Newsletter_FAZ_Themen_des_Tages
http://www.spiegel.de/gesundheit/psychologie/lebenszufriedenheit-hilke-brockmann-erklaert-das-glueck-a-942693.html)
http://www.zeit.de/2012/01/Glueck-lernen/seite-5
https://www.brandeins.de/archiv/2008/glueck/wird-schon-schiefgehen/

Das Glück der Resilienz
http://www.zeit.de/2015/45/resilienz-forschung-krisenbewaeltigung/komplettansicht
http://kinderjugendgesundheit.at/uploads/Laucht_ZKPP_MARS_2000_01.pdf
https://www.gutdrauf.net/fileadmin/user_upload/Startseite/Materialien/Ki-undJugendgesundheit/Schutzfaktoren_bei_Kindern_und_Jugendlichen_2009.pdf S.156

Das Glück der zweiten Heimat
Biggi Mestmäcker, Wir sehen alle denselben Mond – Gegen alle Widerstände: Familiennachzug aus Syrien, Hamburg 2017, https://tredition.de/autoren/biggi-mestmaecker-20015/, http://wirsehenalledenselbenmond.de/#top

Kinderglück

Klaus Hurrelmann, Was bedeutet Glück für Kinder, http://www.bpb.
de/apuz/32516/was-bedeutet-heute-glueck-fuer-kinder-essay?p=all
https://www.worldvision-institut.de/kinderstudien-kinderstudie-2007.
php
https://www.worldvision-institut.de/kinderstudien-kinderstudie-2010.
php
Das Glück der Kinder, in: Die Zeit 19/2005, http://www.zeit.
de/2005/19/a_kinder?print

Vom Glück des guten Sterbens

Wilhelm Schmid, Glück – Alles, was Sie darüber wissen müssen, und
warum es nicht das Wichtigste im Leben ist, Frankfurt a. M./
Leipzig, 2007, S. 54

Das Glück des zweiten Lebens

https://www.aerzteblatt.de/archiv/87021 https://www.dgn.org/
leitlinien/3062-ll-40-ll-virale-meningoenzephalitis

Das Glück des Schreibens

http://www.gluecksatlas.de/
http://www.dpdhl.com/de/presse/specials/gluecksatlas_deutschland_
2016.html
http://www.dpdhl.com/de/presse/pressemitteilungen/2011/deutsche_
post_stellt_erste_deutsche_gluecksstudie_vor.html
Michael Saur, Der weite Weg zum Glück, in: Süddeutsche Zeitung
Magazin 13/2013, http://sz-magazin.sueddeutsche.de/texte/
anzeigen/39739/Der-weite-Weg-zum-Glueckhttp://sz-magazin.
sueddeutsche.de/texte/anzeigen/39739/Der-weite-Weg-zum-Glueck
http://www.spiegel.de/spiegel/spiegelwissen/d-90975284.html
Freunde und Spione, in: Die Zeit 41/2016, http://www.zeit.
de/2016/41/ian-mcewan-julian-barnes-schriftsteller-england/
komplettansicht

James Wood, Die Kunst des Erzählens, Hamburg, 2011
Tim Parks, Worüber wir sprechen, wenn wir über Bücher sprechen, München, 2016

Bildnachweis

Ruth Frobeen: © Ruth Frobeen
Antje Ritter: © G2 Baraniak
Jakob Kampermann: privat
Annette Jarosch: © Ann-Christine Krings
Magnus Bauch: privat
Elsa Cremers: privat
Anne Koark: © Sigrid Reinichs
Michael Heinemann: privat
Carsten Heinisch: privat
Judith Aßländer: privat
Ernst Fritz-Schubert: © Ingo Schneider
Britta Janzen: privat
Hannelore Neumann: privat
Johanna Wargenau: privat
Daniel LeBel: privat
Sabine Eichhorst: © Paul Schimweg/Whitehall

Unterwegs durch eine unbekannte Heimat

Anna Magdalena Bössen ist mit Gedichten auf der Walz: Die Rezitatorin reist ein Jahr lang mit dem Fahrrad durch Deutschland und trägt gegen Kost und Logis Gedichte von Heinrich Heine bis Hilde Domin vor. In ihrem gelben Koffer hat sie ein Literaturprogramm – und im Sinn einige große Fragen: Wer ist Deutschland? Wohnt das Glück auf dem Land oder in der Stadt? Und kann man Heimat an einem bestimmten Ort finden oder nur in sich selbst?
Ein Buch, das von der Freiheit des Unterwegsseins erzählt und dieses Land und seine Menschen auf eine ebenso lebendige wie berührende Weise einfängt.

ISBN 978-3-453-28076-2 · Auch als E-Book erhältlich

Leseprobe unter ludwig-verlag.de